POSTCARD GRAPHICS

P·I·E BOOKS

POSTCARD GRAPHICS

ISBN 4-938586-15-0 C3070

First Edition, February 1992

P·I·E BOOKS
#407, 4-14-6, Komagome, Toshima-ku, Tokyo 170, JAPAN
Phone 03-949-5010 Fax 03-949-5650

はじめに

みなさまのおかげでピエ・ブックスも第2作目のポストカード・グラフィックスを作りあげることができました。この場をお借りしてお礼申し上げます。

これも第1作目で多くの読者のみなさまからの賞賛や叱咤激励があったからこそと感謝しております。今回も第2作目を編集するにあたり、前作以上に充実したコレクションにするため数多くの応募作品及びトップクリエイターの方々からの作品提供をいただきました。誠にありがとうございました。しかしながらページ数及び紙面の構成上、多くの秀れた作品が掲載できなかったことをここに深くお詫びいたします。

次回は国内にとどまらず海外の秀れたアーティストの方々の作品も掲載したいと考えております。発刊予定は1991年6月（〆切は1991年1月）世界各国のアーティストの方々から応募をお待ちしております。

尚、読者から届いたいくつかのアンケートを紹介させていただきます。

- ●小さなスペースにB全ポスターの迫力を感じた。とても面白かった。
- ●バラエティに富んでいて素敵な本、つまったときのヒントがいっぱい!!
- ●今後、ジャンルの拡充を期待する。
- ●片寄らないように色々なポストカードを入れてほしい。
- ●小さな作品にクリエイターのエッセンスが詰まっていて非常に参考になった。
- ●ポスト・カードが好きなので大感激、一生大事にしたい。
- ●もっとジャンル構成に工夫があってもよいのでは？
- ●小さな紙面に無数のダイヤモンドの結晶が輝いていた。
- ●こんな本が欲しかった!!
- ●大変個性的で多様な作品が掲載されていて気に入った。
- ●カードの多さに驚き、表現力の勇気に元気がでた。小さい中に無限の世界があるんだなと思った。

数多くの出版社の足元にも及ばぬ駆出しの出版社ではありますが、常に質的向上を図り積極的に進めていきたいと思っております。

ピエ・ブックス編集部

Preface:

Thanks to the warm support for the first edition of "Postcard Graphics" the editors of P•I•E Books are very pleased to bring you this second edition.

In compiling this new edition, the editors benefited from the praise, criticism and materials submitted to us by readers, both professional and otherwise. Here are some of their reactions:

- Although the pictures were rather small, one could still sense the force of the original work.
- There's so much variety in the book ... it always triggers a thought when I've run out of ideas.
- The next edition should carry a wider range of work.
- Please select a more balanced range of materials.
- These small photos convey their creators' "essence" ... very instructive.
- I like postcards, so I loved the book. I plan to keep it forever.
- I wish you'd organized the categories more intelligently.
- It's as if precious stones were scattered across these rather small pages.
- This is exactly the kind of book I wanted.
- I love the variety of these unique postcards.
- The number of postcards surprised me, and their ideas were inspirational. It seems there are no limits in the world of these small cards.

Trying to keep all this in mind, we have attempted to compile a more satisfactory book. We thank everyone for their contributions, and apologize to those whose materials could not be included for reasons of limited space.

We are planning a third edition of this book, to be published in June 1991. We would very much like to expand the scope of that book to include works from countries other than Japan, and invite you to send us your ideas. (The deadline for contributions is January 1991).

P•I•E Books is a relatively young publisher, but we are making every effort to produce the highest quality books we can. We thank you for your support.

The Editors. P•I•E Books

CONTENTS

PRODUCERS

Fashion Houses 10

Fashion Accessories 70

Etcetera 75

MARKETERS

Retailers 86

Fashion 98

Fashion Accessories 102

Hair & Makeup 104

Furnishings 109

Tableware 110

Antiques 111

Curiosity Shop 112

Out & About 115

Galleries 118

CREATORS

Graphic Designers 128

Photographers 188

Illustrators 199

Editorial Notes

This book is a collection of 1,500 postcards carefully selected from more than 8,000 cards representing a wide range of enterprises and interests. Nearly all were created within the last 3 years, and some were designed for purely private circulation. The editorial policy which determined the selections emphasized the visual aspects of the designs.

Information about each work has been indicated as follows:

CD: Creative Director
AD: Art Director
D: Designer
P: Photographer
I: Illustrator
O: Object
A: Artist
CW: Copywriter
HM: Hair & Makeup
S: Stylist
CL: Client
DF: Design Firm
AG: Agency

PRODUCERS

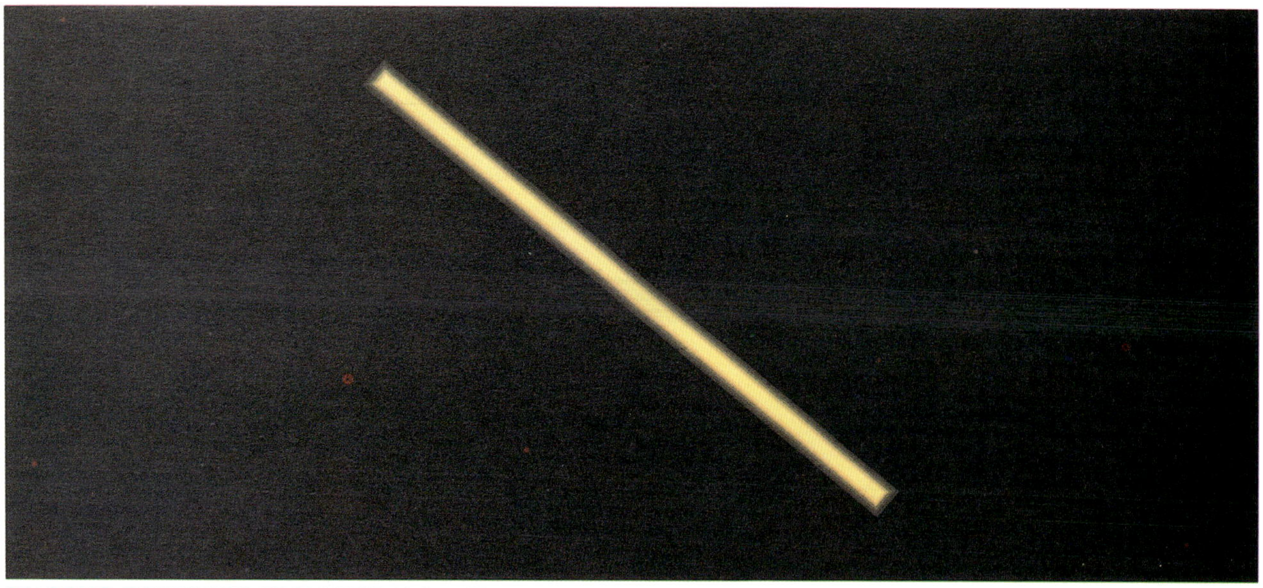

SEASON'S GREETINGS FROM ISSEY MIYAKE

1

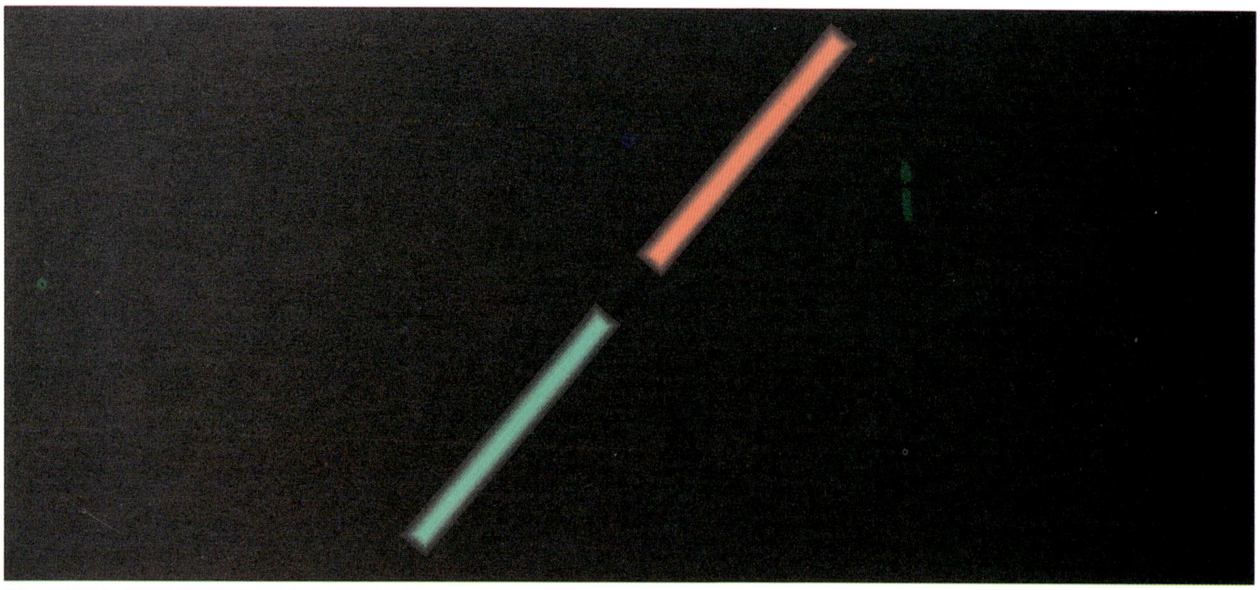

SEASON'S GREETINGS FROM ISSEY MIYAKE

2

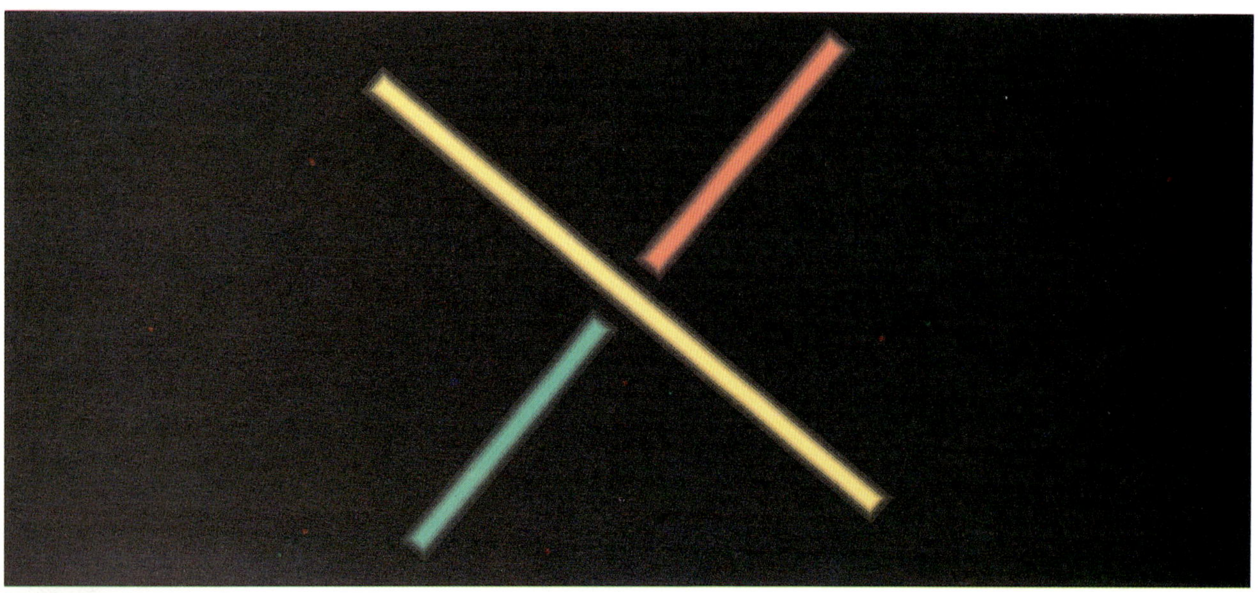

SEASON'S GREETINGS FROM ISSEY MIYAKE

3

1-3
イッセイミヤケ
挨拶状　1989
AD, D:松永　真
DF:㈱松永真デザイン事務所
CL:㈱三宅デザイン事務所
ISSEY MIYAKE
Greetings 1989
AD, D:Shin Matsunaga
DF:Shin Matsunaga Design Inc.
CL:Miyake Design Studio

TSUMORI CHISATO
展示会案内状　1990
CD, D:津森千里
DF:㈱イッセイミヤケインターナショナル
TSUMORI CHISATO
Invitation to Exhibition 1990
CD, D:Chisato Tsumori
DF:Issey Miyake International Inc.

1

2

1
アイ・エス
招待状　1989
D:津森千里
DF:㈱イッセイミヤケインターナショナル
I.S.
Invitation 1989
D:Chisato Tsumori
DF:Issey Miyake International Inc.

2
アイ・エス
展示会案内状　1989
D:津森千里
CL:㈱イッセイミヤケインターナショナル
I.S.
Invitation to Exhibition 1989
D:Chisato Tsumori
CL:Issey Miyake International Inc.

1

2

3

1
ピンクハウス
販促用カード 1990
D:金子 功
P:篠山紀信
PINK HOUSE
Sales Promotion 1990
D:Isao Kaneko
P:Kishin Shinoyama

2
インゲボルグ
販促用カード 1989
D:金子 功
CL:㈱ピンクハウス
INGEBORG
Sales Promotion 1989
D:Isao Kaneko
CL:Pink House Co., Ltd.

3
カールヘルム
販促用カード 1989
D:金子 功
CL:㈱ピンクハウス
KARL HELMUT
Sales Promotion 1989
D:Isao Kaneko
CL:Pink House Co., Ltd.

4
ページボーイ
クリスマスカード 1989
D:スタジオ アップ
P:塚田和徳
I:山田和美
S:柴田かえ
HM:日野眞郷
CL:㈱アリシア
PAGE BOY
Christmas Card 1989
D:Studio Up
P:Kazunori Tsukada
I:Kazumi Yamada
S:Kae Shibata
HM:Masato Hino
CL:Alicia Co., Ltd.

5
ページボーイ
案内状 1989
D:山田和美
CL:㈱アリシア
PAGE BOY
Announcement 1989
D:Kazumi Yamada
CL:Alicia Co., Ltd.

6
ページボーイ
展示会案内状 1989
D:山田和美
CL:㈱アリシア
PAGE BOY
Invitation to Exhibition 1989
D:Kazumi Yamada
CL:Alicia Co., Ltd.

1

2

1
シャワー
案内状　1989
AD:㈱ブルーインターナショナル
D:水谷孝次
P:久留幸子
SHOWER
Announcement 1989
AD:Blue International Company
D:Koji Mizutani
P:Sachiko Kuru

2
カンサイヤマモト
案内状　1990
CD:浅沼　亀
AD:青木住夫
D:井上和彦
P:宮沢正明
CW:伊藤敬子
CL:㈱カンサイ・カンパニー
KANSAI YAMAMOTO
Announcement 1990
CD:Hisashi Asanuma
AD:Sumio Aoki
D:Kazuhiko Inoue
P:Masaaki Miyazawa
CW:Atsuko Ito
CL:Kansai Company Corp.

3 4 5

3
ヒロココシノ
販促用カード　1989
AD, D:松井桂三
P:大石一男
HIROKO KOSHINO
Sales Promotion 1989
AD, D:Keizo Matsui
P:Kazuo Oishi

4，5
ヒロココシノ
案内状　1987
CD:村上　熙
AD, D:松井桂三
P:松尾史郎
HIROKO KOSHINO
Announcement 1987
CD:Hiroshi Murakami
AD, D:Keizo Matsui
P:Shiro Matsuo

1

2

3

4

1-3
49AVジュンコシマダ
販促用カード 1988
CD:小笠原洋子
D:吉岡博恭
P:Guy Bourdin
DF:フラッシュ
CL:㈱ルシアン プランニング
49AV JUNKO SHIMADA
Sales Promotion 1988
CD:Yohko Ogasawara
D:Hiroyasu Yoshioka
P:Guy Bourdin
DF:Flash Inc.
CL:Lecien Planning Corporation

4
49AVジュンコシマダ
ジュンコシマダ パート2
案内状 1989
CD:小笠原洋子
D:吉岡博恭
P:Arthur Elgort（49AV）
P:Friedemann Hauss (PART2)
CW:藤原ようこ
DF:フラッシュ
CL:㈱ルシアン プランニング
49AV JUNKO SHIMADA
JUNKO SHIMADA PART2
Announcement 1989
CD:Yohco Ogasawara
D:Hiroyasu Yoshioka
P:Arthur Elgort（49AV）
P:Friedemann Hauss (PART2)
CW:Yoko Fujiwara
DF:Flash Inc.
CL:Lecien Planning Corporation

5

6

5
49AVジュンコシマダ
販促用カード 1989
CD:小笠原洋子
D:吉岡博恭
P:Arthur Elgort
CW:藤原ようこ
DF:フラッシュ
CL:㈱ルシアン プランニング
49AV JUNKO SHIMADA
Sales Promotion 1989
CD:Yohco Ogasawara
D:Hiroyasu Yoshioka
P:Arthur Elgort
CW:Yoko Fujiwara
DF:Flash Inc.
CL:Lecien Planning Corporation

6
ジュンコシマダ パート2
販促用カード 1989
CD:小笠原洋子
D:藤田裕信
P:Friedemann Hauss
DF:フラッシュ
CL:㈱ルシアン プランニング
JUNKO SHIMADA PART2
Sales Promotion 1989
CD:Yohco Ogasawara
D:Hironobu Fujita
P:Friedemann Hauss
DF:Flash Inc.
CL:Lecien Planning Corporation

1

2

3

4

5

6

7

1
ヒロミチナカノ
販促用カード 1989
D:㈱シーアール・プロット
CL:㈱サンエーインターナショナル
HIROMICHI NAKANO
Sales Promotion 1989
D:CR-Plot Co., Ltd.
CL:Sanei International Co., Ltd.

2
ベティーズ・ブルー
案内状 1990
CD:堤 俊紀
I:あべ真司
DF:㈱レッグス
CL:㈱レモン
BETTY'S BLUE
Announcement 1990
CD:Toshinori Tsutsumi
I:Shinji Abe
DF:Legs Co., Ltd.
CL:Lemon Co., Ltd.

3
バッソー
クリスマスカード 1989
D:中野浩一
BASSO
Christmas Card 1989
D:Kouichi Nakano

4, 5
ア・ストア・ロボット
販促用カード 1989
CD:ア・ストア・ロボット
A STORE ROBOT
Sales Promotion 1989
CD:A Store Robot

6
ケンショー
年賀状 1986
CD, AD, D:安部兼章
CL:㈱ルシアン・ザ・スペース
KENSHO
New Year's Card 1986
CD, AD, D:Kensho Abe
CL:Lecien The Space Corporation

7
マドモアゼルカミングスーン
クリスマスカード 1989
CD:永倉 節
MLLE. COMIN'SOON
Christmas Card 1989
CD:Misao Ekura

1
ベティーズブルー
販促用カード 1989
AD, D:あべ真司
P:斉藤 亢
DF:㈱シャワーズ
CL:㈱レモン
BETTY'S BLUE
Sales Promotion 1989
AD, D:Shinji Abe
P:Koo Saito
DF:Showers
CL:Lemon Co., Ltd.

1

2

3

1
ケンショーオム
案内状　1986
CD, D:安部兼章
CL:㈱ルシアン・ザ・スペース
KENSHO HOMME
Announcement 1986
CD, D:Kensho Abe
CL:Lecien The Space Corporation

2
ケンショー
販促用カード　1990
CD, AD, D:安部兼章
CL:㈱ルシアン・ザ・スペース
KENSHO
Sales Promotion 1990
CD, AD, D:Kensho Abe
CL:Lecien The Space Corporation

3
ケンショーオム
販促用カード　1990
CD, AD, D:安部兼章
CL:㈱ルシアン・ザ・スペース
KENSHO HOMME
Sales Promotion 1990
CD, AD, D:Kensho Abe
CL:Lecien The Space Corporation

4-6
ラブレア
販促用カード　1989
CD, AD:水谷孝次
D:紅林宏和
P:伊島　薫
DF:水谷事務所
CL:メルローズ㈱
LA-BREA
Sales Promotion 1989
CD, AD:Koji Mizutani
D:Hirokazu Kurebayashi
P:Kaoru Ijima
DF:Koji Mizutani
CL:Melrose Co., Ltd.

4

5

6

1, 3
スタジオヴィ
販促用カード 1989
AD, D:大野奈津子
P:石室英介
I:ルーベン トレド
DF:㈱ヴィヴィド
STUDIOV
Sales Promotion 1989
AD, D:Natsuko Ono
P:Eisuke Ishimuro
I:Ruben Tredo
DF:Vivid Co., Ltd.

2, 4
スタジオヴィ
案内状 1989
AD, D:大野奈津子
I:ルーベン トレド
DF:㈱ヴィヴィド
STUDIOV
Announcement 1989
AD, D:Natsuko Ono
I:Ruben Tredo
DF:Vivid Co., Ltd.

5
スタジオヴィ
展示会案内状 1989
AD, D:大野奈津子
P:ジョーン ディーン
I:ルーベン トレド
DF:㈱ヴィヴィド
STUDIOV
Invitation to Exhibition 1989
AD, D:Natsuko Ono
P:Jhon Dean
I:Ruben Tredo
DF:Vivid Co., Ltd.

1
ヴィヴィアン・ウエストウッド
販促用カード 1989
CD ア・ストア・ロボット
VIVIENNE WESTWOOD
Sales Promotion 1989
CD A Store Robot

2
ヴィヴィアン・ウエストウッド
販促用カード 1989
CD ア・ストア・ロボット
VIVIENNE WESTWOOD
Sales Promotion 1989
CD A Store Robot

3
ミルク
販促用カード 1990
P.J.A. カルデイラ
CL 有ミルク
MILK
Sales Promotion 1990
P.J.A. Caldeira
CL Milk Inc.

1

2

3

4

5

6

7

1
キッドブルー
案内状　1990
AD:㈱ブルーインターナショナル
D:吉田康一
P:冨永民生
KID BLUE
Announcement 1990
AD:Blue International Company
D:Koichi Yoshida
P:Minsei Tominaga

2
ムービングブルー
案内状　1989
AD, D:㈱ブルーインターナショナル
MOVING BLUE
Announcement 1989
AD, D:Blue International Company

3
ケス・ケラ?
販促用カード　1990
CD:安野龍昭
I:沢田弘美
QU'EST-CE QU'ELLE A ?
Sales Promotion 1990
CD:Tatsuaki Yasuno
I:Hiromi Sawada

4
キッドブルー
暑中見舞　1989
AD, D:㈱ブルーインターナショナル
KID BLUE
Mid-Summer Greetings 1989
AD, D:Blue International Company

5
ムービングブルー
案内状　1990
AD:㈱ブルーインターナショナル
P:冨永民生
DF:㈱ブルーインターナショナル
MOVING BLUE
Announcement 1990
AD:Blue International Company
P:Minsei Tominaga
DF:Blue International Company

6
ムービングブルー
クリスマスカード　1989
AD, D:㈱ブルーインターナショナル
MOVING BLUE
Christmas Card 1989
AD, D:Blue International Company

7
ケス・ケラ?
販促用カード　1989
CD:安野龍昭
I:沢田弘美
QU'EST-CE QU'ELLE A ?
Sales Promotion 1989
CD:Tatsuaki Yasuno
I:Hiromi Sawada

1-3
キャンツゥー
販促用カード　1990
AD, D:江井有希子
P:樋口　彰
DF, CL:㈱東京キャン
CANTWO
Sales Promotion 1990
AD, D:Yukiko Ei
P:Akira Higuchi
DF, CL:Tokyo Can Co., Ltd.

4
キャンツゥー
販促用カード　1990
AD, D:丹羽小百合
P:堤　正春
DF, CL:㈱東京キャン
CANTWO
Sales Promotion 1990
AD, D:Sayuri Niwa
P:Masaharu Tsutsumi
DF, CL:Tokyo Can Co., Ltd.

5
キャンツゥー
クリスマスカード
AD, D:北川貴子
P:樋口　彰
DF, CL:㈱東京キャン
CANTWO
Christmas Card
AD, D:Takako Kitagawa
P:Akira Higuchi
DF, CL:Tokyo Can Co., Ltd.

6
キャンツゥー
販促用カード　1990
AD, D:江井有希子
P:樋口　彰
DF, CL:㈱東京キャン
CANTWO
Sales Promotion 1990
AD, D:Yukiko Ei
P:Akira Higuchi
DF, CL:Tokyo Can Co., Ltd.

1
オン・プ
展示会案内状　1989
DF:節事務所
CL:株オフ・コーディネイション
ON PEUT
Invitation to Exhibition 1989
DF:Setsu Office Co., Ltd.
CL:Off Coordination Co., Ltd.

2
ローズ イズ ア ローズ
挨拶状　1989
DF:節事務所
CL:株ストーンスロー
ROSE IS A ROSE
Greetings 1989
DF:Setsu Office Co., Ltd.
CL:Stone Throw Inc.

3
バッソー
案内状　1989
D:株バッソー
BASSO
Announcement 1989
D:Basso Co., Ltd.

4
シャビー ジェンティール
販促用カード　1989
D:シャビー ジェンティール
CL:株バッソー
SABBY GENTEEL
Sales Promotion 1989
D:Sabby Genteel
CL:Basso Co., Ltd.

5
スクープ
販促用カード　1990
AD, D:舟橋久夫
P:斉藤　亢
I:飯田　淳
SCOOP
Sales Promotion 1990
AD, D:Hisao Funabashi
P:Koo Saito
I:Jun Iida

6
スクープ
販促用カード　1988
AD:舟橋久夫
D:茂木隆行
SCOOP
Sales Promotion 1988
AD:Hisao Funabashi
D:Takayuki Motegi

7, 8
スクープ
案内状　1990
AD:舟橋久夫
D:鈴木大介
SCOOP
Announcement 1990
AD:Hisao Funabashi
D:Daisuke Suzuki

1

2

3

4

5

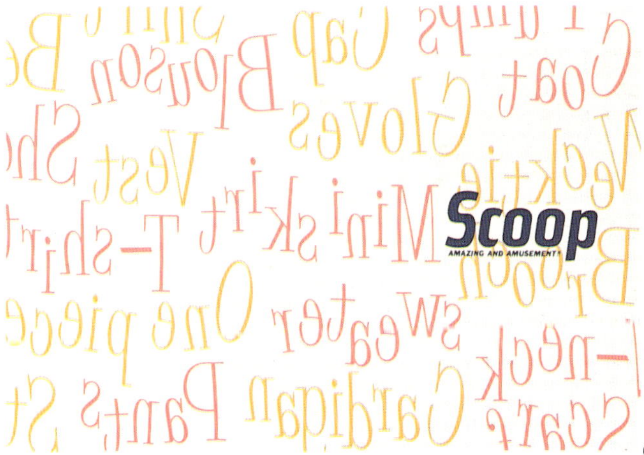

6

7

8

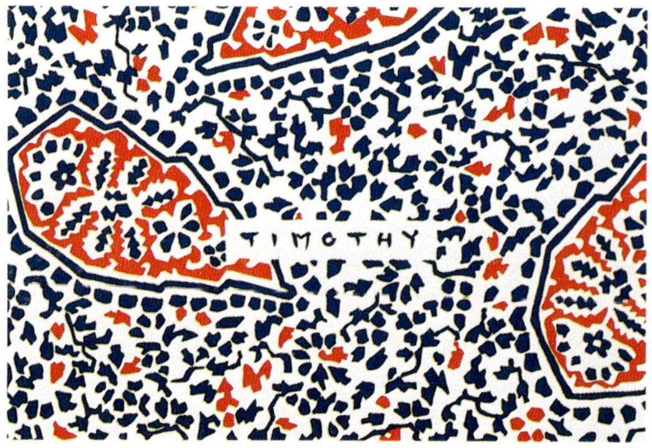

1
45RPMスタジオ
販促用カード 1989
D:益山航士
45RPM-STUDIO
Sales Promotion 1989
D:Cousi Masuyama

2
チャイルドウーマン
展示会案内状 1990
CL:㈱アンビデックス
CHILD WOMAN
Invitation to Exhibition 1990
CL:Ambidex Co., Ltd.

3
ティモシー
暑中見舞 1984
AD:瀬川秀明
I:細倉泰寿
DF:スーパーイエロープロジェクト
TIMOTHY
Mid-Summer Greetings 1984
AD:Hideaki Segawa
I:Yasutoshi Hosokura
DF:Super Yellow Project

4
チャイルドウーマン
年賀状 1990
CL:㈱アンビデックス
CHILD WOMAN
New Year's Card 1990
CL:Ambidex Co., Ltd.

5
ティモシー
案内状 1985
AD:瀬川秀明
I:里見良子
DF:スーパーイエロープロジェクト
TIMOTHY
Announcement 1985
AD:Hideaki Segawa
I:Yoshiko Satomi
DF:Super Yellow Project

6
ティモシー
クリスマスカード 1983
AD:瀬川秀明
I:細倉泰寿
DF:スーパーイエロープロジェクト
TIMOTHY
Christmas Card 1983
AD:Hideaki Segawa
I:Yasutoshi Hosokura
DF:Super Yellow Project

7
豊田紡織
年賀状 1989
AD, D, CW:水谷諭史
I:坪井敏光
DF:プロップ 1
AG:㈱スタジオ・セピア
TOYODA BOSHOKU
New Year's Card 1989
AD, D, CW:Satoshi Mizutani
I:Toshimitsu Tsuboi
DF:Prop. 1
AG:Studio Sepia Co., Ltd.

1

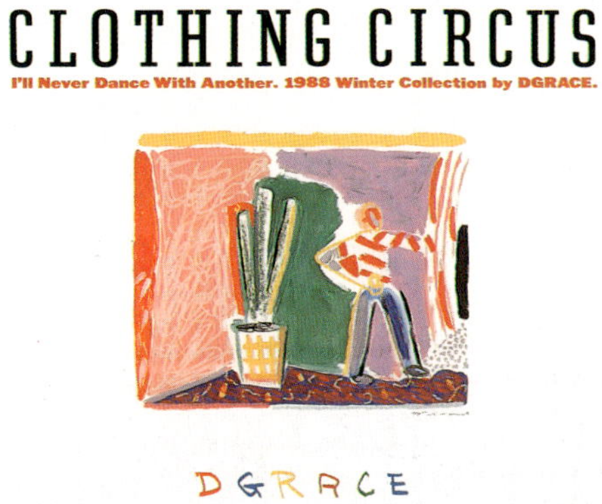

2

3

4

5

6

7

1
ディグレース
展示会案内状　1990
CD, AD:塚野浩資
CW:芝　亮吉
DF:㈱アボット
CL:㈱ビービーケーケー
DGRACE
Invitation to Exhibition 1990
CD, AD:Koji Tsukano
CW:Ryokichi Shiba
DF:Abbott Co., Ltd.
CL:BBKK Co., Ltd.

2
ディグレース
展示会案内状　1988
CD, AD:塚野浩資
D, I:松本孝志
DF:㈱アボット
CL:㈱ビービーケーケー
DGRACE
Invitation to Exhibition 1988
CD, AD:Koji Tsukano
D, I:Takashi Matsumoto
DF:Abbott Co., Ltd.
CL:BBKK Co., Ltd.

3
ディグレース
展示会案内状　1989
CD, AD:塚野浩資
D, I:松本孝志
DF:㈱アボット
CL:㈱ビービーケーケー
DGRACE
Invitation to Exhibition 1989
CD, AD:Koji Tsukano
D, I:Takashi Matsumoto
DF:Abbott Co., Ltd.
CL:BBKK Co., Ltd.

4
ライトメニュー
販促用カード　1982
AD:奥田はじめ
D, I:高橋和登
CL:㈱ケイハウス
LIGHT MENU
Sales Promotion 1982
AD:Hajime Okuda
D, I:Kazuto Takahashi
CL:K. House Inc.

5, 6
ライトメニュー
販促用カード　1988
AD:ライトメニュー
I:今川仁志
CL:㈱ケイハウス
LIGHT MENU
Sales Promotion 1988
AD:Light Menu
I:Hitoshi Imagawa
CL:K. House Inc.

7
マピム
展示会案内状　1990
AD:㈱アボット
D, I, CW:斉藤　翠
DF:㈱アボット
CL:㈱ビービーケーケー
MAPYM
Invitation to Exhibition 1990
AD:Abbott Co., Ltd.
D, I, CW:Midori Saito
DF:Abbott Co., Ltd.
CL:BBKK Co., Ltd.

1

2

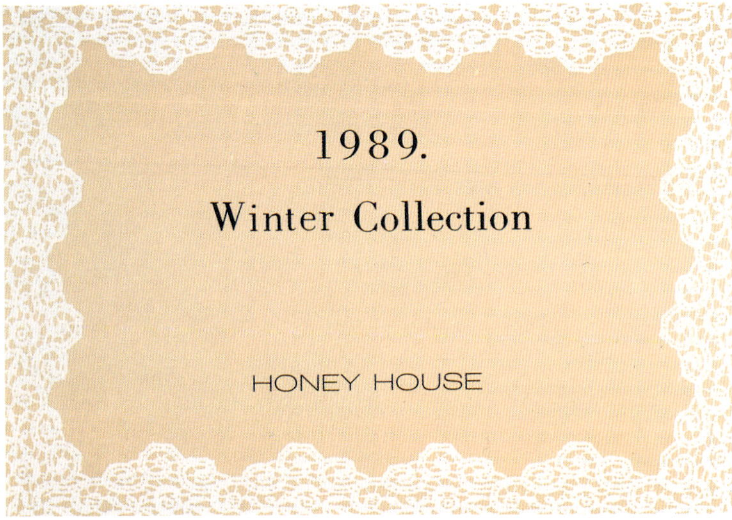

3

4

5

6

1
ビー・クラブ
案内状 1989
D:角田直子
I:瀬能やよひ
CL:㈱ナルミヤ
b. CLUB
Announcement 1989
D:Naoko Tsunoda
I:Yayoi Senou
CL:Narumiya Co., Ltd.

2
チャイルドウーマン
案内状 1990
CL:㈱アンビデックス
CHILD WOMAN
Announcement 1990
CL:Ambidex Co., Ltd.

3
ハニーハウス
展示会案内状 1989
D:今入幸江
HONEY HOUSE
Invitation to Exhibition 1989
D:Yukie Imairi

4
ハニーハウス
展示会案内状 1990
D:今入幸江
HONEY HOUSE
Invitation to Exhibition 1990
D:Yukie Imairi

5
ビー・クラブ
案内状 1988
D:角田直子
I:瀬能やよひ
CL:㈱ナルミヤ
b. CLUB
Announcement 1988
D:Naoko Tsunoda
I:Yayoi Senou
CL:Narumiya Co., Ltd.

6
エスト
展示会案内状 1990
D:伊藤えり子
CL:㈱ラ・エスト
L'EST
Invitation to Exhibition 1990
D:Eriko Ito
CL:L'est Co., Ltd.

1

2

3

4

5

6

7

1
シュガー
クリスマスカード　1989
CD, D:石山　愛
I:甲斐弘美
CL:㈱シュガー
SUGAR
Christmas Card 1989
CD, D:Megumi Ishiyama
I:Hiromi Kai
CL:Sugar Co., Ltd.

2
シュガー
案内状　1989
CD, D:東京アドバタイジング
CL:㈱シュガー
SUGAR
Announcement 1989
CD, D:Tokyo Advertising
CL:Sugar Co., Ltd.

3
シュガー
年賀状　1989
CD, D:石山　愛
I:甲斐弘美
CL:㈱シュガー
SUGAR
New Year's Card 1989
CD, D:Megumi Ishiyama
I:Hiromi Kai
CL:Sugar Co., Ltd.

4
ビバユー
案内状　1989
AD:㈱シーアール・プロット
CL:㈱サンエーインターナショナル
VIVA YOU
Announcement 1989
AD:CR-Plot Co., Ltd.
CL:Sanei International Co., Ltd.

5
シュガー
販促用カード　1989
CD, D:石山　愛
I:甲斐弘美
SUGAR
Sales Promotion 1989
CD, D:Megumi Ishiyama
I:Hiromi Kai

6
シュガー
販促用カード　1989
CD, D:石山　愛
I:甲斐弘美
CL:㈱シュガー
SUGAR
Sales Promotion 1989
CD, D:Megumi Ishiyama
I:Hiromi Kai
CL:Sugar Co., Ltd.

7
シュガー
クリスマスカード　1989
CD, D:東京アドバタイジング
CL:㈱シュガー
SUGAR
Christmas Card 1989
CD, D:Tokyo Advertising
CL:Sugar Co., Ltd.

1

2

3

4

5

6

7

8

1, 4
ザンパ
案内状 1989
クリスマスカード 1988
AD:中川勇一
D:木谷祥子
P:富永 暁
S:濱田恭子
DF:キネマムーン
CL:㈱ロザリア
ZAMPA
Announcement 1989
Cristmas Card 1988
AD:Yuichi Nakagawa
D:Sachiko Kitani
P:A. Tominaga
S:Kyoko Hamada
DF:Kinema Moon
CL:Rozaria Inc.

2, 3
ガールガール
クリスマスカード 1989
展示会案内状 1989
AD:中川勇一
D:木谷祥子
P:富永 暁
S:濱田恭子
DF:キネマムーン
CL:㈱ロザリア
GIRL GIRL
Christmas Card 1989
Invitation to Exhibition 1989
AD:Yuichi Nakagawa
D:Sachiko Kitani
P:A. Tominaga
S:Kyoko Hamada
DF:Kinema Moon
CL:Rozaria Inc.

5
ガールガール
販促用カード 1989
D:木谷祥子
DF:キネマムーン
CL:㈱ロザリア
GIRL GIRL
Sales Promotion 1989
D:Sachiko Kitani
DF:Kinema Moon
CL:Rozaria Inc.

6
レフイル
クリスマスカード 1988
AD:中川勇一
D:木谷祥子
P:富永 暁
S:濱田恭子
DF:キネマムーン
CL:㈱ロザリア
LE-FLUY
Christmas Card 1988
AD:Yuichi Nakagawa
D:Sachiko Kitani
P:A. Tominaga
S:Kyoko Hamada
DF:Kinema Moon
CL:Rozaria Inc.

7
ジージークラブ
クリスマスカード 1988
AD:中川勇一
D:木谷祥子
P:富永 暁
S:濱田恭子
DF:キネマムーン
CL:㈱ロザリア
G/G CLUB
Christmas Card 1988
AD:Yuichi Nakagawa
D:Sachiko Kitani
P:A. Tominaga
S:Kyoko Hamada
DF:Kinema Moon
CL:Rozaria Inc.

8
スール
案内状 1989
AD:中川勇一
D:木谷祥子
P:富永 暁
S:濱田恭子
DF:キネマムーン
CL:㈱ロザリア
SOEUR
Announcement 1989
AD:Yuichi Nakagawa
D:Sachiko Kitani
P:A. Tominaga
S:Kyoko Hamada
DF:Kinema Moon
CL:Rozaria Inc.

1, 2
ビー・クラブ
案内状 1989
D:角田直子
P:山下恒徳
CL:㈱ナルミヤ
b. CLUB
Announcement 1989
D:Naoko Tsunoda
P:Tsunenori Yamashita
CL:Narumiya Co., Ltd.

3
エスト
販促用カード 1989
D:伊藤えり子
CL:㈱ラ・エスト
L'EST
Sales Promotion 1989
D:Eriko Ito
CL:L'est Co., Ltd.

4
ディーズ・ディ
年賀状 1990
AD:㈱ディーズ・ディ
DÉESSE DÉ
New Year's Card 1990
AD:Déesse dé Co., Ltd.

5, 6
ディーズ・ディ
展示会案内状 1989
AD:㈱ディーズ・ディ
DÉESSE DÉ
Invitation to Exhibition 1989
AD:Déesse dé Co., Ltd.

7
ナイスクラップ
展示会案内状 1989
AD:㈱ナイスクラップ
NICE CLAUP
Invitation to Exhibition 1989
AD:Nice Claup Co., Ltd.

8
ナイスクラップ
年賀状 1990
AD:㈱ナイスクラップ
NICE CLAUP
New Year's Card 1990
AD:Nice Claup Co., Ltd.

9
ナイスクラップ
案内状 1990
AD:㈱ナイスクラップ
NICE CLAUP
Announcement 1990
AD:Nice Claup Co., Ltd.

1

2

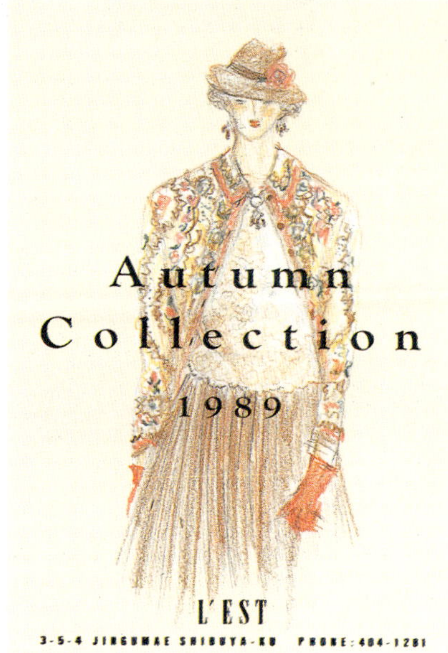

3

4

5

6

7

8

9

1
タップス
年賀状　1990
AD, I:大山　求
DF:㈱シゲ・デザイン・オフィス
TAPS
New Year's Card 1990
AD, I:Motomu Oyama
DF:Shige Design Office Co., Ltd.

2
タップス
販促用カード　1990
AD, I:大山　求
DF:㈱シゲ・デザイン・オフィス
TAPS
Sales Promotion 1990
AD, I:Motomu Oyama
DF:Shige Design Office Co., Ltd.

3
タップス
販促用カード　1989
AD, I:大山　求
DF:㈱シゲ・デザイン・オフィス
TAPS
Sales Promotion 1989
AD, I:Motomu Oyama
DF:Shige Design Office Co., Ltd.

1
アツキオオニシ スリーピング
販促用カード 1988
AD:渡邊かをる
D:弘中克典
P:盛岡養一郎
CL:西川産業㈱
ATSUKI ONISHI SLEEPING
Sales Promotion 1988
AD:Kaoru Watanabe
D:Katsunori Hironaka
P:Yoichiro Morioka
CL:Nishikawa Sangyo Co., Ltd.

2
アツキオオニシ スリーピング
販促用カード 1989
AD:渡邊かをる
D:弘中克典
P:盛岡養一郎
CL:西川産業㈱
ATSUKI ONISHI SLEEPING
Sales Promotion 1989
AD:Kaoru Watanabe
D:Katsunori Hironaka
P:Yoichiro Morioka
CL:Nishikawa Sangyo Co., Ltd.

3
アツキオオニシ スリーピング
クリスマスカード 1987
AD:渡邊かをる
D:弘中克典
CL:西川産業㈱
ATSUKI ONISHI SLEEPING
Christmas Card 1987
AD:Kaoru Watanabe
D:Katsunori Hironaka
CL:Nishikawa Sangyo Co., Ltd.

4
アツキオオニシ スリーピング
販促用カード 1990
AD:渡邊かをる
D:弘中克典
CL:西川産業㈱
ATSUKI ONISHI SLEEPING
Sales Promotion 1990
AD:Kaoru Watanabe
D:Katsunori Hironaka
CL:Nishikawa Sangyo Co., Ltd.

5
アツキオオニシ スリーピング
クリスマスカード 1989
AD:渡邊かをる
D:弘中克典
CL:西川産業㈱
ATSUKI ONISHI SLEEPING
Christmas Card 1989
AD:Kaoru Watanabe
D:Katsunori Hironaka
CL:Nishikawa Sangyo Co., Ltd.

6
アツキオオニシ スリーピング
クリスマスカード 1988
AD:渡邊かをる
D:弘中克典
CL:西川産業㈱
ATSUKI ONISHI SLEEPING
Christmas Card 1988
AD:Kaoru Watanabe
D:Katsunori Hironaka
CL:Nishikawa Sangyo Co., Ltd.

1

2

3

4

5

6

1

2

1
ヒステリックグラマー
挨拶状 1990
P:ブレット ウォーカー
DF:㈱オゾンコミュニティ
HYSTERIC GLAMOUR
Greetings 1990
P:Brett Walker
DF:Ozone Community Co., Ltd.

2
ヒステリックグラマー
展示会案内状 1990
P:アネット オーレル
DF:㈱オゾンコミュニティ
HYSTERIC GLAMOUR
Invitation to Exhibition 1990
P:Anette Aurell
DF:Ozone Community Co., Ltd.

1

2

3

4 5 6 7

1
ポッシュボーイ
展示会案内状　1989
AD, D, I:薙野たかひろ
CL:㈱イングセブン
POSHBOY
Invitation to Exhibition 1989
AD, D, I:Takahiro Nagino
CL:Ingseven Co., Ltd.

2
ポッシュボーイ
年賀状　1988
AD, D, I:薙野たかひろ
CL:㈱イングセブン
POSHBOY
New Year's Card 1988
AD, D, I:Takahiro Nagino
CL:Ingseven Co., Ltd.

3
ポッシュボーイ
クリスマスカード　1989
AD, D, I:薙野たかひろ
CL:㈱イングセブン
POSHBOY
Christmas Card 1989
AD, D, I:Takahiro Nagino
CL:Ingseven Co., Ltd.

4, 6
フランドル
販促用カード　1990
CD, AD, D:安達直子
P:今井久喜
P:安部英知
FLANDRE
Sales Promotion 1990
CD, AD, D:Naoko Adachi
P:Hisaki Imai
P:Hidetomo Abe

5
プランキッシュフランドル
販促用カード　1990
CD, AD, D:安達直子
CD, AD:清水真里
P:安部英知
CL:㈱フランドル
PRANKISH FLANDRE
Sales Promotion 1990
CD, AD, D:Naoko Adachi
CD, AD:Mari Shimizu
P:Hidetomo Abe
CL:Flandre Co., Ltd.

7
フランドルクラブ
販促用カード　1990
CD, AD, D:安達直子
CD, AD:清水真里
P:安部英知
CL:㈱フランドル
FLANDRE CLUB
Sales Promotion 1990
CD, AD, D:Naoko Adachi
CD, AD:Mari Shimizu
P:Hidetomo Abe
CL:Flandre Co., Ltd.

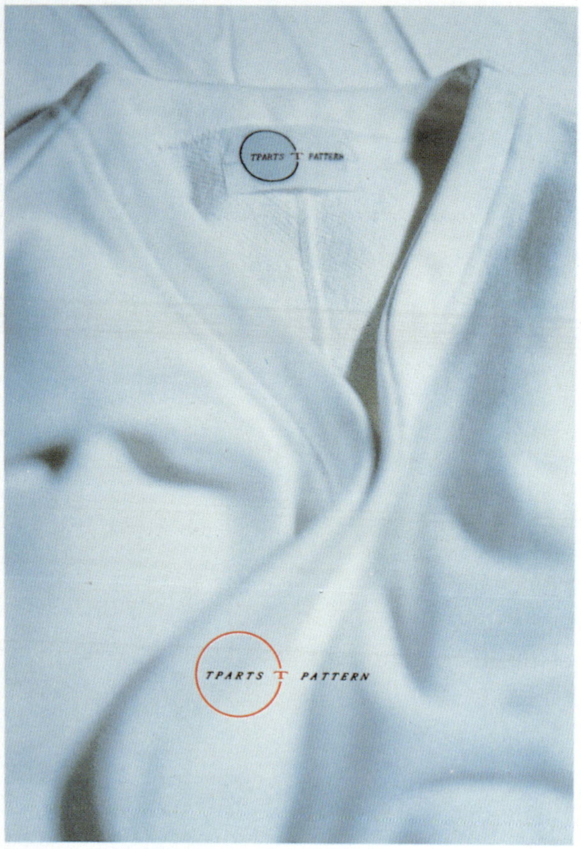

1

2

1
ティーパーツ ティーパターン
販促用カード 1990
AD:舟橋久夫
D:本田ゆき子
P:藤間謙二
CL:㈱スクープ
T PARTS T PATTERN
Sales Promotion 1990
AD:Hisao Funabashi
D:Yukiko Honda
P:Kenji Touma
CL:Scoop Inc.

2
オン・プ
展示会案内状
DF:節事務所
CL:㈱オフ・コーディネイション
ON PEUT
Invitation to Exhibition
DF:Setsu Office Co., Ltd.
CL:Off Coordination Co., Ltd.

3

4

3, 4
アルジャン
販促用カード 1989
P:ナオキ
ARGENT
Sales Promotion 1989
P:Naoki

1
フェール・ラ・ビーズ
展示会案内状　1990
AD, D:塚原周三
P:ハルキ
DF:㈱シーアール・プロット
CL:㈱サンエーインターナショナル
FAIRE LA BISE
Invitation to Exhibition 1990
AD, D:Shuzo Tsukahara
P:Haruki
DF:CR-Plot Co., Ltd.
CL:Sanei International Co., Ltd.

2
フェール・ラ・ビーズ
展示会案内状　1990
AD, D:塚原周三
P:ハルキ
DF:㈱シーアール・プロット
CL:㈱サンエーインターナショナル
FAIRE LA BISE
Invitation to Exhibition 1990
AD, D:Shuzo Tsukahara
P:Haruki
DF:CR-Plot Co., Ltd.
CL:Sanei International Co., Ltd.

3
ビア・ヴェンテ
展示会案内状　1987
AD:イクスース・アゴラ
D:小島美代子
P:富田ルツ
DF:㈲イクスース・アゴラ
VIA VÈNTI
Invitation to Exhibition 1987
AD:Ikusūsu Agora
D:Miyoko Kojima
P:Ruth Tomita
DF:Ikusūsu Agora Co., Ltd.

4
ビス, イネス
展示会案内状　1986
CD, AD, D:林　廣行
P:小石沢晴男
S:柳沢由美
DF:㈱グラフィックス・インターナショナル
CL:㈱モード・エ・ジャコモ
BIS, INÉS
Invitation to Exhibition 1986
CD, AD, D:Hiroyuki Hayashi
P:Haruo Koishizawa
S:Yumi Yanagisawa
DF:Grafix International Inc.
CL:Mode Et Jacomo Co., Ltd.

1

2

3

4

1

2

3

4

5

6

1, 2
ボールジィ
案内状　1989
AD, D:立川デザイン事務所
P:湯浅哲男
CL:㈱トゥモローランド
BALLSEY
Announcement 1989
AD, D:Tachikawa Design Office
P:Tetsuo Yuasa
CL:Tomorrowland Co., Ltd.

3
ピルグリム & マカフィー
案内状　1989
D:ストレンジフルーツ
P:林　雅之
CL:㈱トゥモローランド
PILGRIM & MACPHEE
Announcement 1989
D:Strange Fruits Inc.
P:Masayuki Hayashi
CL:Tomorrowland Co., Ltd.

4
マカフィー
案内状　1990
D:古屋達朗
CL:㈱トゥモローランド
MACPHEE
Announcement 1990
D:Tatsuro Furuya
CL:Tomorrowland Co., Ltd.

5
ボールジィ
案内状　1989
AD, D:立川デザイン事務所
P:山下恒徳
CL:㈱トゥモローランド
BALLSEY
Announcement 1989
AD, D:Tachikawa Design Office
P:Tsunenori Yamashita
CL:Tomorrowland Co., Ltd.

6
マカフィー
案内状　1989
D:古屋達朗
CL:㈱トゥモローランド
MACPHEE
Announcement 1989
D:Tatsuro Furuya
CL:Tomorrowland Co., Ltd.

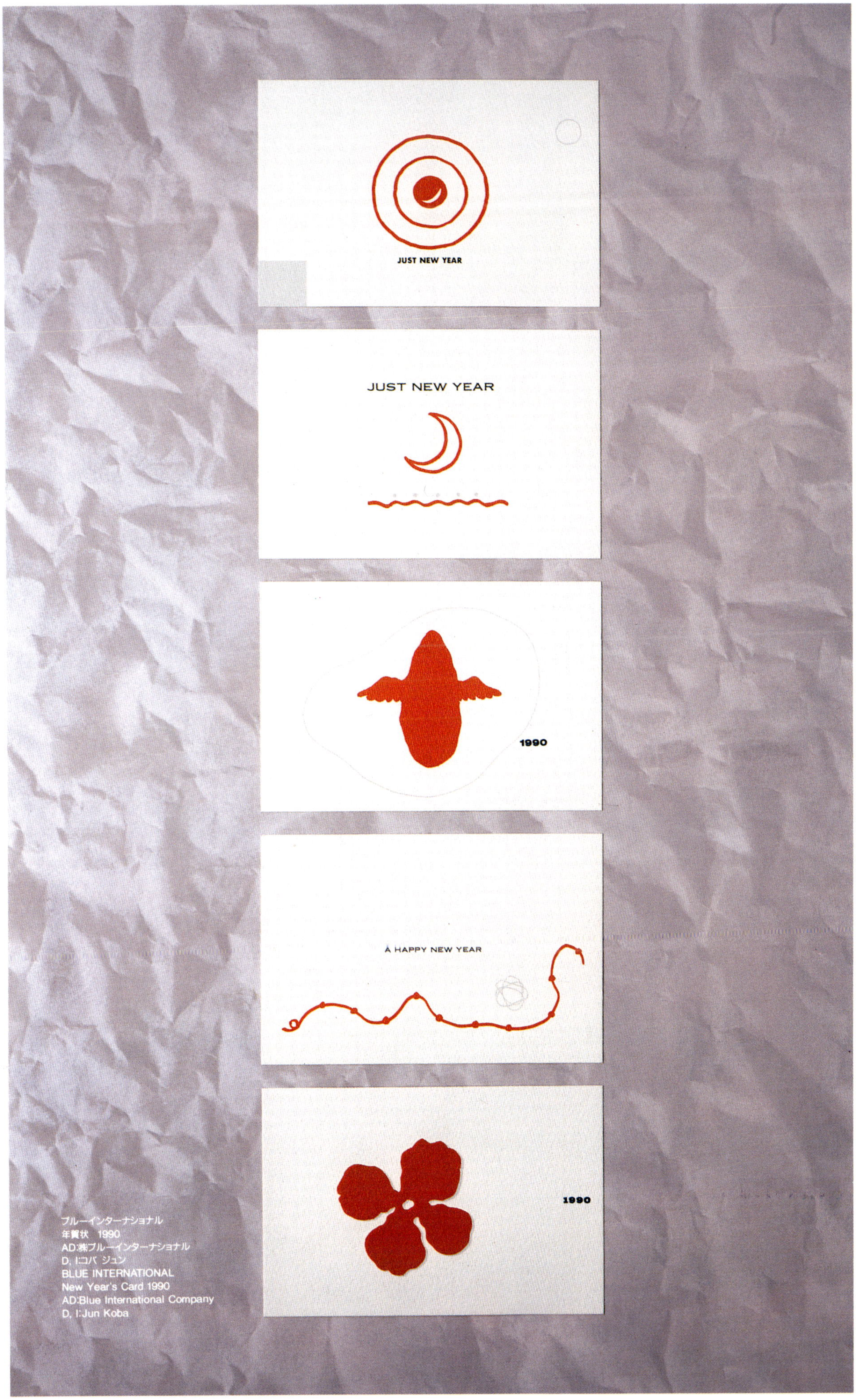

ブルーインターナショナル
年賀状　1990
AD:㈱ブルーインターナショナル
D, I:コバ ジュン
BLUE INTERNATIONAL
New Year's Card 1990
AD:Blue International Company
D, I:Jun Koba

1
アニエス ベー
販促用カード 1989
AD:杉本知枝美
D:アニエス ベー
AGNÈS B.
Sales Promotion 1989
AD:Chiemi Sugimoto
D:Agnès b.

2, 3
アニエス ベー
販促用カード 1989
P:アニエス ベー
AGNÈS B.
Sales Promotion 1989
P:Agnès b.

1

2

3

4

1-4
ワイズ
販促用カード　1989
AD:杉浦久夫
D:スタジオスーパーコンパス
P:ローレン ハマー
Y's
Sales Promotion 1989
AD:Hisao Sugiura
D:Studio Super Compass
P:Loren Hammer

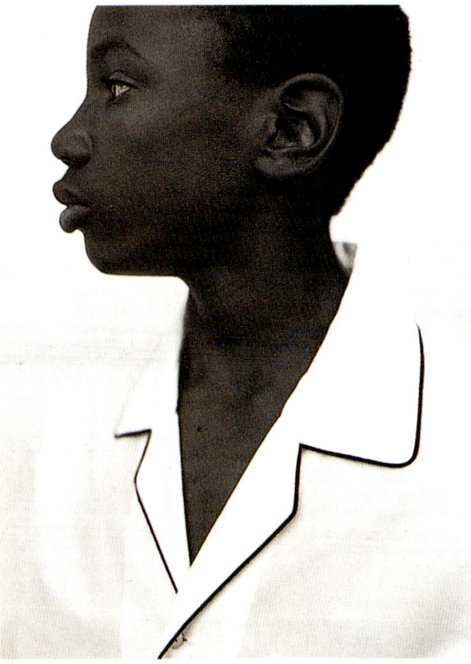
1

2

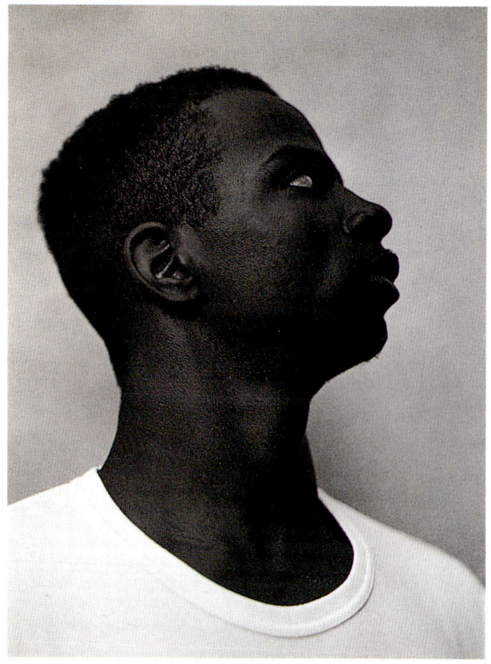
3

4

5

6

1-6
ワイズベッドアンドバス
／ワイズフォーリビング
販促用カード 1989
AD:杉浦久夫
D:スタジオスーパーコンパス
P:カート マーカス
Y's BED+BATH/Y's FOR LIVING
Sales Promotion 1989
AD:Hisao Sugiura
D:Studio Super Compass
P:Kurt Markus

1

2

3

4

1-4
テンス
販促用カード 1989
AD:杉浦久夫
D:スタジオスーパーコンパス
P:真下伸友
TENTH
Sales Promotion 1989
AD:Hisao Sugiura
D:Studio Super Compass
P:Nobutomo Mashimo

1

2

3

4

5

6

1
イル ド ブルー
案内状 1989
D:角田直子
CL:㈱ナルミヤ
ÎLE de BLEU
Announcement 1989
D:Naoko Tsunoda
CL:Narumiya Co., Ltd.

2
イン・アウト
クリスマスカード 1989
AD:粂田貴子
P:山田響一
IN AND OUT
Christmas Card 1989
AD:Takako Kumeta
P:Kyouichi Yamada

3
ニボヴィーテ
展示会案内状 1989
CD, AD:西野時生
D:川手康子
P:ソフィア リバ
DF:㈲ハイファイカンパニー
CL:㈱ワールド
NIBO VITAE
Invitation to Exhibition 1989
CD, AD:Tokio Nishino
D:Yasuko Kawate
P:Sofia Riva
DF:Hi-Fi Company Ltd.
CL:World Co., Ltd.

4
ニボヴィーテ
展示会案内状 1989
CD, AD, P:西野時生
D:川岸弘子
DF:㈲ハイファイカンパニー
CL:㈱ワールド
NIBO VITAE
Invitation to Exhibition 1989
CD, AD, P:Tokio Nishino
D:Hiroko Kawagishi
DF:Hi-Fi Company Ltd.
CL:World Co., Ltd.

5
ビア・ヴェンテ
案内状 1988
AD:イクスース・アゴラ
D, P:小島美代子
DF:㈲イクスース・アゴラ
VIA VÈNTI
Announcement 1988
AD:Ikusūsu Agora
D, P:Miyoko Kojima
DF:Ikusūsu Agora Co., Ltd.

6
ケー・ショップ
案内状 1989
CD, AD:河北秀也
D:明星秀隆
P:久米正美
DF:㈱日本ベリエールアートセンター
K. SHOP
Announcement 1989
CD, AD:Hideya Kawakita
D:Hidetaka Myojo
P:Masami Kume
DF:Japan Bèlier Art Center Inc.

1
ネジュアン
販促用カード　1989
AD:染　吾郎
D:奥田はじめ
P:吉田弘明
CL:㈱ケイハウス
NEJUIN
Sales Promotion 1989
AD:Goro Some
D:Hajime Okuda
P:Hiroaki Yoshida
CL:K. House Inc.

2
シェルアン
販促用カード　1986
D:奥田はじめ
CL:㈱ケイハウス
CIEL-UN
Sales Promotion 1986
D:Hajime Okuda
CL:K. House Inc.

3
ピサーノ
案内状　1986
D:坂林三由紀
P:阿部　裕
DF:㈱マサミヤ
CL:㈱ジュニアー
PISANO
Announcement 1986
D:Miyuki Sakabayashi
P:Hiroshi Abe
DF:Masamiya Co., Ltd.
CL:Junior Co., Ltd.

4
ネジュアン
販促用カード　1989
AD, D:奥田はじめ
CL:㈱ケイハウス
NEJUIN
Sales Promotion 1989
AD, D:Hajime Okuda
CL:K. House Inc.

5
ネジュアン
販促用カード　1987
AD:染　吾郎
D:奥田はじめ
P:吉田弘明
CL:㈱ケイハウス
NEJUIN
Sales Promotion 1987
AD:Goro Some
D:Hajime Okuda
P:Hiroaki Yoshida
CL:K. House Inc.

6
ネジュアン
販促用カード　1987
AD:下斗米恵美子
D:奥田はじめ
P:野村誠一
CL:㈱ケイハウス
NEJUIN
Sales Promotion 1987
AD:Emiko Shimotomai
D:Hajime Okuda
P:Seiichi Nomura
CL:K. House Inc.

7
シェルアン
販促用カード　1988
AD:下斗米恵美子
D:奥田はじめ
P:塩口高朗
CL:㈱ケイハウス
CIEL-UN
Sales Promotion 1988
AD:Emiko Shimotomai
D:Hajime Okuda
P:Takarou Shioguchi
CL:K. House Inc.

1

2

3

4

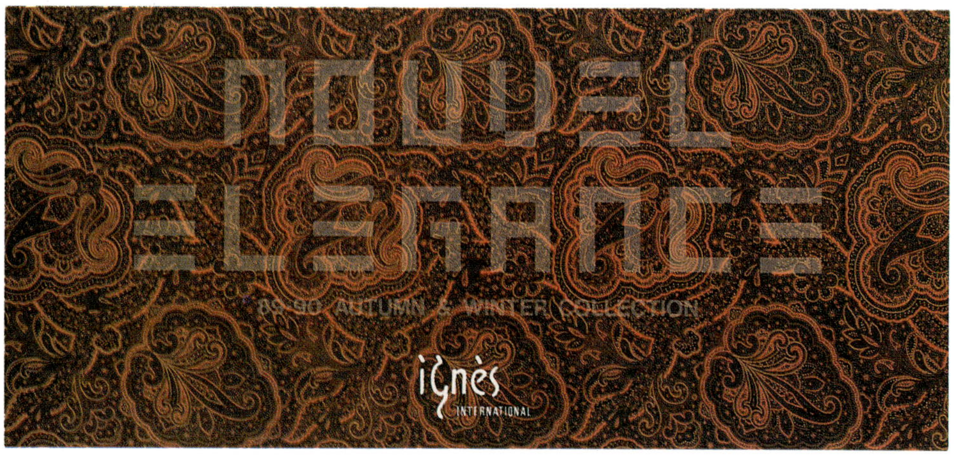

5

1
アン・クライン
案内状　1987
CD:張間哲男
AD:桑田智紀
D:新美　稔
P:杉原拓広
DF:㈱レイ・コーポレーション
CL:タキヒュー㈱
ANNE KLEIN
Announcement 1987
CD:Tetsuo Harima
AD:Motoki Kuwata
D:Minoru Niimi
P:Takuhiro Sugihara
DF:Lei Corporation Co., Ltd.
CL:Takihyo Co., Ltd.

2
プールスタジオ
展示会案内状　1988
CD:植松伸一
AD:土門錠司
D:竹内幹博
CL:㈱銀座マギー
POOL STUDIO
Invitation to Exhibition 1988
CD:Shinichi Uematsu
AD:Joeji Domon
D:Mikihiro Takeuchi
CL:Ginza Maggy Co., Ltd.

3
イネス
案内状　1987
CD:植松伸一
AD:土門錠司
D:竹内幹博
CL:㈱銀座マギー
IGNES
Announcement 1987
CD:Shinichi Uematsu
AD:Joeji Domon
D:Mikihiro Takeuchi
CL:Ginza Maggy Co., Ltd.

4
プールスタジオ
販促用カード　1987
CD:植松伸一
AD:土門錠司
D:竹内幹博
CL:㈱銀座マギー
POOL STUDIO
Sales Promotion 1987
CD:Shinichi Uematsu
AD:Joeji Domon
D:Mikihiro Takeuchi
CL:Ginza Maggy Co., Ltd.

5
イネス
案内状　1988
CD:植松伸一
AD:土門錠司
D:竹内幹博
CL:㈱銀座マギー
IGNES
Announcement 1988
CD:Shinichi Uematsu
AD:Joeji Domon
D:Mikihiro Takeuchi
CL:Ginza Maggy Co., Ltd.

1

2

3

4

5

6

1
コロナ
案内状 1989
CD:坂本暁俊
D:山下道子
DF:㈱プランニング カオス
CORONA
Announcement 1989
CD:Akitoshi Sakamoto
D:Michiko Yamashita
DF:Planning Chaos Co., Ltd.

2
コロナ
案内状 1987
CD, D:坂本暁俊
DF:㈱プランニング カオス
CORONA
Announcement 1987
CD, D:Akitoshi Sakamoto
DF:Planning Chaos Co., Ltd.

3
クリスチャン アーダ
クリスマスカード 1989
D:長澤明子
P:原 功
DF:アンサー㈱
CL:東京イトキン㈱
CHRISTIAN ADA
Christmas Card 1989
D:Akiko Nagasawa
P:Isao Hara
DF:Answer Co., Ltd.
CL:Tokyo Itokin Co., Ltd.

4
ピサーノ
案内状 1989
D:小栗 健
DF:㈱マサミヤ
CL:㈱ジュニアー
PISANO
Announcement 1989
D:Takeshi Oguri
DF:Masamiya Co., Ltd.
CL:Junior Co., Ltd.

5
エゼエコ
販促用カード 1990
D:甲斐玲子
CL:㈱ポイントアップ
EZEEKO
Sales Promotion 1990
D:Reiko Kai
CL:Point Up Inc.

6
シャロンティナ
販促用カード 1987
AD, D:宇野洋代
CW:加藤勝也
DF:アンサー㈱
CL:イトキン㈱
SHALON TINA
Sales Promotion 1987
AD, D:Hiroyo Uno
CW:Katsuya Kato
DF:Answer Co., Ltd.
CL:Itokin Co., Ltd.

1
アンジェロタルラッチ
案内状 1989
AD:中川勇一
D:木谷祥子
DF:キネマムーン
CL:㈱ライカ
ANGELO TARLAZZI
Announcement 1989
AD:Yuichi Nakagawa
D:Sachiko Kitani
DF:Kinema Moon
CL:Raika Co., Ltd.

2
キャスト
販促用カード 1988
D:奥田はじめ
CL:㈱ケイハウス
THE CAST
Sales Promotion 1988
D:Hajime Okuda
CL:K. House Inc.

3
ノーブルグー
展示会案内状 1989
D:神川真二
DF:㈱オフィスマーレ
CL:㈱ワールド
NOBLEGOÛT
Invitation to Exhibition 1989
D:Shinji Kamikawa
DF:Office Mare
CL:World Co., Ltd.

4
ゾーイ
案内状 1988
AD, D:井波優子
DF:JMSインターナショナル㈱
ZOY
Announcement 1988
AD, D:Yuko Inami
DF:JMS International Inc.

5
セ・ブレ
案内状 1985
D:瀬川秀明
DF:スーパーイエロープロジェクト
CL:アグレガ
C'EST VRAI
Announcement 1985
D:Hideaki Segawa
DF:Super Yellow Project
CL:Agurega Co., Ltd.

6
ポーシャル
展示会案内状 1989
D:西野時生
DF:㈲ハイファイカンパニー
CL:㈱ワールド
POUSHAL
Invitation to Exhibition 1989
D:Tokio Nishino
DF:Hi-Fi Company Ltd.
CL:World Co., Ltd.

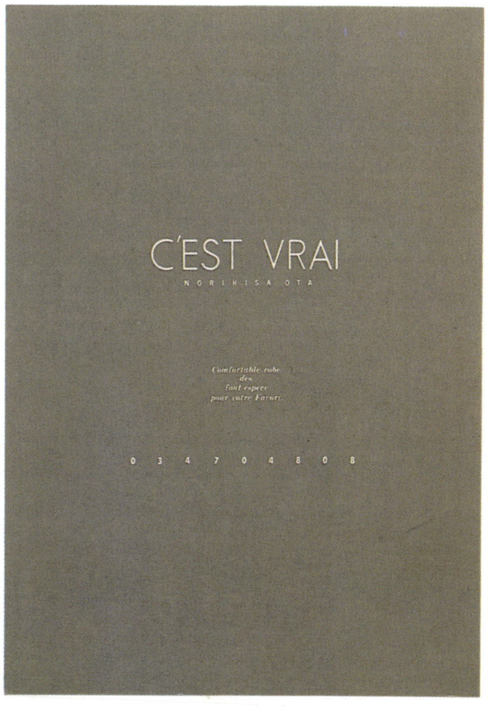

1
クロードレマ
展示会案内状　1989
CD:堀川治人
AD:堀口秀司
D:山室和子
P:横山秀生
DF:㈱ハンズ・プロジェクト
CL:東京イトキン㈱
CLAUDE LEMA
Invitation to Exhibition 1989
CD:Haruto Horikawa
AD:Shuji Horiguchi
D:Kazuko Yamamuro
P:Shusei Yokoyama
DF:Hands Project Inc.
CL:Tokyo Itokin Co., Ltd.

2
カーメロ・ポモドーロ
販促用カード
AD:刈谷　威
D:加藤京子
DF, AG:㈱宣研
CL:㈱プロゲット・カンパニー
CARMELO POMODORO
Sales Promotion
AD:Takashi Kariya
D:Kyoko Kato
DF, AG:Senken Co., Ltd.
CL:Progetto Co., Ltd.

3
ベルナールペリス
販促用カード　1990
AD:平賀伸夫
D:舟生尚子
P:杉山　守
DF:ジーエーカンパニー
CL:㈱コロネット商会
BERNARD PERRIS
Sales Promotion 1990
AD:Nobuo Hiraga
D:Naoko Funyu
P:Mamoru Sugiyama
DF:GA Company, Ltd.
CL:Coronet Co., Ltd.

4, 9
アン・クライン
案内状　1988, 1989
CD:張間哲男
AD:桑田智紀
D:新美　稔
P:杉原拓広
DF:㈱レイ・コーポレーション
CL:タキヒユー㈱
ANNE KLEIN
Announcement 1988, 1989
CD:Tetsuo Harima
AD:Motoki Kuwata
D:Minoru Niimi
P:Takuhiro Sugihara
DF:Lei Corporation Co., Ltd.
CL:Takihyo Co., Ltd.

5
16区
案内状　1990
CD:植松伸一
AD:土門錠司
D:竹内幹博
CL:㈱銀座マギー
16-Ku
Announcement 1990
CD:Shinichi Uematsu
AD:Joeji Domon
D:Mikihiro Takeuchi
CL:Ginza Maggy Co., Ltd.

6
タケゾー
販促用カード　1990
P:椿　孝
CL:TNSインターナショナル
TAKEZO
Sales Promotion 1990
P:Takashi Tsubaki
CL:TNSinternational Co., Ltd.

7
ノコ・オーノ
販促用カード　1988
CL:㈱アースネットワーク
NOKO OHNO
Sales Promotion 1988
CL:Earth Network Co., Ltd.

8
ゑみ子
販促用カード　1989
P:五味　彬
EMICO
Sales Promotion 1989
P:Akira Gomi

1

2

3

4

5

6

7

8

9

1

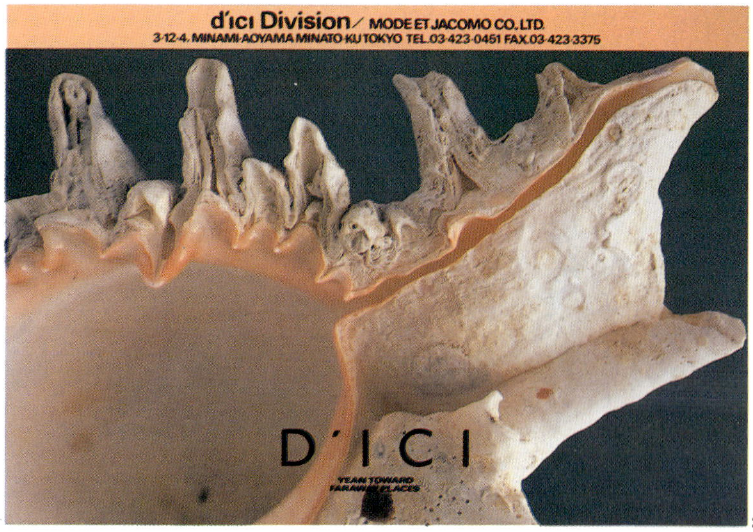

2

3

4

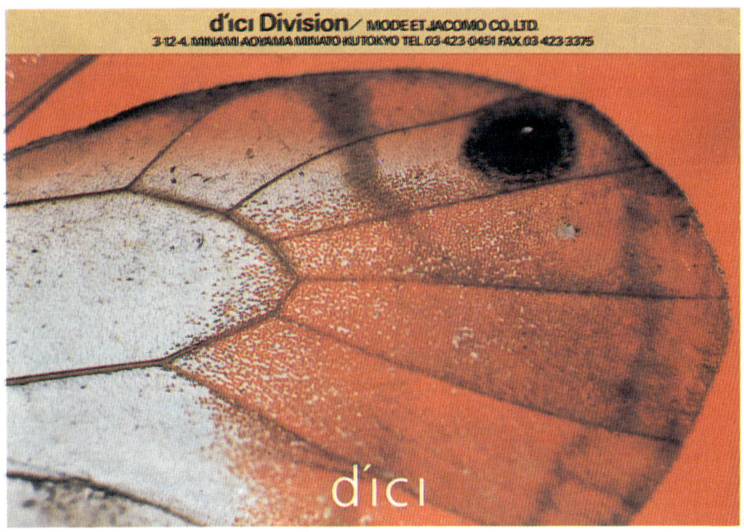

5

6

1-6
ディッシィ
展示会案内状　1989
AD, P:天晶雅彦
D:監物裕子
CL:㈱モード・エ・ジャコモ
D'ICI
Invitation to Exhibition 1989
AD, P:Masahiko Amaaki
D:Yuko Kenmotsu
CL:Mode Et Jacomo Co., Ltd.

1

2

3

1-3
サンエオリジン
展示会案内状 1989
D:柳沢宏実
SAN e ORIGIN
Invitation to Exhibition 1989
D:Hiromi Yanagisawa

1
ヒロコ オム
案内状　1988
AD, D:松井桂三
CL:㈱ヒロココシノデザインオフィス
HIROKO HOMME
Announcement 1988
AD, D:Keizo Matsui
CL:Hiroko Koshino Design Office

2
ゑみ子
販促用カード　1989
D:㈱ミュー
EMICO
Sales Promotion 1989
D:Mieux

3
ケンゾーオム
販促用カード　1989
AD:境修一郎
D:佐藤明彦
P:半沢克夫
DF:㈱ボーダー
CL:㈱ライカ
KENZO HOMME
Sales Promotion 1989
AD:Shuichiro Sakai
D:Akihiko Sato
P:Katsuo Hanzawa
DF:Border Inc.,
CL:Raika Co., Ltd.

4
ビリドゥーエ
販促用カード　1989
CD, AD, P:境修一郎
D:佐藤明彦
DF:㈱ボーダー
CL:㈱ライカ
BIGLIDUE
Sales Promotion 1989
CD, AD, P:Shuichiro Sakai
D:Akihiko Sato
DF:Border Inc.,
CL:Raika Co., Ltd.

5
ヴェリ・ウォモ
販促用カード　1989
CD, AD, P:境修一郎
D:佐藤明彦
DF:㈱ボーダー
CL:㈱ライカ
VERRIUOMO
Sales Promotion 1989
CD, AD, P:Shuichiro Sakai
D:Akihiko Sato
DF:Border Inc.,
CL:Raika Co., Ltd.

6
ケンショーオム
案内状　1990
CD, AD, D:安部兼章
CL:㈱ルシアン・ザ・スペース
KENSHO HOMME
Announcement 1990
CD, AD, D:Kensho Abe
CL:Lecien The Space Corporation

7
タケオキクチ
案内状　1988
AD, D:高原　宏
DF:高原宏デザイン事務所
CL:㈱ワールド
TAKÉO KIKUCHI
Announcement 1988
AD, D:Hiroshi Takahara
DF:Takahara Hiroshi Design Office
CL:World Co., Ltd.

8
ムービングブルー
案内状　1989
AD:㈱ブルーインターナショナル
D, I:コバ ジュン
MOVING BLUE
Announcement 1989
AD:Blue International Company
D, I:Jun Koba

1
クロード レマ
案内状 1989
D:伊藤いくみ
DF:アンサー㈱
CL:イトキン㈱
CLAUDE LEMA
Announcement 1989
D:Ikumi Ito
DF:Answer Co., Ltd.
CL:Itokin Co., Ltd.

2
ナイスクラップ
案内状 1990
AD:㈱ナイスクラップ
NICE CLAUP
Announcement 1990
AD:Nice Claup Co., Ltd.

3
ボールジィ
案内状 1989
AD, D:立川デザイン事務所
CL:㈱トゥモローランド
BALLSEY
Announcement 1989
AD, D:Tachikawa Design Office
CL:Tomorrowland Co., Ltd.

4
ケンゾーアンファン
案内状 1989
D:木谷祥子
DF:キネマムーン
CL:㈱ライカ
KENZO ENFANT
Announcement 1989
D:Sachiko Kitani
DF:Kinema Moon
CL:Raika Co., Ltd.

5
エルブライアン
案内状 1989
D:木谷祥子
DF:キネマムーン
CL:㈱ロザリア
ELLEBRIAN
Announcement 1989
D:Sachiko Kitani
DF:Kinema Moon
CL:Rozaria Inc.

6
フランドル
案内状 1990
CD, AD, D, I:安達直子
FLANDRE
Announcement 1990
CD, AD, D, I:Naoko Adachi

7
アバハウスインターナショナル
案内状 1987
D:白川二三子
ABAHOUSE INTERNATIONAL
Announcement 1987
D:Fumiko Shirakawa

1

2

3

4

5

6

7

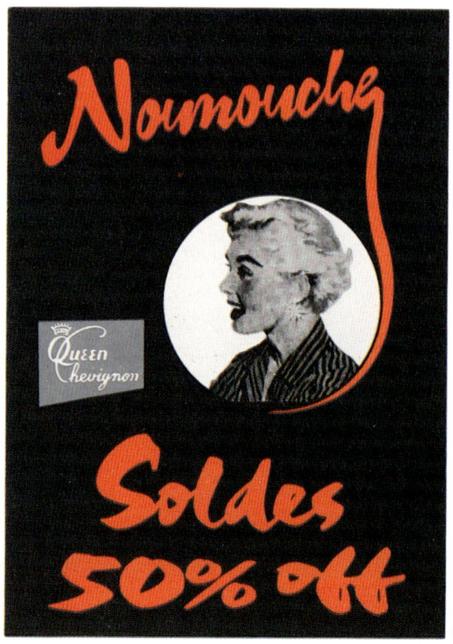

8

1
イーストボーイ
年賀状 1989
AD:今川仁志
P:アドリアーノ ビヨンド
S:鈴木ひろこ
DF:㈱コング・スタジオ
CL:㈱イーストポイント
EASTBOY
New Year's Card 1989
AD:Jinshi Imagawa
P:Adriano A Biondo
S:Hiroko Suzuki
DF:Kong Studio Co., Ltd.
CL:East Point Co., Ltd.

2
イーストボーイ
案内状 1989
AD:今川仁志
P:アドリアーノ ビヨンド
S:鈴木ひろこ
DF:㈱コング・スタジオ
CL:㈱イーストポイント
EASTBOY
Announcement 1989
AD:Jinshi Imagawa
P:Adriano A Biondo
S:Hiroko Suzuki
DF:Kong Studio Co., Ltd.
CL:East Point Co., Ltd.

3, 4
ボブズ・テーラー
案内状 1989
AD:今川仁志
P:地主 晋
P:アドリアーノ ビヨンド
S:鈴木ひろこ
DF:㈱コング・スタジオ
CL:㈱イーストポイント
BOB'S TAILOR
Announcement 1989
AD:Jinshi Imagawa
P:Susumu Jinushi
P:Adriano A Biond
S:Hiroko Suzuki
DF:Kong Studio Co., Ltd.
CL:East Point Co., Ltd.

5, 6
バリーズ・ユー
販促用カード 1989
AD, D:今川仁志
DF:㈱コング・スタジオ
CL:㈱岡田亀
BALISE U
Sales Promotion 1989
AD, D:Jinshi Imagawa
DF:Kong Studio Co., Ltd.
CL:Okada-Kame Co., Ltd.

7
ヌヌシュ
案内状 1988
CD:㈱ヌヌシュ
NOUNOUCHE
Announcement 1988
CD:Nounouche Co., Ltd.

8
ヌヌシュ
案内状 1989
CD:㈱ヌヌシュ
NOUNOUCHE
Announcement 1989
CD:Nounouche Co., Ltd.

1

2

3

4

5

6

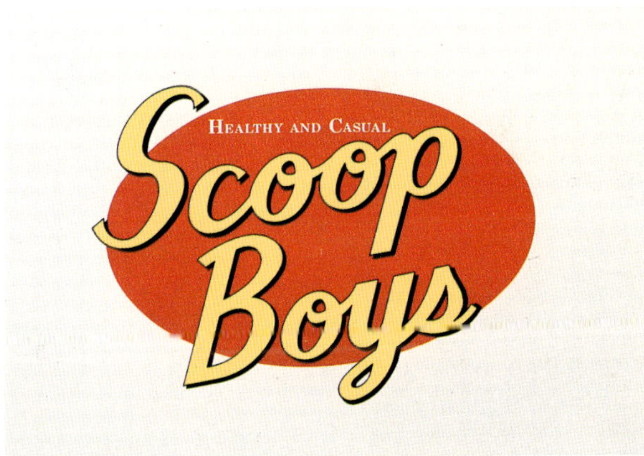

7

1
メンズフランドル
販促用カード 1990
CD, AD, D:安達直子
CD, AD:清水真里
P:安部英知
CL:㈱フランドル
MEN'S FLANDRE
Sales Promotion 1990
CD, AD, D:Naoko Adachi
CD, AD:Mari Shimizu
P:Hidetomo Abe
CL:Flandre Co., Ltd.

2, 3
エクストラップ
展示会案内状 1989
AD:今川仁志
D:古江雅史
DF:㈱コング・スタジオ
CL:㈱ウェルメイド
EXTRAP
Invitation to Exhibition 1989
AD:Jinshi Imagawa
D:Masafumi Furue
DF:Kong Studio Co., Ltd.
CL:Well Made Co., Ltd.

4, 5
ヴェロモーダ
販促用カード 1988
AD, D:今川仁志
CL:㈱ウェルメイド
VERO MODA
Sales Promotion 1988
AD, D:Jinshi Imagawa
CL:Well Made Co., Ltd.

6
スクープ ボーイズ
販促用カード 1989
AD:舟橋久夫
D:茂木隆行
P:斉藤 亢
CL:㈱スクープ
SCOOP BOYS
Sales Promotion 1989
AD:Hisao Funabashi
D:Takayuki Motegi
P:Koo Saito
CL:Scoop Inc.

7
スクープ ボーイズ
販促用カード 1989
AD:舟橋久夫
D:本田ゆき子
CL:㈱スクープ
SCOOP BOYS
Sales Promotion 1989
AD:Hisao Funabashi
D:Yukiko Honda
CL:Scoop Inc.

1
デュプレックス
販促用カード 1989
AD:長 健司
P:三浦憲治
CL:㈱メンズビギ
DUPLEIX
Sales Promotion 1989
AD:Kenji Cho
P:Kenji Miura
CL:Men's Bigi Co., Ltd.

2
スパーダ・スパ
販促用カード 1988
D:㈱ビギ
CL:㈱ビー・エム・ディー
SPADA S.P.A
Sales Promotion 1988
D:Bigi Co., Ltd.
CL:B・M・D Co., Ltd.

3
デュプレックス
販促用カード 1989
AD:長 健司
P:田中 勉
CL:㈱メンズビギ
DUPLEIX
Sales Promotion 1989
AD:Kenji Cho
P:Tsutomu Tanaka
CL:Men's Bigi Co., Ltd.

4
タケオキクチ
案内状 1989
AD:高原 宏
D:十河一郎
DF:高原宏デザイン事務所
CL:㈱ワールド
TAKÉO KIKUCHI
Announcement 1989
AD:Hiroshi Takahara
D:Ichiro Sogo
DF:Takahara Hiroshi Design Office
CL:World Co., Ltd.

5
デュプレックス
販促用カード 1990
AD:長 健司
P:ナオキ
CW:梶井 誠
CL:㈱メンズビギ
DUPLEIX
Sales Promotion 1990
AD:Kenji Cho
P:Naoki
CW:Makoto Kajii
CL:Men's Bigi Co., Ltd.

6
フィッチェ
暑中見舞 1989
AD, P:高原 宏
D:平島みゆき
DF:高原宏デザイン事務所
CL:㈱フィッチェウォーモ
FICCE
Mid-Summer Greetings 1989
AD, P:Hiroshi Takahara
D:Miyuki Hirashima
DF:Takahara Hiroshi Design Office
CL:Ficce Uomo Co., Ltd.

1

2

3

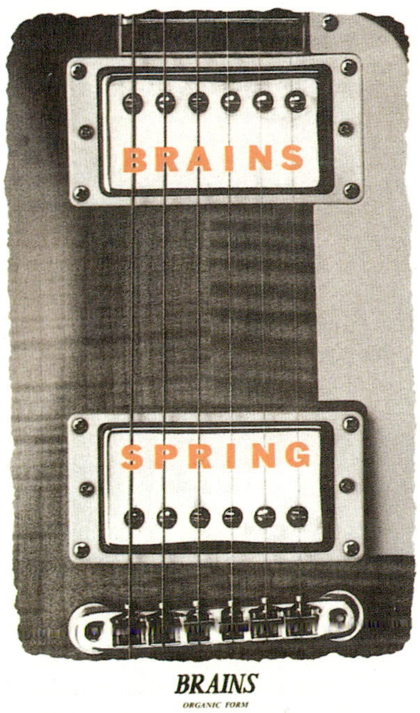

4

5

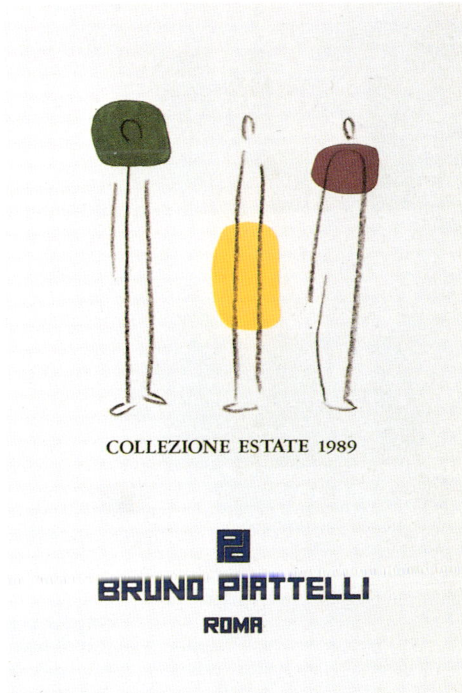

6

1
ブレインズ
販促用カード 1989
P:佐藤泰三
CL:㈱レガロ
BRAINS
Sales Promotion 1989
P:Taizo Sato
CL:Regalo Co., Ltd.

4
ブレインズ
販促用カード 1990
DF:フェローネットワーク
CL:㈱レガロ
BRAINS
Sales Promotion 1990
DF:Fellow Network
CL:Regalo Co., Ltd.

2
ミスタージュンコ
販促用カード 1989
P:斉藤 亢
DF:ブーム
CL:大賀㈱
MR. JUNKO
Sales Promotion 1989
P:Koo Saito
DF:Boom
CL:Ohga & Co., Ltd.

5
ジュンココシノ ペルウォモ
販促用カード 1989
P:斎藤 亢
DF:ブーム
CL:大賀㈱
JUNKO KOSHINO PER UOMO
Sales Promotion 1989
P:Koo Saito
DF:Boom
CL:Ohga & Co., Ltd.

3, 6
ブルーノピアッテリ
案内状 1989
I:黒川洋行
CL:㈱ダーバン
BRUNO PIATTELLI
Announcement 1989
I:Hiroyuki Kurokawa
CL:D'urban Incorporated

1

2

3

4

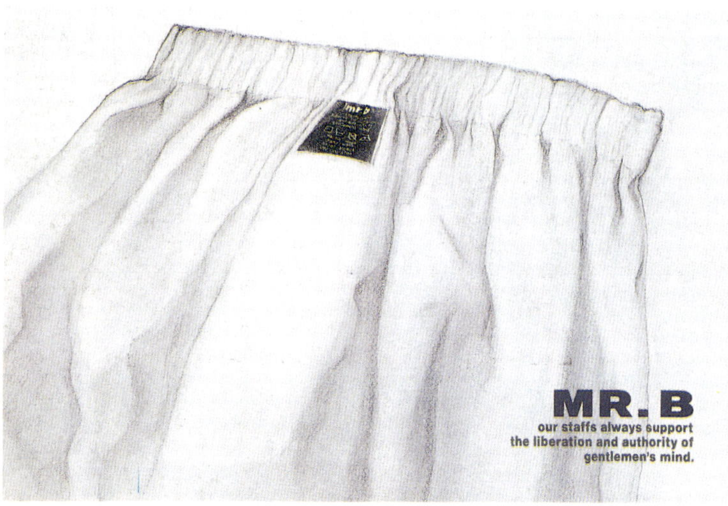

5

6

1
ビームス
案内状 1989
CD:鳥塚 寧
AD:宮尾 惇
D:上原和巳
DF:㈱ビームスクリエイティブ
AG:㈱コスモ・コミュニケーションズ
BEAMS
Announcement 1989
CD:Yasushi Toritsuka
AD:Atsushi Miyao
D:Kazumi Uehara
DF:Beams Creative Inc.
AG:Cosmo Communications

2
カインドウェア
年賀状 1990
AD, D:サイトウ・マコト
DF:㈱サイトウ・マコト デザイン室
KIND WEAR
New Year's Card 1990
AD, D:Makoto Saito
DF:Makoto Saito Design Office

3
ミスタービィ
暑中見舞 1989
AD, D, P, I:㈱ブルーインターナショナル
MR. B
Mid-Summer Greetings 1989
AD, D, P, I:Blue International Company

4
カインドウェア
年賀状 1989
AD, D:サイトウ・マコト
DF:㈱サイトウ・マコト デザイン室
KIND WEAR
New Year's Card 1989
AD, D:Makoto Saito
DF:Makoto Saito Design Office

5
ミスタービィ
販促用カード 1989
AD, D, P, I:㈱ブルーインターナショナル
MR. B
Sales Promotion 1989
AD, D, P, I:Blue International Company

6
メレンゲ・バイ・ソシアル
販促用カード 1990
AD:植田 充
D:吉川善胤
P:田村彰英
HM:関口 功
DF:㈱アートインターリレイションズ
CL:㈱カインドウェア
MERENGUE BY SOCIAL
Sales Promotion 1990
AD:Mitsuru Ueda
D:Yoshitsugu Yoshikawa
P:Akihide Tamura
HM:Isao Sekiguchi
DF:Art Inter-Relations Inc.
CL:Kind Wear Coap.

ワイズフォーメン
販促用カード　1989
AD: 杉浦久夫
D: スタジオスーパーコンパス
P: カート マーカス
Y's FOR MEN
Sales Promotion 1989
AD: Hisao Sugiura
D: Studio Super Compass
P: Kurt Markus

ワイズフォーメン
販促用カード　1989
AD:杉浦久夫
D:スタジオスーパーコンパス
P:小林和弘
Y's FOR MEN
Sales Promotion 1989
AD:Hisao Sugiura
D:Studio Super Compass
P:Kazuhiro Kobayashi

1

2

3

4

5

6

7

8

1
パシュ
案内状 1989
AD, D:高原 宏
P:トニー メネグッゾー
DF:高原宏デザイン事務所
PASHU
Announcement 1989
AD, D:Hiroshi Takahara
P:Tony Meneguzzo
DF:Takahara Hiroshi Design Office

2
パシュ クリップ
案内状 1989
AD:高原 宏
D:十河一郎
P:伊島 薫
DF:高原宏デザイン事務所
PASHU CLIP
Announcement 1989
AD:Hiroshi Takahara
D:Ichiro Sogo
P:Kaoru Ijima
DF:Takahara Hiroshi Design Office

3
パシュ
案内状 1989
AD, D:高原 宏
P:伊島 薫
DF:高原宏デザイン事務所
PASHU
Announcement 1989
AD, D:Hiroshi Takahara
P:Kaoru Ijima
DF:Takahara Hiroshi Design Office

4
パシュ
案内状 1989
AD:高原 宏
D:岡真由美
P:伊島 薫
DF:高原宏デザイン事務所
PASHU
Announcement 1989
AD:Hiroshi Takahara
D:Mayumi Oka
P:Kaoru Ijima
DF:Takahara Hiroshi Design Office

5
シンホソカワ
案内状 1989
AD, D:高原 宏
P:伊島 薫
DF:高原宏デザイン事務所
CL:㈱パシュ
SHIN HOSOKAWA
Announcement 1989
AD, D:Hiroshi Takahara
P:Kaoru Ijima
DF:Takahara Hiroshi Design Office
CL:Pashu Co., Ltd.

6
パシュ
案内状 1989
AD:高原 宏
D:岡真由美
P:トニー メネグッゾー
DF:高原宏デザイン事務所
PASHU
Announcement 1989
AD:Hiroshi Takahara
D:Mayumi Oka
P:Tony Meneguzzo
DF:Takahara Hiroshi Design Office

7
パシュ
案内状 1989
AD:高原 宏
D:十河一郎
P:伊島 薫
DF:高原宏デザイン事務所
PASHU
Announcement 1989
AD:Hiroshi Takahara
D:Ichiro Sogo
P:Kaoru Ijima
DF:Takahara Hiroshi Design Office

8
シンホソカワ
案内状 1989
AD, D:高原 宏
P:メニー メネグッゾー
DF:高原宏デザイン事務所
CL:㈱パシュ
SHIN HOSOKAWA
Announcement 1989
AD, D:Hiroshi Takahara
P:Tony Meneguzzo
DF:Takahara Hiroshi Design Office
CL:Pashu Co., Ltd.

1

2

3

1, 3
グラスメンズ
販促用カード 1990
AD:林 敏弘
P:中村カズ
GRASS MEN'S
Sales Promotion 1990
AD:Toshihiro Hayashi
P:Kazu Nakamura

2
ジ・マーゴ
販促用カード 1989
AD:林 敏弘
P:中村カズ
CL:㈱グラスメンズ
J-MAGO
Sales Promotion 1989
AD:Toshihiro Hayashi
P:Kazu Nakamura
CL:Grass Men's Co., Ltd.

4
ミルクボーイ
販促用カード 1990
P:J. A. カルディラ
CL:㈲ミルク
MILK BOY
Sales Promotion 1990
P:J. A. Caldeira
CL:Milk

5
エームズバリー
販促用カード 1989
CD:木村三允
AD:水口かづ枝
D:山崎 聡
P:植村匡發
CW:小林哲也
DF:㈱ジャパングラフィックス
CL:㈱オンワード樫山
AMESBURY
Sales Promotion 1989
CD:Mitsunobu Kimura
AD:Kazue Mizuguchi
D:Satoshi Yamazaki
P:Masatoshi Uemura
CW:Tetsuya Kobayashi
DF:Japan Graphics Corporation
CL:Onward Kashiyama Co., Ltd.

6
パンツコレクション
販促用カード 1989
CD:木村三允
AD:水口かづ枝
D:山崎 聡
P:植村匡發
CW:小林哲也
DF:㈱ジャパングラフィックス
CL:㈱オンワード樫山
PANTS COLLECTION
Sales Promotion 1989
CD:Mitsunobu Kimura
AD:Kazue Mizuguchi
D:Satoshi Yamazaki
P:Masatoshi Uemura
CW:Tetsuya Kobayashi
DF:Japan Graphics Corporation
CL:Onward Kashiyama Co., Ltd.

4

5

6

1

2

3

4

5

6

1, 2
アッパーイースト
案内状　1989
AD, D:近藤貞二郎
P:高橋　榮
DF:㈱コムプライム
CL:椿本㈱
UPPER EAST
Announcement 1989
AD, D:Teijiro Kondo
P:Sakae Takahashi
DF:Comprime Inc.
CL:Tsubakimoto Co., Ltd.

3
ケント
販促用カード　1989
AD:土方　明
D:森　恵美子
P:与儀達二
DF:㈱Cカンパニー
KENT
Sales Promotion 1989
AD:Akira Hijikata
D:Mieko Mori
P:Tatsuji Yogi
DF:C Company Limited.

4
ケント
クリスマスカード　1989
AD:土方　明
D:森　恵美子
P:与儀達二
DF:㈱Cカンパニー
KENT
Christmas Card 1989
AD:Akira Hijikata
D:Mieko Mori
P:Tatsuji Yogi
DF:C Company Limited.

5
ジャケットスタジオ
販促用カード　1989
CD:木村三允
AD:水口かづ枝
D:山崎　聡
P:植村匡發
CW:小林哲也
DF:㈱ジャパングラフィックス
CL:㈱オンワード樫山
JACKET STUDIO
Sales Promotion 1989
CD:Mitsunobu Kimura
AD:Kazue Mizuguchi
D:Satoshi Yamazaki
P:Masatoshi Uemura
CW:Tetsuya Kobayashi
CD:Japan Graphics Corporation
CL:Onward Kashiyama Co., Ltd.

6
ブレインズ
暑中見舞　1989
DF:フェローネットワーク
CL:㈱レガロ
BRAINS
Mid-Summer Greetings 1989
DF:Fellow Network
CL:Regalo Co., Ltd.

1

2

3

4

5

6

1, 2
ケンゾーオム
販促用カード　1989
AD:境修一郎
D:佐藤明彦
P:半沢克夫
DF:㈱ボーダー
CL:㈱ライカ
KENZO HOMME
Sales Promotion 1989
AD:Shuichiro Sakai
D:Akihiko Sato
P:Katsuo Hanzawa
DF:Border Inc.
CL:Raika Co., Ltd.

3
ゲインズブール
販促用カード　1988
AD:イクスース・アゴラ
D:鳥越聖代
P:富田ルツ
DF:㈲イクスース・アゴラ
GAINS BOUR
Sales Promotion 1988
AD:Ikusūsu Agora
D:Masayo Torigoe
P:Ruth Tomita
DF:Ikusūsu Agora Co., Ltd.

4
ゲインズブール
販促用カード　1988
AD:イクスース・アゴラ
D:鳥越聖代
P:小島美代子
DF:㈲イクスース・アゴラ
GAINS BOUR
Sales Promotion 1988
AD:Ikusūsu Agora
D:Masayo Torigoe
P:Miyoko Kojima
DF:Ikusūsu Agora Co., Ltd.

5, 6
ビリドゥーエ
販促用カード　1989
CD, AD, P:境修一郎
D:佐藤明彦
DF:㈱ボーダー
CL:㈱ライカ
BIGLIDUE
Sales Promotion 1989
CD, AD, P:Shuichiro Sakai
D:Akihiko Sato
DF:Border Inc.
CL:Raika Co., Ltd.

1

2

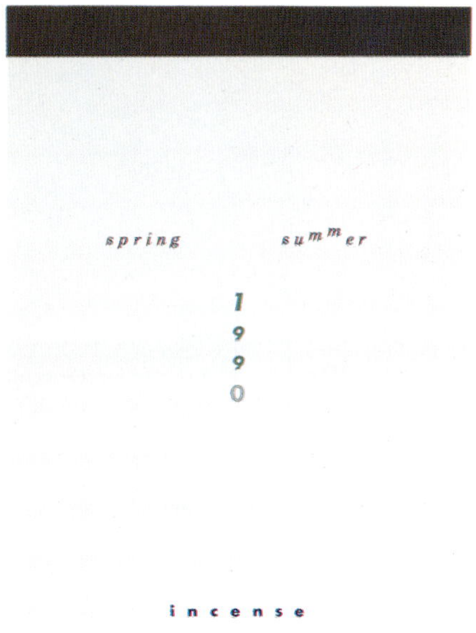

3

4

5

6

7

1
インアンドヤン
販促用カード 1990
CD, AD:スコット カジヤ
P:ブライアン ハギワラ
YIN & YANG
Sales Promotion 1990
CD, AD:Scott S Kajiya
P:Brian Hagiwara

2
プラクティス オブ サイレンス
暑中見舞 1989
AD:大口廣司
D:吉田 修
P:坂田和人
PRACTICE OF SILENCE
Mid-Summer Greetings 1989
AD:Hiroshi Oguchi
D:Osamu Yoshida
P:Kazuhito Sakata

3
インセンス
販促用カード 1990
AD:スコット カジヤ
INCENSE
Sales Promotion 1990
AD:Scott S Kajiya

4
プラクティス オブ サイレンス
年賀状 1989
AD:大口廣司
D:吉田 修
P:坂田和人
PRACTICE OF SILENCE
New Year's Card 1989
AD:Hiroshi Oguchi
D:Osamu Yoshida
P:Kazuhito Sakata

5
サムシング
販促用カード 1989
AD:水沼和子
D:山本順子
P:清家正信
CW:永松聖子
DF:パブロプロダクション
AG:読売広告社
CL:㈱エドウイン商事
SOMETHING
Sales Promotion 1989
AD:Kazuko Mizunuma
D:Junko Yamamoto
P:Masanobu Seike
CW:Seiko Nagamatsu
DF:Pablo Production
AG:Yomiko
CL:Edwin Co., Ltd.

6
イッセイミヤケインターナショナル
展示会案内状 1990
CD, AD, D:佐村憲一
DF:㈲ナンバーワン・デザイン・オフィス
ISSEY MIYAKE INTERNATIONAL
Invitation to Exhibition 1990
CD, AD, D:Kenichi Samura
DF:Number One Design Office

7
アバハウスインターナショナル
招待状 1987
D:白川二三子
ABAHOUSE INTERNATIONAL
Invitation 1987
D:Fumiko Shirakawa

1

2

3

4

5

6

1, 2
ケンゾーオム
販促用カード　1989
AD:境修一郎
D:佐藤明彦
P:半沢克夫
DF:㈱ボーダー
CL:㈱ライカ
KENZO HOMME
Sales Promotion 1989
AD:Shuichiro Sakai
D:Akihiko Sato
P:Katsuo Hanzawa
DF:Border Inc.
CL:Raika Co., Ltd.

3
ゲインズブール
販促用カード　1988
AD:イクスース・アゴラ
D:鳥越聖代
P:富田ルツ
DF:㈲イクスース・アゴラ
GAINS BOUR
Sales Promotion 1988
AD:Ikusūsu Agora
D:Masayo Torigoe
P:Ruth Tomita
DF:Ikusūsu Agora Co., Ltd.

4
ゲインズブール
販促用カード　1988
AD:イクスース・アゴラ
D:鳥越聖代
P:小島美代子
DF:㈲イクスース・アゴラ
GAINS BOUR
Sales Promotion 1988
AD:Ikusūsu Agora
D:Masayo Torigoe
P:Miyoko Kojima
DF:Ikusūsu Agora Co., Ltd.

5, 6
ビリドゥーエ
販促用カード　1989
CD, AD, P:境修一郎
D:佐藤明彦
DF:㈱ボーダー
CL:㈱ライカ
BIGLIDUE
Sales Promotion 1989
CD, AD, P:Shuichiro Sakai
D:Akihiko Sato
DF:Border Inc.
CL:Raika Co., Ltd.

1

2

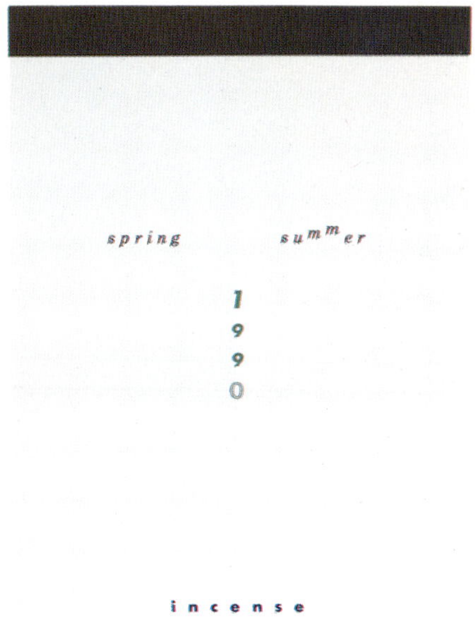

3

4

5

6

7

1
インアンドヤン
販促用カード 1990
CD, AD:スコット カジヤ
P:ブライアン ハギワラ
YIN & YANG
Sales Promotion 1990
CD, AD:Scott S Kajiya
P:Brian Hagiwara

2
プラクティス オブ サイレンス
暑中見舞 1989
AD:大口廣司
D:吉田 修
P:坂田和人
PRACTICE OF SILENCE
Mid-Summer Greetings 1989
AD:Hiroshi Oguchi
D:Osamu Yoshida
P:Kazuhito Sakata

3
インセンス
販促用カード 1990
AD:スコット カジヤ
INCENSE
Sales Promotion 1990
AD:Scott S Kajiya

4
プラクティス オブ サイレンス
年賀状 1989
AD:大口廣司
D:吉田 修
P:坂田和人
PRACTICE OF SILENCE
New Year's Card 1989
AD:Hiroshi Oguchi
D:Osamu Yoshida
P:Kazuhito Sakata

5
サムシング
販促用カード 1989
AD:水沼和子
D:山本順子
P:清家正信
CW:永松聖子
DF:パブロプロダクション
AG:読売広告社
CL:㈱エドウイン商事
SOMETHING
Sales Promotion 1989
AD:Kazuko Mizunuma
D:Junko Yamamoto
P:Masanobu Seike
CW:Seiko Nagamatsu
DF:Pablo Production
AG:Yomiko
CL:Edwin Co., Ltd.

6
イッセイミヤケインターナショナル
展示会案内状 1990
CD, AD, D:佐村憲一
DF:㈲ナンバーワン・デザイン・オフィス
ISSEY MIYAKE INTERNATIONAL
Invitation to Exhibition 1990
CD, AD, D:Kenichi Samura
DF:Number One Design Office

7
アバハウスインターナショナル
招待状 1987
D:白川二三子
ABAHOUSE INTERNATIONAL
Invitation 1987
D:Fumiko Shirakawa

1

2

3

4

5

6

1
ヨシユキコニシ
案内状　1988
AD:高原　宏
D:十河一郎
DF:高橋宏デザイン事務所
CL:㈱フィッチェウォーモ
YOSHIYUKI KONISHI
Announcement 1988
AD:Hiroshi Takahara
D:Ichiro Sogo
DF:Takahara Hiroshi Design Office
CL:Ficce Uomo Co., Ltd.

2
コーシン サトー
販促用カード　1989
CD:佐藤孝信
AD:石浜寿根
P:岩切　等
CL:㈱アーストンボラージュ
KOHSHIN SATOH
Sales Promotion 1989
CD:Kohshin Satoh
AD:Toshine Ishihama
P:Hitoshi Iwakiri
CL:Arrston Volaju Co., Ltd.

3
ヨシユキコニシ
案内状　1989
AD:高原　宏
D:奈良栄子
P:立花鑑介
DF:高原宏デザイン事務所
CL:㈱フィッチェウォーモ
YOSHIYUKI KONISHI
Announcement 1989
AD:Hiroshi Takahara
D:Eiko Nara
P:Kansuke Tachibana
DF:Takahara Hiroshi Design Office
CL:Ficce Uomo Co., Ltd.

4
コーシン サトー
販促用カード　1987
CD:佐藤孝信
AD:石浜寿根
P:中野正貴
CL:㈱アーストンボラージュ
KOHSHIN SATOH
Sales Promotion 1987
CD:Kohshin Satoh
AD:Toshine Ishihama
P:Masataka Nakano
CL:Arrston Volaju Co., Ltd.

5
ヨシユキコニシ
案内状　1990
AD:高原　宏
D:奈良栄子
P:立花鑑介
DF:高原宏デザイン事務所
CL:㈱フィッチェウォーモ
YOSHIYUKI KONISHI
Announcement 1990
AD:Hiroshi Takahara
D:Eiko Nara
P:Kansuke Tachibana
DF:Takahara Hiroshi Design Office
CL:Ficce Uomo Co., Ltd.

6
コーシン サトー
販促用カード　1988
CD:佐藤孝信
AD:石浜寿根
P:中野正貴
CL:㈱アーストンボラージュ
KOHSHIN SATOH
Sales Promotion 1988
CD:Kohshin Satoh
AD:Toshine Ishihama
P:Masataka Nakano
CL:Arrston Volaju Co., Ltd.

1

2

3

1-3
メンズビギ
販促用カード 1989
AD:吉田康一
P:小林 鷹
MEN'S BIGI
Sales Promotion 1989
AD:Koichi Yoshida
P:Taka Kobayashi

4

4
メンズビギ
クリスマスカード 1988
AD, D:吉田康一
DF:㈱シェルター&グラフィック・アソシエイツ
MEN'S BIGI
Christmas Card 1988
AD, D:Koichi Yoshida
DF:Shelter & Graphic Associates

1

2

3

4

5

6

1-3
ディスティンクション メンズビギ
販促用カード 1988
AD:吉田康一
P:アラステア・サイン
CL:㈱メンズビギ
DISTINCTION MEN'S BIGI
Sales Promotion 1988
AD:Koichi Yoshida
P:Alastair Thain
CL:Men's Bigi Co., Ltd.

4-6
ディスティンクション メンズビギ
販促用カード 1989
AD:ネビル ブロディー
P:アラステア サイン
CL:㈱メンズビギ
DISTINCTION MEN'S BIGI
Sales Promotion 1989
AD:Neville Brody
P:Alastair Thain
CL:Men's Bigi Co., Ltd.

1

2

3

4

5

6

7

1
デュプレックス
販促用カード 1989
AD:長 健司
I:井筒啓之
CW:梶井 誠
CL:㈱メンズビギ
DUPLEIX
Sales Promotion 1989
AD:Kenji Cho
I:Hiroyuki Izutsu
CW:Makoto Kajii
CL:Men's Bigi Co., Ltd.

2, 6
ジャストビギ
販促用カード 1989
D:㈱ビギ
I:酒井章生
CL:㈱ビギ
JUST BIGI
Sales Promotion 1989
D:Bigi Co., Ltd.
I:Akio Sakai
CL:Bigi Co., Ltd.

3, 7
インスパイア
販促用カード 1989
D:㈱ビギ
I:城尾卓佳
CL:㈱ビギ
INSPIRE
Sales Promotion 1989
D:Bigi Co., Ltd.
I:Takuyoshi Shiroo
CL:Bigi Co., Ltd.

4
スパーダ・スパ
販促用カード 1989
D:㈱ビギ
CL:㈱ビー・エム・ディー
SPADA S.P.A
Sales Promotion 1989
D:Bigi Co., Ltd.
CL:B・M・D Co., Ltd.

5
グランパス クロス
販促用カード 1989
AD, D:今川仁志
DF:㈱コング・スタジオ
CL:㈱ナルミヤ
GRANDPA'S CLOTH CO.,
Sales Promotion 1989
AD, D:Jinshi Imagawa
DF:Kong Studio Co., Ltd.
CL:Narumiya

1

2

3

1
ロッカーズカンパニー
暑中見舞　1989
D:中川勇一
I:木谷祥子
DF:キネマムーン
ROCKERS COMPANY
Mid-Summer Greetings 1989
D:Yuichi Nakagawa
I:Sachiko Kitani
DF:Kinema Moon

2
チ・チ・チック
展示会案内状　1989
AD:今川仁志
D:古江雅史
P:槙野雅敏
DF:㈱コング・スタジオ
CL:㈱イースト・ポイント
CHI' CHI CHICK
Invitation to Exhibition 1989
AD:Jinshi Imagawa
D:Masafumi Furue
P:Masatoshi Makino
DF:Kong Studio Co., Ltd.
CL:East Point Co., Ltd.

3
ケンゾーアンファン
クリスマスカード　1989
D:木谷祥子
I:大場康弘
DF:キネマムーン
CL:㈱ライカ
KENZO ENFANT
Christmas Card 1989
D:Sachiko Kitani
I:Yasuhiro Ohba
DF:Kinema Moon
CL:Raika Co., Ltd.

1, 2
ミニバツ
クリスマスカード　1989, 1988
AD:ミニバツ
CL:㈱バツ
MINI BA-TSU
Christmas Card 1989, 1988
AD:Mini Ba-Tsu
CL:Ba-Tsu Co., Ltd.

1

2

3

4

5

6

7

8

9

1
パプ
クリスマスカード 1989
CD:奥宮文明
P:奥宮セイジ
AG:大月アドバタイジングエージェンシー
CL:チョーギン㈱
PAPP
Christmas Card 1989
CD:Fumiaki Okumiya
P:Seiji Okumiya
AG:Otsuki Advertising Agency
CL:Chogin Co., Ltd.

2, 3
ヴァンミニ
案内状 1989
AD:杉浦久夫
D:スタジオスーパーコンパス
P:森 新治
VAN MINI
Announcement 1989
AD:Hisao Sugiura
D:Studio Super Compass
P:Shinji Mori

4
べべ
販促用カード 1989
D:溝江有紀
CW:茨木康裕
CL:㈱べべ
BEBE
Sales Promotion 1989
D:Yuki Mizoe
CW:Yasuhiro Ibaraki
CL:Bebe Co., Ltd.

5
フィヨデュベベ
販促用カード 1988
D:溝江有紀
CW:茨木康裕
CL:㈱べべ
FILLOT DE BÉBÉ
Sales Promotion 1988
D:Yuki Mizoe
CW:Yasuhiro Ibaraki
CL:Bebe Co., Ltd.

6
ミキハウス
販促用カード 1989
CD, AD, D:㈱ミキハウス
MIKI HOUSE
Sales Promotion 1989
CD, AD, D:Miki House Co., Ltd.

7, 8
エミリーテンプル
販促用カード 1989
AD, D:エミリーテンプル
P:美濃説夫
CL:㈱シャーリーテンプル
EMILY TEMPLE
Sales Promotion 1989
AD, D:Emily Temple
P:Setsuo Mino
CL:Shirley Temple Co., Ltd.

9
メゾピアノ
案内状 1990
P:両角章司
CL:㈱ナルミヤ
MEZZO PIANO
Announcement 1990
P:Shoji Morozumi
CL:Narumiya Co., Ltd.

1
キッドラボ
案内状 1989
CD:門川泰之
AD, D:浦岡貞江
P:横山秀生
CW:片岡美登里
DF:㈱ハンズ・プロジェクト
KID'S LABO
Announcement 1989
CD:Yasuyuki Kadokawa
AD, D:Sadae Uraoka
P:Shusei Yokoyama
CW:Midori Kataoka
DF:Hands Project Inc.

2
キッドラボ
案内状 1989
CD:門川泰之
AD, D:浦岡貞江
P:大江智行
CW:片岡美登里
DF:㈱ハンズ・プロジェクト
KID'S LABO
Announcement 1989
CD:Yasuyuki Kadokawa
AD, D:Sadae Uraoka
P:Tomoyuki Ohoe
CW:Midori Kataoka
DF:Hands Project Inc.

3
パプ
販促用カード 1989
CD:奥宮文明
P:奥宮セイジ
AG:大月アドバタイジングエージェンシー
CL:チョーギン㈱
PAPP
Sales Promotion 1989
CD:Fumiaki Okumiya
P:Seiji Okumiya
AG:Otsuki Advertising Agency
CL:Chogin Co., Ltd.

4
ディアブル
販促用カード 1988
D:溝江有紀
CW:茨木康裕
CL:㈱ベベ
DIABLE
Sales Promotion 1988
D:Yuki Mizoe
CW:Yasuhiro Ibaraki
CL:Bebe Co., Ltd.

5
ミキハウス
案内状 1988
CD, AD, D:㈱ミキハウス
MIKI HOUSE
Announcement 1988
CD, AD, D:Miki House Co., Ltd.

6
ミニK
展示会案内状 1990
I:渡辺桃子
CL:㈱ナルミヤ
MINI-K
Invitation to Exhibition 1990
I:Momoko Watanabe
CL:Narumiya Co., Ltd.

7
メゾピアノ
展示会案内状 1990
D:馬場素子
CL:㈱ナルミヤ
MEZZO PIANO
Invitation to Exhibition 1990
D:Motoko Baba
CL:Narumiya Co., Ltd.

8
リオ横山
クリスマスカード 1988
D, I:小栗 健
DF:㈱マサミヤ
RIO YOKOYAMA
Christmas Card 1988
D, I:Takeshi Oguri
DF:Masamiya Co., Ltd.

1

2

3

4

5

6

7

8

あなたがギフトをくれる、あらゆるケースについて考えてみました。 1

水玉って、すごく溶けやすいの、知ってた？

2

3

4

5

1, 2
マリークワント
販促用カード 1989
AD:福田美代子
P:梶 洋哉
CL:㈱マリークワントコスメチック・ジャパン
MARY QUANT
Sales Promotion 1989
AD:Miyoko Fukuda
P:Hiroya Kaji
CL:Mary Quant Cosmetic Japan

3
ケー・ビジュー
販促用カード 1989
CD, AD:河北秀也
D:明星秀隆
P:佐々木善昭
DF:㈱日本ベリエールアートセンター
K. BIJOUX
Sales Promotion 1989
CD, AD:Hideya Kawakita
D:Hidetaka Myojo
P:Yoshiaki Sasaki
DF:Japan Bélier Art Center Inc.

4, 5
ラビドール・ジュエリー
案内状 1988
AD, D:下岡 茂
P:中島清一
DF:㈱ボクサー
AG:協和広告
CL:ポーラ化粧品
LABIDOLE JEWERLY
Announcement 1988
AD, D:Sigel Shimo'oka
P:Seiichi Nakajima
DF:Box'er Associates
AG:Kyowa Advertising Agency
CL:Pola

1

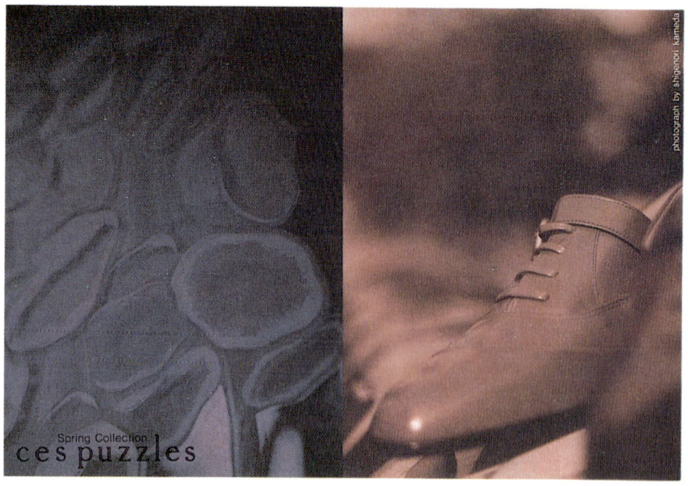

2

3

4

5

6

1, 3, 5
クシュカ
販促用カード 1989
AD, D, P:亀田茂範
DF:カメダクリエイション
CUSHKA
Sales Promotion 1989
AD, D, P:Shigenori Kameda
DF:Kameda Creation

2, 4, 6
セ パズル
販促用カード 1989
AD, D, P:亀田茂範
DF:カメダクリエイション
CES PUZZLES
Sales Promotion 1989
AD, D, P:Shigenori Kameda
DF:Kameda Creation

1
キサ
販促用カード　1990
AD:養父正一
D:松田英之
I:高田喜佐
KISSA
Sales Promotion 1990
AD:Shoichi Yabu
D:Hideyuki Matsuda
I:Kisa Takada

2
キサ
展示会案内状　1989
AD:坂　哲二
D:近藤正哉
I:高田喜佐
KISSA
Invitation to Exhibition 1989
AD:Tetsuji Bang
D:Masaya Kondo
I:Kisa Takada

3
キサ
案内状　1989
AD, D:坂　哲二
I:高田喜佐
KISSA
Announcement 1989
AD, D:Tetsuji Bang
I:Kisa Takada

4
キサ
年賀状　1990
AD:養父正一
D:松田英之
I:高田喜佐
KISSA
New Year's Card 1990
AD:Shoichi Yabu
D:Hideyuki Matsuda
I:Kisa Takada

5
イントロ
年賀状　1989
CD, CW:中川洋一
AD, D:田辺勝正
DF:キューブ
CL:㈱スパジオ
INTRO
New Year's Card 1989
CD, CW:Yoichi Nakagawa
AD, D:Katsumasa Tanabe
DF:Cube
CL:Spazio Company Ltd.

6
キサ
展示会案内状　1989
AD, D:坂　哲二
I:高田喜佐
KISSA
Invitation to Exhibition 1989
AD, D:Tetsuji Bang
I:Kisa Takada

1

2

3

4

6

5

1

2

1
エルメス
案内状　1988
AD:深田冬樹
D:石渡はる
P:フレデリック デュマ
DF:㈱ホットファッジ
CL:エルメスジャポン
HERMÈS
Announcement 1988
AD:Fuyuki Fukada
D:Haru Ishiwata
P:Frédéric Dumas
DF:Hot Fudge
CL:Hermès Japon

2
エルメス
案内状　1988
AD:深田冬樹
D:藤森潤司
P:東　健一
DF:㈱ホットファッジ
CL:エルメスジャポン
HERMÈS
Announcement 1988
AD:Fuyuki Fukada
D:Junji Fujimori
P:Kenichi Higashi
DF:Hot Fudge
CL:Hermès Japon

3
エルメス
案内状　1988
AD:深田冬樹
D:石渡はる
P:ミュリエル ブリザック
DF:㈱ホットファッジ
CL:エルメスジャポン
HERMÈS
Announcement 1988
AD:Fuyuki Fukada
D:Haru Ishiwata
P:Muriel Brisac
DF:Hot Fudge
CL:Hermès Japon

3

1

2

3

1-3
キリン・シーグラム
販促用カード 1989
CD:養父正一
AD, D:坂 哲二
P:片平義宣
I:袴田一夫
DF:㈲アイサム・デザイン
AG:㈱博報堂
KIRIN-SEAGRAM
Sales Promotion 1989
CD:Shoichi Yabu
AD, D:Tetsuji Bang
P:Gisen Katahira
I:Kazuo Hakamada
DF:Eye-Some Design Ltd.
AG:Hakuhodo Inc.

1

2

1, 2
ゾナルト
市販カード 1989
CD:木村 勝
AD:赤羽なつみ
D:坂本 功
I:藤田 伸
DF:㈱パッケージングディレクション
ZONART
General Purpose 1989
CD:Katsu Kimura
AD:Natsumi Akabane
D:Isao Sakamoto
I:Shin Fujita
DF:Packaging Direction Co., Ltd.

3

4

3, 4
グラフィックステーション
市販カード 1988
AD, D, I:菅原眞理
DF:㈱アートプリントジャパン
GRAPHIC STATION
General Purpose 1988
AD, D, I:Mari Sugawara
DF:Art Print Japan Co., Ltd.

1

2

4

3

5

1
ハニー
年賀状 1989
CD:高橋 剛
AD, D, I:佐藤かおる
HONEY
New Year's Card 1989
CD:Tsuyoshi Takahashi
AD, D, I:Kaoru Sato

2
スチューデンツ コミュニティー
販促用カード 1990
AD:神谷敬久
CL:㈱スーパープランニング
STUDENTS COMMUNITY
Sales Promotion 1990
AD:Takahisa Kamiya
CL:Super Planning Co., Ltd.

3
ハニー
暑中見舞 1989
CD:高橋 剛
AD, D, I:加藤みを
HONEY
Mid-Summer Greetings 1989
CD:Tsuyoshi Takahashi
AD, D, I:Mio Kato

4
ハニー
年賀状 1990
CD:高橋 剛
AD:佐藤 薫
D, I:加藤みを
HONEY
New Year's Card 1990
CD:Tsuyoshi Takahashi
AD:Kaoru Sato
D, I:Mio Kato

5
スチューデンツ コミュニティー
販促用カード 1989
AD:神谷敬久
CL:㈱スーパープランニング
STUDENTS COMMUNITY
Sales Promotion 1989
AD:Takahisa Kamiya
CL:Super Planning Co., Ltd.

1

2

3

4

5

6

1-6
CBS・ソニーレコード
販促用カード 1989
AD, D:加藤靖隆
P:藤井春日
AG:CBS・ソニー 映像事業部
CBS/SONY RECORDS
Sales Promotion 1989
AD, D:Yasutaka Kato
P:Haruhi Fujii
AG:CBS/Sony Eizo-jigyobu

エピック・ソニーレコード
案内状　1989
CD, AD, D:石川謙二
EPIC/SONY RECORDS
Announcement 1989
CD, AD, D:Kenji Ishikawa

1

2

3

4

5

1
サザビー
年賀状　1988
AD:サザビー デザインセンター
D:野上玲子
SAZABY
New Year's Card 1988
AD:Sazaby Design Center
D:Reiko Nogami

2
サザビー
挨拶状　1989
AD, D:野上玲子
SAZABY
Greetings 1989
AD, D:Reiko Nogami

3
アフタヌーンティー
挨拶状　1988
AD:サザビー デザインセンター
D:久保田浩樹
P:関口隆史
CL:㈱サザビー
AFTERNOON TEA
Greetings 1988
AD:Sazaby Design Center
D:Hiroki Kubota
P:Takashi Sekiguchi
CL:Sazaby Inc.

4
コンテナエムズ
販促用カード　1986
D:坂林三由紀
P:古川忠幸
DF:㈱マサミヤ
CONTENA-EMS
Sales Promotion 1986
D:Miyuki Sakabayashi
P:Tadayuki Furukawa
DF:Masamiya Co., Ltd.

5
サザビー
案内状　1989
AD:サザビー デザインセンター
D:野上玲子
CW:津田晴美
SAZABY
Announcement 1989
AD:Sazaby Design Center
D:Reiko Nogami
CW:Harumi Tsuda

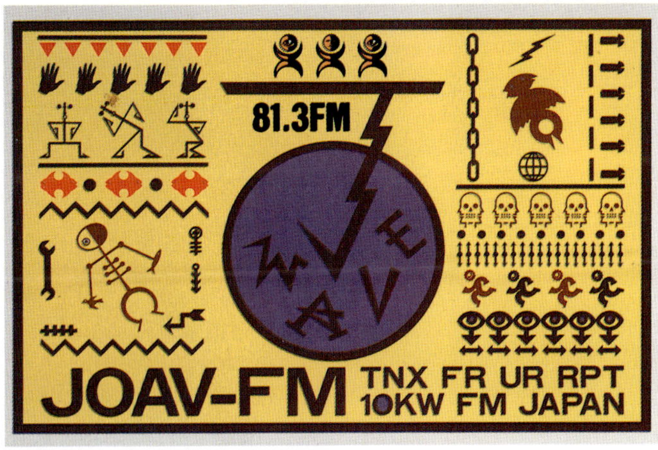

1

2

3

4

5

6

1
エフエムジャパン
案内状　1988
CD, AD, D:中村政久
I:ジェイ ヴァイゴン
DF:㈱電通
FM-JAPAN
Announcement 1988
CD, AD, D:Masahisa Nakamura
I:Jay Vigon
DF:Dentsu Ltd.

2
エフエムジャパン
年賀状　1989
CD, AD, D:中村政久
I:ジェイ ヴァイゴン
DF:㈱電通
FM-JAPAN
New Year's Card 1989
CD, AD, D:Masahisa Nakamura
I:Jay Vigon
DF:Dentsu Ltd.

3
エフエムジャパン
年賀状　1990
CD, AD, D:中村政久
DF:㈱電通
FM-JAPAN
New Year's Card 1990
CD, AD, D:Masahisa Nakamura
DF:Dentsu Ltd.

4
FMサウンド千葉
年賀状　1989
AD:信藤三雄
D:鈴木直之
I:清水克久
CW:水越庸子
DF:コンテムポラリー・プロダクション
FM SOUND CHIBA
New Year's Card 1989
AD:Mitsuo Shindo
D:Naoyuki Suzuki
I:Katsuhisa Shimizu
CW:Yoko Mizukoshi
DF:Contemporary Production

5
FMサウンド千葉
案内状　1989
AD, D:信藤三雄
P:三浦憲治
CW:水越庸子
DF:コンテムポラリー・プロダクション
FM SOUND CHIBA
Announcement 1989
AD, D:Mitsuo Shindo
P:Kenji Miura
CW:Yoko Mizukoshi
DF:Contemporary Production

6
FMサウンド千葉
挨拶状　1989
AD:信藤三雄
D:鈴木直之
P:三浦憲治
CW:徳山ひとみ
DF:コンテムポラリー・プロダクション
FM SOUND CHIBA
Greetings 1989
AD:Mitsuo Shindo
D:Naoyuki Suzuki
P:Kenji Miura
CW:Hitomi Tokuyama
DF:Contemporary Production

1

2

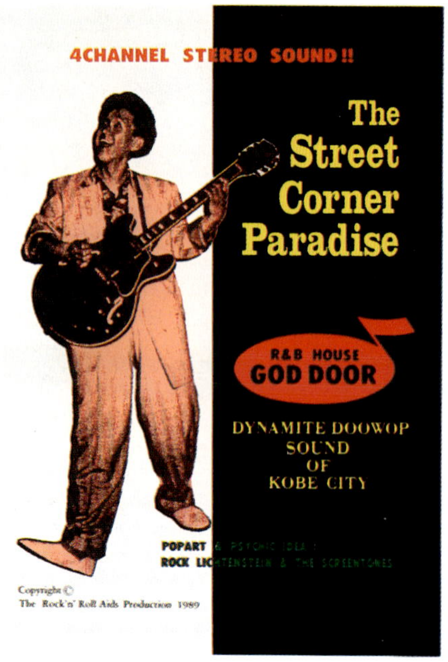

3

4

5

6

1
フォーエヴァーレコード
販促用カード 1990
AD, D:於市寛行
FOREVER RECORD
Sales Promotion 1990
AD, D:Hiroyuki Oichi

2
フォーエヴァーレコード
案内状 1987
CD, AD, I:於市寛行
DF:ザ・ロックンロールエイズプロダクション
FOREVER RECORD
Announcement 1987
CD, AD, I:Hiroyuki Oichi
DF:The Rock'n Roll Aids Production

3
R&Bハウスゴッドドア
販促用カード 1989
CD, AD, I:於市寛行
DF:ザ・ロックンロールエイズプロダクション
R&B House God Door
Sales Promotion 1989
CD, AD, I:Hiroyuki Oichi
DF:The Rock'n Roll Aids Production

4
フォーエヴァーレコード
販促用カード 1989
CD, AD:ロック・リヒテンシュタイン
D:アンディ・ポップアート・マンホール
P:昭和三十郎
I:アレン・アジャパー・SM・ジョーンズ
CW:底無沼正三
DF:ザ・ロックンロールエイズプロダクション
FOREVER RECORD
Sales Promotion 1989
CD, AD:Rock Lichten Stein
D:Andy Pop Art Manholl
P:Sanjuro Showa
I:Allen Ajapar SM Jones
CW:Shozo Sokonashinuma
DF:The Rockin Roll Aids Production

5
ポリスターレコード
販促用カード 1989
AD:信藤三雄
D:中嶋佐和子
CW:小沢健二
DF:コンテムポラリー・プロダクション
POLYSTAR
Sales Promotion 1989
AD:Mitsuo Shindo
D:Sawako Nakajima
CW:Kenji Ozawa
DF:Contemporary Production

6
ポリスターレコード
案内状 1989
AD, D:中嶋佐和子
CW:小沢健二
DF:コンテムポラリー・プロダクション
POLYSTAR
Announcement 1989
AD, D:Sawako Nakajima
CW:Kenji Ozawa
DF:Contemporary Production

1

2

2
エピック・ソニーレコード
招待状　1989
AD, D, I:斉藤倫世
EPIC/SONY RECORDS
Invitation 1989
AD, D, I:Michiyo Saito

3

1
エピック・ソニーレコード
招待状　1988
AD:植田敬治
D:斉藤倫世
P:ハービー・山口
EPIC/SONY RECORDS
Invitation 1988
AD:Keiji Uyeda
D:Michiyo Saito
P:Herbie Yamaguchi

3
エピック・ソニーレコード
販促用カード　1989
AD, D, I:平野文子
EPIC/SONY RECORDS
Sales Promotion 1989
AD, D, I:Fumiko Hirano

4

5

6

4
エピック・ソニーレコード
案内状　1988
AD:植田敬治
D:斉藤倫世
EPIC/SONY RECORDS
Announcement 1988
AD:Keiji Uyeda
D:Michiyo Saito

5
エピック・ソニーレコード
招待状　1989
AD:植田敬治
D:斉藤倫世
I:しりあがり寿
EPIC/SONY RECORDS
Invitation 1989
AD:Keiji Saito
D:Michiyo Saito
I:Kotobuki Shiriagari

6
エピック・ソニーレコード
販促用カード　1989
AD:植田敬治
D:斉藤倫世
EPIC/SONY RECORDS
Sales Promotion 1989
AD:Keiji Uyeda
D:Michiyo Saito

1

2

3

1, 6
エピック・ソニーレコード
案内状　1988
AD:植田敬治
D:斉藤倫世
P:大川直人
EPIC/SONY RECORDS
Announcement 1988
AD:Keiji Uyeda
D:Michiyo Saito
P:Naoto Ohkawa

2
エピック・ソニーレコード
招待状　1988
AD, D:斉藤倫世
P:ハービー・山口
EPIC/SONY RECORDS
Invitation 1988
AD, D:Michiyo Saito
P:Herbie Yamaguchi

3
エピック・ソニーレコード
招待状　1989
AD:植田敬治
D:梅澤弘子
P:大川直人
EPIC/SONY RECORDS
Invitation 1989
AD:Keiji Uyeda
D:Hiroko Umezawa
P:Naoto Ohkawa

4
CBS・ソニーレコード
販促用カード　1989
AD, D:加藤靖隆
P:中村ノブオ
CBS/SONY RECORDS
Sales Promotion 1989
AD, D:Yasutaka Kato
P:Nobuo Nakamura

5
CBS・ソニーレコード
販促用カード　1989
AD, D:加藤靖隆
P:細川　晃
CBS/SONY RECORDS
Sales Promotion 1989
AD, D:Yasutaka Kato
P:Koh Hosokawa

4

5

6

MARKETERS

1

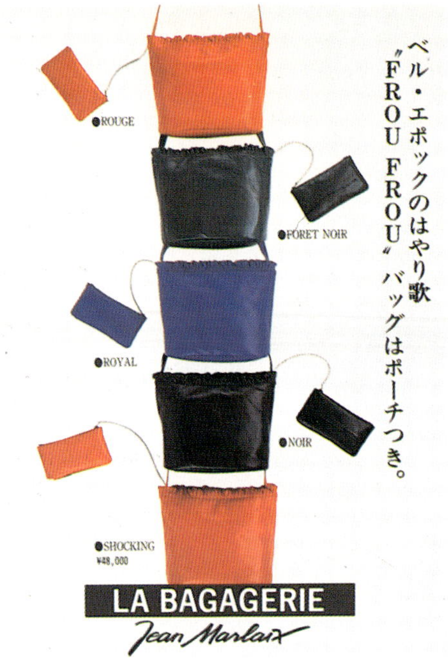

2

3

4

5

6

1, 4
ザ・ギンザ
販促用カード 1989
AD, D:米澤 緑
P:野津喜代房
THE GINZA
Sales Promotion 1989
AD, D:Midori Yonezawa
P:Kiyofusa Nozu

2
ザ・ギンザ
販促用カード 1989
CD:山田勝巳
AD, D:米澤 緑
P:野津喜代房
CW:西村 彰
THE GINZA
Sales Promotion 1989
CD:Katsumi Yamada
AD, D:Midori Yonezawa
P:Kiyofusa Nozu
CW:Akira Nishimura

3
ザ・ギンザ
販促用カード 1989
AD, D:米澤 緑
P:野津喜代房
CW:徳永真理子
THE GINZA
Sales Promotion 1989
AD, D:Midori Yonezawa
P:Kiyofusa Nozu
CW:Mariko Tokunaga

5
ザ・ギンザ
販促用カード 1989
AD, D:米澤 緑
P:野津喜代房
CW:西村 彰
THE GINZA
Sales Promotion 1989
AD, D:Midori Yonezawa
P:Kiyofusa Nozu
CW:Akira Nishimura

6
ザ・ギンザ
販促用カード 1989
AD, D:米澤 緑
P:野津喜代房
CW:徳永真理子
THE GINZA
Sales Promotion 1989
AD, D:Midori Yonezawa
P:Kiyofusa Nozu
CW:Mariko Tokunaga

1

2

3

4

5

6

1
プランタンなんば
案内状 1989
AD:菅野 健
D:包末一夫
AG:㈱大広
PRINTEMPS NAMBA
Announcement 1989
AD:Ken Sugano
D:Kazuo Kanosue
AG:Daiko Co., Ltd.

2
プランタン銀座
販促用カード 1988
CD:藤村敏文
AD:飛島コミュニケーション
P:ペイシェンス アラカワ
PRINTEMPS GINZA
Sales Promotion 1988
CD:Toshifumi Fugimura
AD:Asuka Communication Inc.
P:Patience Arakawa

3, 4
ソニープラザ
案内状 1989
CL:㈱ソニープラザ
SONY PLAZA
Announcement 1989
CL:Sony Plaza Co., Ltd.

5
ソニープラザ
年賀状 1989
CL:㈱ソニープラザ
SONY PLAZA
New Year's Card 1989
CL:Sony Plaza Co., Ltd.

6
ソニープラザ
クリスマスカード 1989
CL:㈱ソニープラザ
SONY PLAZA
Christmas Card 1989
CL:Sony Plaza Co., Ltd.

1

2

3

4

5

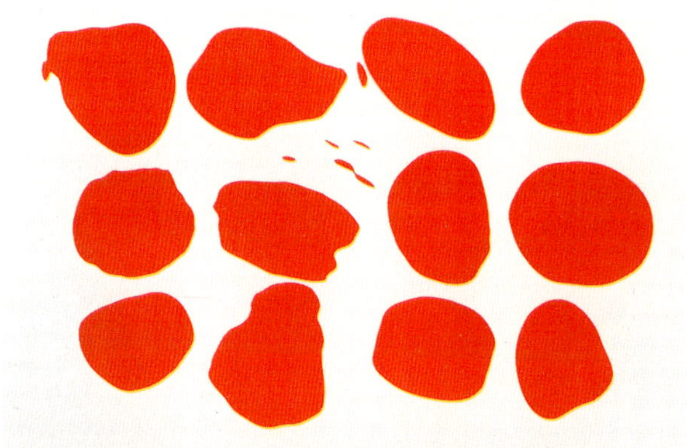
6

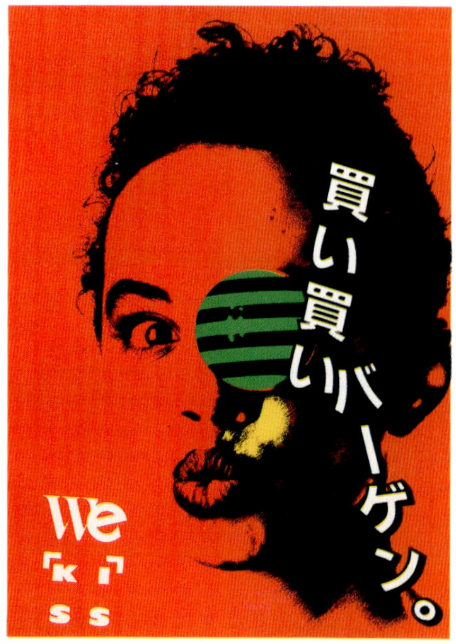

7

1
ラフォーレ原宿
案内状 1989
CD, CW:下村紀夫
AD:小野光治
D:酒井悦子
P:森川 昇
DF:㈱ズィーカンパニー
LAFORET HARAJUKU
Announcement 1989
CD, CW:Toshio Shimomura
AD:Koji Ono
D:Etsuko Sakai
P:Noboru Morikawa
DF:Z Company Ltd.

2
ラフォーレ原宿
案内状 1989
CD, AD:東泉一郎
D:松田秀克
I:グレゴリー ヤマコフ
CW:小関昭彦
DF:㈱フイア
LAFORET HARAJUKU
Announcement 1989
CD, AD:Ichiro Higashiizumi
D:Hidekatsu Matsuda
I:Greg Yermakov
CW:Akihiko Koseki
DF:Huia Co., Ltd.

3
ラフォーレ原宿
案内状 1989
CD:井村幹夫
AD:修田潤悟
D:福間恵三
I:武田育雄
CW:福田麻衣子
CW:澤 唯史
DF:㈱博報堂
LAFORET HARAJUKU
Announcement 1989
CD:Mikio Imura
AD:Jungo Shuden
D:Keizo Fukuma
I:Ikuo Takeda
CW:Maiko Fukuda
CW:Tadashi Sawa
DF:Hakuhodo Co., Ltd.

4
キス
年賀状 1989
AD:八木健夫
D:山口千夏
DF:㈱オフィース・ピーアンドシー
CL:㈱大宮ステーションビル
KISS
New Year's Card 1989
AD:Tateo Yagi
D:Chinatsu Yamaguchi
DF:Office P&C Inc.
CL:Omiya Station Building Inc.

5
ラフォーレ原宿
年賀状 1990
AD:㈱シーアール・プロット
I:渡部宏司
LAFORET HARAJUKU
New Year's Card 1990
AD:CR-Plot Co., Ltd.
I:Hiroshi Watabe

6
ウイ
年賀状 1989
AD, D:八木健夫
DF:㈱オフィース・ピーアンドシー
CL:㈱大宮ステーションビル
WE
New Year's Card 1989
AD, D:Tateo Yagi
DF:Office P&C Inc.
CL:Omiya Station Building Inc.

7
ウイ アンド キス
案内状 1989
AD, D:八木健夫
P:秋元 茂
CW:竹内基臣
DF:㈱オフィース・ピーアンドシー
CL:㈱大宮ステーションビル
WE & KISS
Announcement 1989
AD, D:Tateo Yagi
P:Shigeru Akimoto
CW:Motoomi Takeuchi
DF:Office P&C Inc.
CL:Omiya Station Building Inc.

1
ビブレ
販促用カード　1990
CD, CW:岡部正泰
CD:中島祥文
AD:佐合ひとみ
D:大森利佳
P:相川嘉伸
DF:ウェーブ クリエーション
VIVRE
Sales Promotion 1990
CD, CW:Masayasu Okabe
CD:Yoshifumi Nakashima
AD:Hitomi Sago
D:Lika Ohmori
P:Yoshinobu Aikawa
DF:Wave Creation Inc.

2
ビブレ
販促用カード　1990
CD, CW:岡部正泰
CD:中島祥文
AD, D:鈴木光太郎
P:久留幸子
DF:ウェーブ クリエーション
VIVRE
Sales Promotion 1990
CD, CW:Masayasu Okabe
CD:Yoshifumi Nakashima
AD, D:Kohtaro Suzuki
P:Sachiko Kuru
DF:Wave Creation Inc.

3, 4
エリア・ドゥ
案内状　1986
DF:㈱ノーヴス
AREA DEUX
Announcement 1986
DF:Novus Co., Ltd.

5
丸井
案内状　1989
CL:㈱丸井
MARUI
Announcement 1989
CL:Marui Co., Ltd.

6, 7, 8
ビブレ21
案内状　1988
DF:㈱アイ・ランド
VIVRE 21
Announcement 1988
DF:Eye Land Co., Ltd.

1

2

3

4

5

6

7

8

1

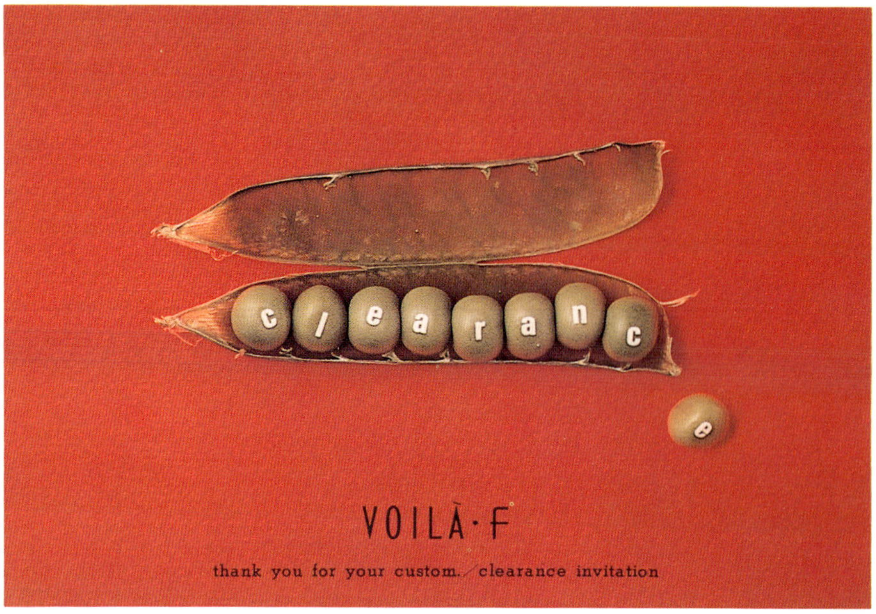

2

3

4

1, 4
西武百貨店
販促用カード 1989
AD, D:菊地雅志
P:藤巻 斉
DF:㈱ガッシュ
AG:㈱I & S
THE SEIBU DEPERTMENT STORES
Sales Promotion 1989
AD, D:Masashi Kikuchi
P:Hitoshi Fujimaki
DF:Gouache Co., Ltd.
AG:I&S Corporation

2
西武百貨店
案内状 1989
CD:西村直人
AD, D:菊地雅志
P:藤巻 斉
CW:中崎裕之
DF:㈱ガッシュ
AG:㈱I & S
THE SEIBU DEPERTMENT STORES
Announcement 1989
CD:Naoto Nishimura
AD, D:Masashi Kikuchi
P:Hitoshi Fujimaki
CW:Hiroyuki Nakazaki
DF:Gouache Co., Ltd.
AG:I&S Corporation

3
西武百貨店
案内状 1989
CD:中崎裕之
AD, D:菊地雅志
P:藤巻 斉
DF:㈱ガッシュ
AG:㈱I & S
THE SEIBU DEPERTMENT STORES
Announcement 1989
CD:Hiroyuki Nakazaki
AD, D:Masashi Kikuchi
P:Hitoshi Fujimaki
DF:Gouache Co., Ltd.
AG:I&S Corporation

1

2

3

4

5

6

1, 4
東急
販促用カード　1988
CD:青木星三
AD:池村正幸
D:田口淳子
P:増田英明
DF:㈱東急エージェンシー
TOKYU
Sales Promotion 1988
CD:Seizo Aoki
AD:Masayuki Ikemura
D:Junko Taguchi
P:Hideaki Masuda
DF:Tokyu Agency Inc.

2
日本橋三越
販促用カード　1989
CD:岡田博之
AD:篠原善太郎
D:山田博司
P:鴨下天順
I:伊川英雄
CL:㈱ダーバン
NIHONBASHI MITSUKOSHI
Sales Promotion 1989
CD:Hiroyuki Okada
AD:Zentaro Shinohara
D:Hiroshi Yamada
P:Tenjun Kamoshita
I:Hideo Igawa
CL:D'urban Inc.

3
梅田阪急
案内状　1984
AD, D:田中庸也
P:菱田一良
UMEDA HANKYU
Announcement 1984
AD, D:Tsuneya Tanaka
P:Kazuyoshi Hishida

5
日本橋三越
販促用カード　1989
CD:岡田博之
AD:篠原善太郎
D:山田博司
P:鴨下天順
I:伊川英雄
CL:㈱ダーバン
NIHONBASHI MITSUKOSHI
Sales Promotion 1989
CD:Hiroyuki Okada
AD:Zentaro Shinohara
D:Hiroshi Yamada
P:Tenjun Kamoshita
I:Hideo Igawa
CL:D'urban Inc.

6
西武
案内状　1989
CD:中崎裕之
AD, D:菊地雅志
P:藤巻　斉
DF:㈱ガッシュ
AG:㈱I & S
SEIBU
Announcement 1989
CD:Hiroyuki Nakazaki
AD, D:Masashi Kikuchi
P:Hitoshi Fujimaki
DF:Gouache Co., Ltd.
AG:I&S Corporation

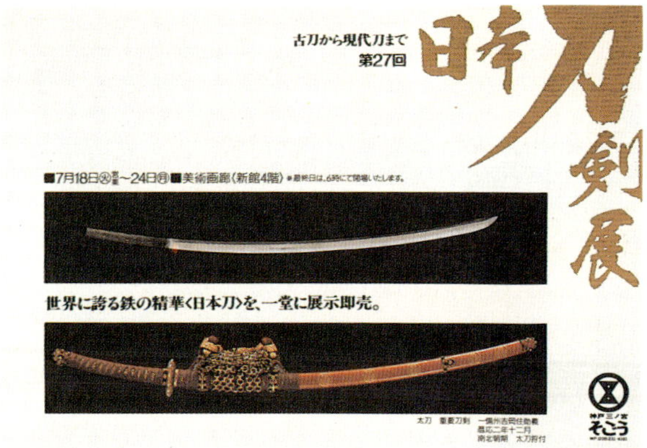

1

2

3

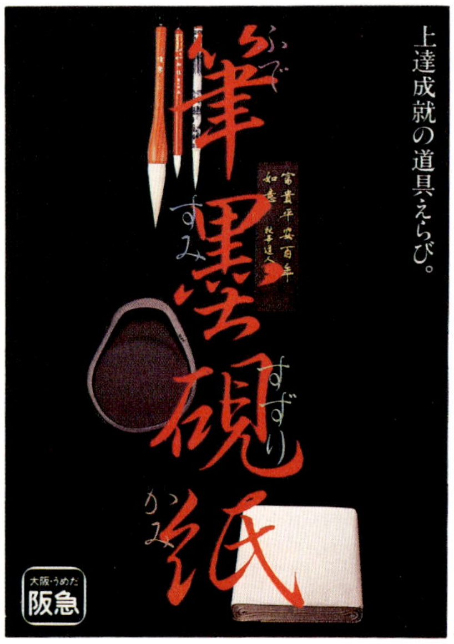

4

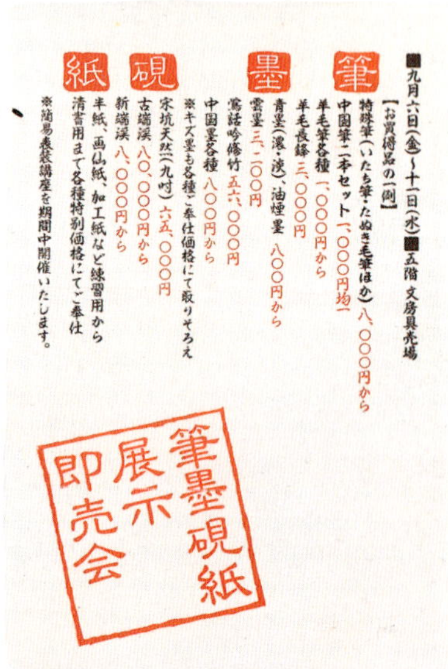

5

6

7

1
そごう神戸
展覧会案内状 1989
AD, D:木村経典
SOGO KOBE
Invitation to Exhibition 1989
AD, D:Keisuke Kimura

6
有楽町阪急
販促用カード 1989
CD:神崎博文
AD:杉本浩一
D:大河原陽子
P:河合 伸
CW:渡辺 功
DF:㈱ジャパングラフィックス
AG:㈱電通
YURAKUCHO HANKYU
Sales Promotion 1989
CD:Hirofumi Kanzaki
AD:Koichi Sugimoto
D:Yoko Ohkawara
P:Shin Kawai
CW:Isao Watanabe
DF:Japan Graphics Corporation
AG:Dentsu Inc.

2
有楽町阪急
販促用カード 1989
CD:村田哲生
AD:竹森常生
D:尾田一良
DF:㈱レックス
AG:東洋紙業㈱
YURAKUCHO HANKYU
Sales Promotion 1989
CD:Tetsuo Murata
AD:Tsuneo Takemori
D:Kazuyoshi Oda
DF:Rex Inc.
AG:Toyoshigyo Co., Ltd.

7
西武百貨店
案内状 1989
AD:尾藤 修
D:泉 千景
P:川副景介
DF:㈱シュガーポット
SEIBU DEPT. STORE
Announcement 1989
AD:Osam Oto
D:Chikage Izumi
P:Keisuke Kawazoe
DF:Sugarpot Inc.

3
錦糸町西武
年賀状 1986
CD, AD, D:佐村憲一
I:上田ミユキ
CW:竹内桃子
DF:㈲ナンバーワン・デザイン・オフィス
KINSHICHO SEIBU
New Year's Card 1986
CD, AD, D:Kenichi Samura
I:Miyuki Ueda
CW:Momoko Takeuchi
DF:Number One Design Office

4
梅田阪急
案内状 1984
AD, D:田中庸也
P:三木敏雄
CW:中尾君江
UMEDA HANKYU
Announcement 1984
AD, D:Tsuneya Tanaka
P:Toshio Miki
CW:Kimie Nakao

5
梅田阪急
案内状 1985
AD, D:田中庸也
UMEDA HANKYU
Announcement 1985
AD, D:Tsuneya Tanaka

1
イングス阪急
案内状　1985
AD, D:田中庸也
CW:中尾君江
INGS HANKYU
Announcement 1985
AD, D:Tsuneya Tanaka
CW:Kimie Nakao

2, 4, 5
四条河原町阪急
案内状　1989
AD, D:田中庸也
SHIJO-KAWARAMACHI HANKYU
Announcement 1989
AD, D:Tsuneya Tanaka

3
梅田阪急
年賀状　1985
CD:貝桝　建
AD:田中庸也
D:荒田正恵
I:平井文人
CW:中尾君江
UMEDA HANKYU
New Year's Card 1985
CD:Ken Kaimasu
AD:Tsuneya Tanaka
D:Masae Arata
I:Fumito Hirai
CW:Kimie Nakao

6
池袋東武
販促用カード　1990
CD:平井　誠
D:篠原英智
CW:茂木　進
AG:㈱ザ・マン
IKEBUKURO TOBU
Sales Promotion 1990
CD:Makoto Hirai
D:Hidetomo Shinohara
CW:Susumu Mogi
AG:The Man Co., Ltd.

7
小田急新宿
展覧会案内状　1990
AD:風間　明
D:中山　寿
P:森田米雄
CW:市川　隆
ODAKYU SHINJUKU
Invitation to Exhibition 1990
AD:Akira Kazama
D:Hisashi Nakayama
P:Yoneo Morita
CW:Takashi Ichikawa

8
パレピアンカ
案内状　1989
AD, D:長井敏勝
P:南　雄介
CW:川口裕司
DF:㈱ディレクターズインク
AG:㈱神戸新聞事業社
CL:㈱ポートピアホテル
PALAIS BIANCA
Announcement 1989
AD, D:Toshikatsu Nagai
P:Yusuke Minami
CW:Yuji Kawaguchi
DF:Directors Inc.
AG:Kobe Shinbun Jigyosha Co., Ltd.
CL:Portopia Hotel

1

2

3

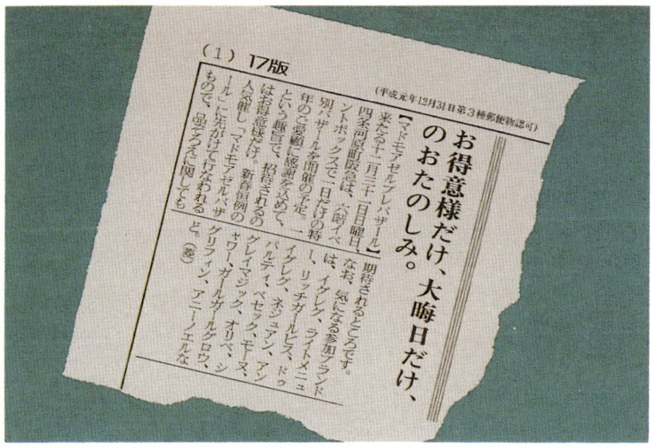

4

5

7

6

8

1

2

3

4

5

6

7

1
ザップ
クリスマスカード 1989
AD, D:長井敏勝
P:南 雄介
CW:荒井純子
DF:㈱ディレクターズインク
AG:㈱リック コミュニケーションズ
ZAP
Christmas Card 1989
AD, D:Toshikatsu Nagai
P:Yusuke Minami
CW:Junko Arai
DF:Directors Inc.
AG:Ric Communications Co., Ltd.

2
京王聖蹟桜ケ丘
販促用カード 1990
CD, AD:前野洋一
D:藤次孝直
D:白柳悦子
P:島沢計雄
CW:上野真理子
DF:㈱エージー
KEIO SEISEKI-SAKURAGAOKA
Sales Promotion 1990
CD, AD:Yoichi Maeno
D:Takanao Fujitsugu
D:Etsuko Shirayanagi
P:Kazuo Shimazawa
CW:Mariko Ueno
DF:AZ Inc, Advertising

3
小田急新宿
クリスマスカード 1990
AD:清水 優
D:小山 明
CW:加藤知美
ODAKYU SHINJUKU
Christmas Card 1990
AD:Masaru Shimizu
D:Akira Koyama
CW:Tomomi Kato

4
静岡伊勢丹
販促用カード 1989
CD:平尾道平
D:小沢直哉
D:川上友子
P:福岡耕造
CW:吉田益美
DF:㈲スタジオユニ
SHIZUOKA ISETAN
Sales Promotion 1989
CD:Michitaka Hirao
D:Naoya Ozawa
D:Tomoko Kawakami
P:Kozo Fukuoka
CW:Masumi Yoshida
DF:Studio Uni

5
ニューメルサ
案内状 1989
CD:井上一良
AD:山崎健志
P:篠原邦博
CW:海老澤淳二
AG:名鉄エージェンシー
CL:㈱メルサ
NEW MELSA
Announcement 1989
CD:Kazuyoshi Inoue
AD:Kenji Yamazaki
P:Kunihiro Shinohara
CW:Junji Ebisawa
AG:Meitetsu Agency
CL:Melsa Co., Ltd.

6
梅田阪急
案内状 1989
CD:岡本 実
AD, D, I:福井孝始
P:菱田一良
CW:堀内恭子
UMEDA HANKYU
Announcement 1989
CD:Makoto Okamoto
AD, D, I:Takashi Fukui
P:Kazuyoshi Hishida
CW:Kyoko Horiuchi

7
有楽町阪急
案内状 1990
CD:神崎博文
AD:杉本浩一
D:大河原陽子
P:河合 伸
CW:渡辺 功
DF:㈱ジャパングラフィックス
AG:㈱電通
YURAKUCHO HANKYU
Announcement 1990
CD:Hirofumi Kanzaki
AD:Koichi Sugimoto
D:Yoko Ohkawara
P:Shin Kawai
CW:Isao Watanabe
DF:Japan Graphics Corporation
AG:Dentsu Inc.

1

2

3

4

5

6

7

1
新宿ミロード
案内状　1989
CD:本田和彦
CD, CW:亀倉潤一
AD, D:水野高明
I:上野よしみ
DF:㈱タクシー
AG:㈱プランニングインターナショナル
SHINJUKU MYLORD
Announcement 1989
CD:Kazuhiko Honda
CD, CW:Junichi Kamekura
AD, D:Takaaki Mizuno
I:Yoshimi Ueno
DF:Taxi Company Limited.
AG:Planning International Co., Ltd.

2
阪急百貨店
クリスマスカード　1989
CD:児玉つぐみ
D, I:おさないまこと
AG:ギャラリー インターフォーム
CL:㈱阪急百貨店
HANKYU DEPARTMENT STORE
Christmas Card 1989
CD:Tsugumi Kodama
D, I:Makoto Osanai
AG:Gallery Interform
CL:Hankyu Department Store

3
新宿ミロード
案内状　1989
CD:本田和彦
CD, CW:亀倉潤一
AD, D:水野高明
P:森岡　守
DF:㈱タクシー
AG:㈱プランニングインターナショナル
SHINJUKU MYLOAD
Announcement 1989
CD:Kazuhiko Honda
CD, CW:Junichi Kamekura
AD, D:Takaaki Mizuno
P:Mamoru Morioka
DF:Taxi Company Limited.
AG:Planning International Co., Ltd.

4
阪急百貨店
クリスマスカード　1989
CD:児玉つぐみ
D, I:おさないまこと
AG:ギャラリー インターフォーム
CL:㈱阪急百貨店
HANKYU DEPARTMENT STORE
Christmas Card 1989
CD:Tsugumi kodama
D, I:Makoto Osanai
AG:Gallery Interform
CL:Hankyu Department Store

5
伊勢丹
暑中見舞　1989
AD, I:真鍋太郎
D:関　善之
DF:㈱ピカロ
ISETAN
Mid-Summer Greetings 1989
AD, I:Taro Manabe
D:Yoshiyuki Seki
DF:Picaro Co., Ltd.

6
静岡西武
案内状　1989
CD:渡辺慎一郎
AD:漆畑多香子
D:男神晴美
P:伊藤武房
CW:甲田穣二
DF:㈱アドス
SHIZUOKA SEIBU
Announcement 1989
CD:Shinichiro Watanabe
AD:Takako Urushibata
D:Harumi Ogami
P:Takefusa Ito
CW:George Kota
DF:Ads Co., Ltd.

7
横浜岡田屋モアーズ
招待状　1988
CD, AD:杉本英介
D:藤本裕治
I:さか井みゆき
CW:佐々木陽子
DF:㈲ブレックファースト
YOKOHAMA OKADAYA MORE'S
Invitation 1988
CD, AD:Eisuke Sugimoto
D:Yuji Fujimoto
I:Miyuki Sakai
CW:Yoko Sasaki
DF:Breakfast Co., Ltd.

1

2

3

4

5

6

1
梅田阪急
案内状　1989
CD:岡本　実
AD, D:福井孝始
P:堀江雄一
CW:八田　保
UMEDA HANKYU
Announcement 1989
CD:Makoto Okamoto
AD, D:Takashi Fukui
P:Yuichi Horie
CW:Tamotsu Hatta

2
横浜岡田屋モアーズ
案内状　1989
CD, AD:杉本英介
D:藤本裕治
P:市川勝弘
I:大西重成
CW:佐々木陽子
DF:(有)ブレックファースト
YOKOHAMA OKADAYA MORE'S
Announcement 1989
CD, AD:Eisuke Sugimoto
D:Yuji Fujimoto
P:Katsuhiro Ichikawa
I:Shigenari Onishi
CW:Yoko Sasaki
DF:Breakfast Co., Ltd.

3
横浜岡田屋モアーズ
案内状　1989
CD, AD:杉本英介
D:藤本裕治
I:藤井啓誌
CW:佐々木陽子
DF:(有)ブレックファースト
YOKOHAMA OKADAYA MORE'S
Announcement 1989
CD, AD:Eisuke Sugimoto
D:Yuji Fujimoto
I:Hiroshi Fujii
CW:Yoko Sasaki
DF:Breakfast Co., Ltd.

4
川崎岡田屋モアーズ
クリスマスカード　1988
CD, AD:杉本英介
D:藤本裕治
I:伊藤桂司
CW:佐々木陽子
DF:(有)ブレックファースト
KAWASAKI OKADAYA MORE'S
Christmas Card 1988
CD, AD:Eisuke Sugimoto
D:Yuji Fujimoto
I:Keiji Ito
CW:Yoko Sasaki
DF:Breakfast Co., Ltd.

5
川崎岡田屋モアーズ
案内状　1989
CD, AD:杉本英介
D:藤本裕治
P:市川勝弘
O:大西重成
CW:佐々木陽子
DF:(有)ブレックファースト
KAWASAKI OKADAYA MORE'S
Announcement 1989
CD, AD:Eisuke Sugimoto
D:Yuji Fujimoto
P:Katsuhiro Ichikawa
O:Shigenari Onishi
CW:Yoko Sasaki
DF:Breakfast Co., Ltd.

6
キャスパ
案内状　1989
CD:山村純一
AD, D:長井敏勝
I:小玉英章
CW:荒井純子
DF:(株)ディレクターズインク
AG:(株)リックコミュニケーションズ
CASPA
Announcement 1989
CD:Junichi Yamamura
AD, D:Toshikatsu Nagai
I:Hideaki Kodama
CW:Junko Arai
DF:Directors Inc.
AG:Ric Communications Co., Ltd.

1
SHIBUYA 109
販促用カード 1987
I:北田哲哉
AG:東急エージェンシー
CL:㈱ティー エム ディー
SHIBUYA 109
Sales Promotion 1987
I:Tetsuya Kitada
AG:Tokyu Agency

2
ピージェイ
クリスマスカード 1989
CD:越智一哉
CD:若山憲二
AD:浜崎テツ
I:石毛恵美子
CW:吉水雅樹
DF:㈱スタイルワークショップ
PJ
Christmas Card 1989
CD:Kazuya Ochi
CD:Kenji Wakayama
AD:Tetsu Hamasaki
I:Emiko Ishige
CW:Masaki Yoshimizu
DF:Style Workshop Inc.

1

2

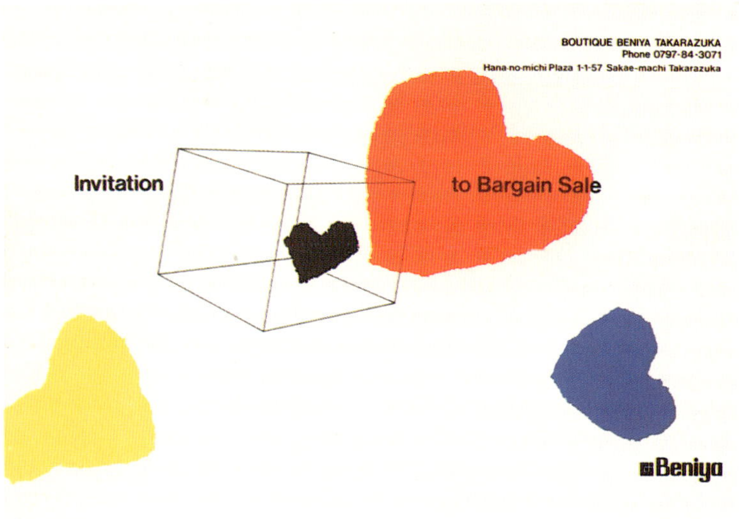

3

4

5

1, 2
ビーティーシステム
案内状　1989
AD, D:井波優子
I:下田ゆき江
DF:JMSインターナショナル㈱
BT SYSTEM
Announcement 1989
AD, D:Yuko Inami
I:Yukie Shimoda
DF:JMS International Inc.

3
大阪紅屋
案内状　1989
CD:山田武司
AD, D:海嶋達也
OSAKA BENIYA
Announcement 1989
CD:Takeshi Yamada
AD, D:Tatsuya Umijima

4
パナマボーイ
クリスマスカード
I:切田健二
PANAMA BOY
Christmas Card
I:Kenji Kirita

5
テニスグッズ ノブ
案内状　1989
AD:藤原哲男
D:林　貞通
DF:㈱ステレオスタジオ
TENNIS GOODS NOBU
Announcement 1989
AD:Tetsuo Fujiwara
D:Sadamichi Hayashi
DF:Stereo Studio Inc.

1
メリーヒルズ
年賀状　1988
CD, I:坂本暁俊
D:山下道子
DF:㈱プランニング カオス
MERRY HILLS
New Year's Card 1988
CD, I:Akitoshi Sakamoto
D:Michiko Yamashita
DF:Planning Chaos Co., Ltd.

2
メリーヒルズ ジェーン アリス
年賀状　1990
CD:坂本暁俊
D, I:山下道子
DF:㈱プランニング カオス
MERRY HILLS JANE ARIS
New Year's Card 1990
CD:Akitoshi Sakamoto
D, I:Michiko Yamashita
DF:Planning Chaos Co., Ltd.

3
メリーヒルズ
案内状　1987
CD, I:坂本暁俊
D:山下道子
DF:㈱プランニング カオス
MERRY HILLS
Announcement 1987
CD, I:Akitoshi Sakamoto
D:Michiko Yamashita
DF:Planning Chaos Co., Ltd.

4, 5
キャラムーン
案内状　1989
CD, I:坂本暁俊
D:山下道子
DF:㈱プランニング カオス
CARA-MOON
Announcement 1989
CD, I:Akitoshi Sakamoto
D:Michiko Yamashita
DF:Planning Chaos Co., Ltd.

6
キャラムーン
案内状　1988
CD:坂本暁俊
D, I:山下道子
DF:㈱プランニング カオス
CARA-MOON
Announcement 1988
CD:Akitoshi Sakamoto
D, I:Michiko Yamashita
DF:Planning Chaos Co., Ltd.

1

2

3

4

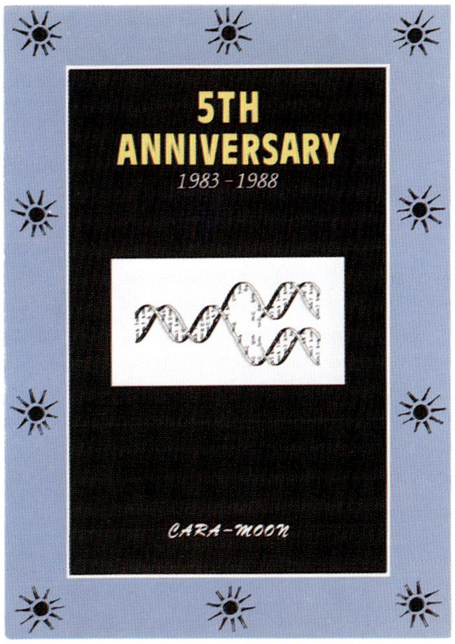

5

6

1

2

3

4

5

6

1
サラ中村
暑中見舞　1986
CD:山田武司
AD, D:海嶋達也
SALA NAKAMURA
Mid-Summer Greetings 1986
CD:Takeshi Yamada
AD, D:Tatsuya Umijima

2
スピック アンド スパン
販促用カード　1989
AD, D:筒井良太郎
P:小阪和則
DF:㈱スプーン
CL:㈱ベイクルーズ
SPICK AND SPAN
Sales Promotion 1989
AD, D:Ryotaro Tsutsui
P:Kazunori Kosaka
DF:Spoon Inc.
CL:Baycrews Co., Ltd.

3, 4
銀座レックス
販促用カード　1990
AD, D, I:山下秀男
GINZA REX
Sales Promotion 1990
AD, D, I:Hideo Yamashita

5, 6
ラブ アネックス
販促用カード　1989
AD, D:中山由美子
DF:㈱バルデザイングループ
CL:ラブシンヤ
LOVE ANNEX
Sales Promotion 1989
AD, D:Yumiko Nakayama
DF:Val Design Group Co., Ltd.
CL:Love Shinya

1
オセアノ
クリスマスカード 1989
CD, AD, P:横山誠也
D:志牟田るみ
CW:梅北真二
DF:㈱マドラ
AG:㈱東急エージェンシー
インターナショナル
CL:㈱ゴールドウイン
OCEANO
Christmas Card 1989
CD, AD, P:Seiya Yokoyama
D:Rumi Shimuta
CW:Shinji Umekita
DF:Madra Inc.
AG:Tokyu Agency Int'.L Inc.
CL:Gold Win Inc.

1

2
グローブ
販促用カード 1989
CD, AD:水谷孝次
D:紅林宏和
P:半沢克夫
DF:水谷事務所
CL:㈱ワールド
GROVE
Sales Promotion 1989
CD, AD:Koji Mizutani
D:Hirokazu Kurebayashi
P:Katsuo Hanzawa
DF:Mizutani Studio Co., Ltd.
CL:World Co., Ltd.

2

3
シャルトル
案内状 1986
AD, D:笹川昭夫
DF:㈱エスディルーム
CHARTRES
Announcement 1986
AD, D:Akio Sasagawa
DF:SD Room Inc.

3

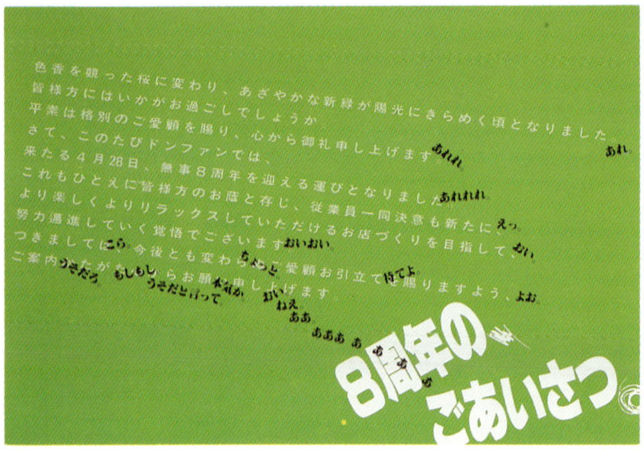

1

2

4

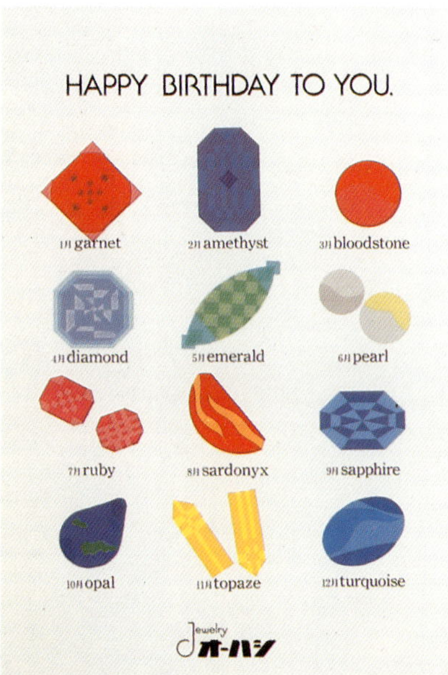

3

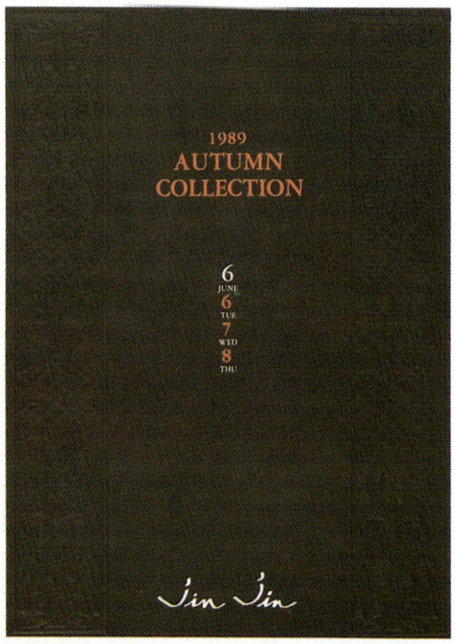

5

6

7

1
ドンファン
案内状　1989
AD, D:吉田真人
CW:大波加光男
DF:㈱バルデザイングループ
DON JUAN
Announcement 1989
AD, D:Mabito Yoshida
CW:Mituo Ohaka
DF:Val Design Group Co., Ltd.

2
ジュエリー オーハシ
案内状　1987
D:西崎セツコ
DF:㈱ネプチューン
JEWELRY OHASHI
Announcement 1987
D:Setsuko Nishizaki
DF:Neptune Corporation

3
ジュエリー オーハシ
販促用カード　1987
AD, D, I:西崎セツコ
DF:㈱ネプチューン
JEWELRY OHASHI
Sales Promotion 1987
AD, D, I:Setsuko Nishizaki
DF:Neptune Corporation

4
ジンジン
販促用カード　1988
D:合田雅代
P:石田トシ
CL:リック商事㈱
JIN JIN
Sales Promotion 1988
D:Masayo Goda
P:Toshi Ishida
CL:Ric Commercial Farm Co., Ltd.

5
ジンジン
案内状　1989
D:合田雅代
CL:リック商事㈱
JIN JIN
Announcement 1989
D:Masayo Goda
CL:Ric Commercial Farm Co., Ltd.

6
ジンジン
案内状　1989
D:合田雅代
P:石田トシ
CL:リック商事㈱
JIN JIN
Announcement 1989
D:Masayo Goda
P:Toshi Ishida
CL:Ric Commercial Farm Co., Ltd.

7
スタージュエリー
案内状　1989
D:萩原得夫
DF:㈱オフィスマーレ
STAR JEWERLY
Announcement 1989
D:Tokuo Hagihara
DF:Office Mare.

1

2

3

4

5

6

1-3
スタージュエリー
販促用カード　1989
D:村上忠彦
DF:㈱オフィスマーレ
STAR JEWELRY
Sales Promotion 1989
D:Tadahiko Murakami
DF:Office Mare.

4
インテリジェンテ アルフラズ
販促用カード　1990
AD, D:山川達也
CW:小西和樹
CL:㈱ゼンコウ
INTELLIGENTE ALPHLUS
Sales Promotion 1990
AD, D:Tatsuya Yamakawa
CW:Kazuki Konishi
CL:Zenco Corporation

5
アトリエ モトキ
販促用カード　1983
AD, D:民　芳勝
P:米田一雄
DF:アイデザイン
ATELIER MOTOKI
Sales Promotion 1983
AD, D:Yoshikatsu Tami
P:Kazuo Yoneda
DF:Ai Design

6
コール・ハーン
案内状　1989
AD, D:笹川昭夫
DF:㈱エスディルーム
CL:㈱コール・ハーン ギンザストアー
COLE･HAAN
Announcement 1989
AD, D:Akio Sasagawa
DF:SD Room Inc.
CL:Cole･Haan Ginza Store Co., Ltd.

1
サッシュ
クリスマスカード　1989
CD, HM:渡辺サブロオ
P:久留幸子
SASHU
Christmas Card 1989
CD, HM:Saburo Watanabe
P:Sachiko Kuru

2
サッシュ
クリスマスカード　1990
CD, HM:渡辺サブロオ
P:富永民生
SASHU
Christmas Card 1990
CD, HM:Saburo Watanabe
P:Minsei Tominaga

3-7
ケサランパサラン
販促用カード　1989
CD, HM:渡辺サブロオ
AD:水谷孝次
D:紅林宏和
D:三谷一郎
P:富永民生
DF:水谷事務所
AG:㈲サッシュ
KESALAN PATHARAN
Sales Promotion 1989
CD, HM:Saburo Watanabe
AD:Koji Mizutani
D:Hirokazu Kurebayashi
D:Ichirou Mitani
P:Minsei Tominaga
DF:Mizutani Studio Co., Ltd.
AG:Sashu Inc.

1-4
ヘアー&メイクアップ・クリップ
クリスマスカード　1983
AD, P:杉山佳男
D:安田博典
DF:パイナップル
スタジオ・グラフィック
HAIR & MAKE-UP CLIP
Christmas Card 1983
AD, P:Yoshio Sugiyama
D:Hironori Yasuda
DF:Pineapple's Studio Graphic

5
モッズ・ヘア
案内状　1989
AD:高田正治
DF:㈱浅葉克己デザイン室
CL:モッズ・ヘア　ジャポン㈱
MOD'S HAIR
Announcement 1989
AD:Masaharu Takata
DF:Asaba Katsumi
Design Room
CL:Mod's Hair Japon

6
モッズ・ヘア
年賀状　1990
AD:高田正治
I:田中靖夫
DF:㈱浅葉克己デザイン室
CL:モッズ・ヘア　ジャポン㈱
MOD'S HAIR
New Year's Card 1990
AD:Masaharu Takata
I:Yasuo Tanaka
DF:Asaba Katsumi
Design Room
CL:Mod's Hair Japon

1

2

3

4

5

6

1

2

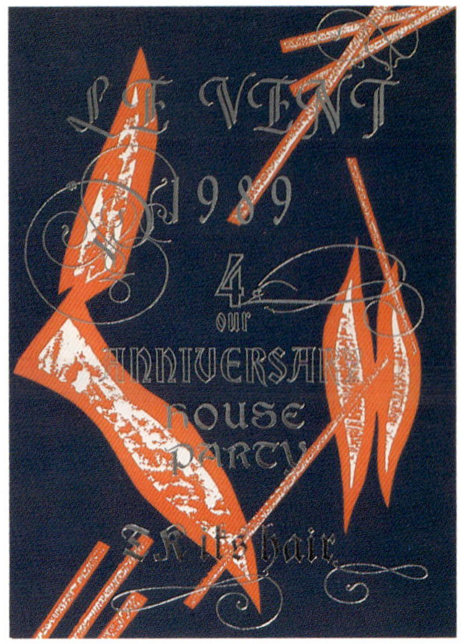

3

4

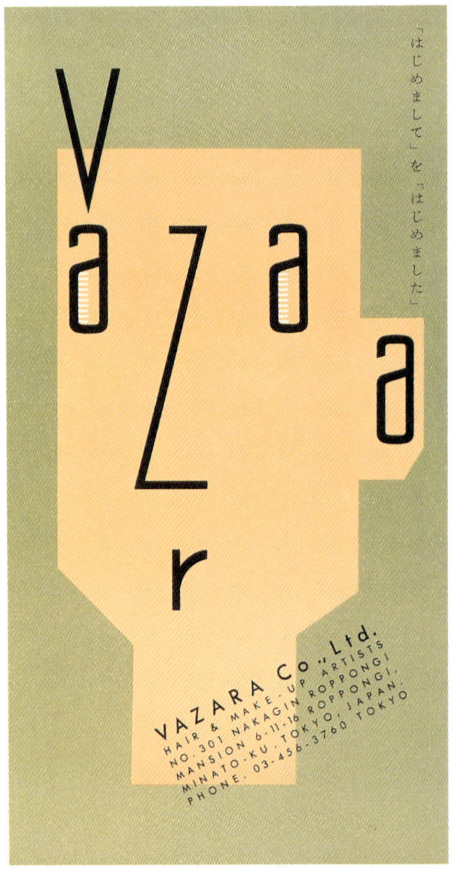

5

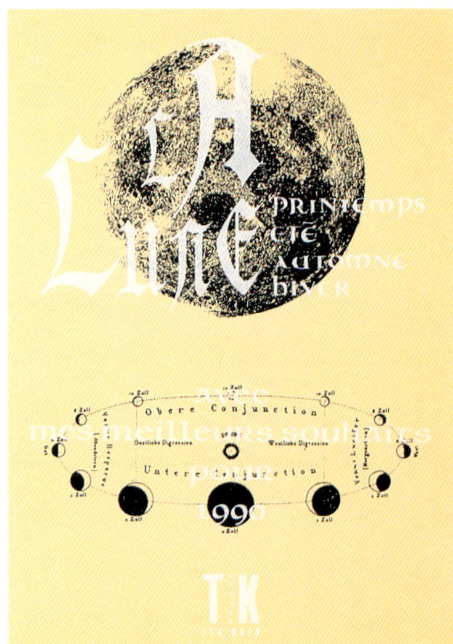

6

7

8

1
T.Kイッツヘアー
招待状　1987
D:中川勇一
DF:キネマムーン
T.K IT'S HAIR
Invitation 1987
D:Yuichi Nakagawa
DF:Kinema Moon

2
T.Kイッツヘアー
年賀状　1987
D:木谷祥子
DF:キネマムーン
T.K IT'S HAIR
New Year's Card 1987
D:Sachiko Kitani
DF:Kinema Moon

3
T.Kイッツヘアー
案内状　1989
AD:木谷祥子
D:中川勇一
DF:キネマムーン
T.K IT'S HAIR
Announcement 1989
AD:Sachiko Kitani
D:Yuichi Nakagawa
DF:Kinema Moon

4
T.Kイッツヘアー
案内状　1989
D:中川勇一
DF:キネマムーン
T.K IT'S HAIR
Announcement 1989
D:Yuichi Nakagawa
DF:Kinema Moon

5
バザラ
案内状　1987
AD, D:梶谷芳郎
CW:松倉妙子
DF:梶谷デザイン室
VAZARA
Announcement 1987
AD, D:Yoshiro Kajitani
CW:Taeko Matsukura
DF:Kajitani Design Room

6
T.Kイッツヘアー
年賀状　1990
D:中川勇一
DF:キネマムーン
T.K IT'S HAIR
New Year's Card　1990
D:Yuichi Nakagawa
DF:Kinema Moon

7
プロダクションインターナショナル
年賀状　1989
D:中川勇一
DF:キネマムーン
PRODUCTION INTERNATIONAL
New Year's Card　1989
D:Yuichi Nakagawa
DF:Kinema Moon

8
プロダクションインターナショナル
暑中見舞　1989
D:中川勇一
DF:キネマムーン
PRODUCTION INTERNATIONAL
Mid-Summer Greetings 1989
D:Yuichi Nakagawa
DF:Kinema Moon

1

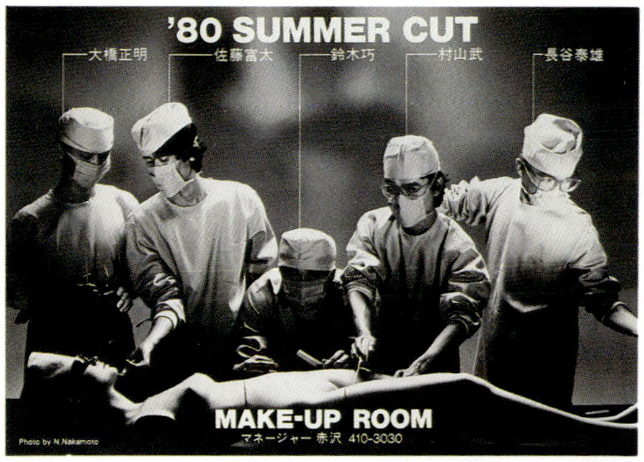

2

3

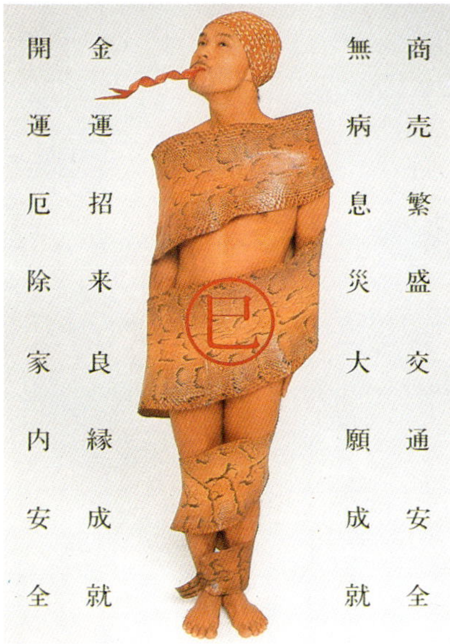

4

5

6

7

1
メーキャップルーム
暑中見舞　1982
CD, AD:長谷泰雄
D:佐村憲一
P:広川泰士
DF:㈲ナンバーワン・デザイン・オフィス
MAKE-UP ROOM
Mid-Summer Greetings 1982
CD, AD:Yasuo Hase
D:Kenichi Samura
P:Taishi Hirokawa
DF:Number One Design Office

2
メーキャップルーム
暑中見舞　1980
CD, AD:長谷泰雄
D:佐村憲一
P:中本徳豊
DF:㈲ナンバーワン・デザイン・オフィス
MAKE-UP ROOM
Mid-Summer Greetings 1980
CD, AD:Yasuo Hase
D:Kenichi Samura
P:Noritoyo Nakamoto
DF:Number One Design Office

3
メーキャップルーム
暑中見舞　1985
CD, AD:長谷泰雄
D:佐村憲一
P:日比野武男
DF:㈲ナンバーワン・デザイン・オフィス
MAKE-UP ROOM
Mid-Summer Greetings 1985
CD, AD:Yasuo Hase
D:Kenichi Samura
P:Takeo Hibino
DF:Number One Design Office

4
沖佐々木範幸
年賀状　1989
CD, CW:沖佐々木範幸
AD, D:佐村憲一
P:大沢尚芳
DF:㈲ナンバーワン・デザイン・オフィス
NORIYUKI OKISASAKI
New Year's Card 1989
CD, CW:Noriyuki Okisasaki
AD, D:Kenichi Samura
P:Hisayoshi Osawa
DF:Number One Design Office

5
沖佐々木範幸
暑中見舞　1987
CD:沖佐々木範幸
AD:㈱スタルカ
P:佐々木教平
NORIYUKI OKISASAKI
Mid-Summer Greetings 1987
CD:Noriyuki Okisasaki
AD:Stalka
P:Kyohei Sasaki

6
メーキャップルーム
年賀状　1983
CD, AD:長谷泰雄
D:佐村憲一
P:才所盛弘
DF:㈲ナンバーワン・デザイン・オフィス
MAKE-UP ROOM
New Year's Card 1983
CD, AD:Yasuo Hase
D:Kenichi Samura
P:Horihiro Saisho
DF:Number One Design Office

7
沖佐々木範幸
年賀状　1988
CD, CW:沖佐々木範幸
AD, D:佐村憲一
P:佐々木教平
DF:㈲ナンバーワン・デザイン・オフィス
NORIYUKI OKISASAKI
New Year's Card 1988
CD, CW:Noriyuki Okisasaki
AD, D:Kenichi Samura
P:Kyohei Sasaki
DF:Number One Design Office

1

2

3

4

5

6

7

8

1
ピーク・ア・ブー
年賀状　1990
AD:土屋直久
P:一色　仁
PEEK-A-BOO
New Year's Card 1990
AD:Naohisa Tsuchiya
P:Jin Isshiki

2
メーキャップルーム
暑中見舞　1989
AD:岡田日出夫
D:三澤満江子
P:田井夙虫
DF:㈲ナンバーワン・デザイン・オフィス
MAKE-UP ROOM
Mid-Summer Greetings 1989
AD:Hideo Okada
D:Mieko Misawa
P:Tsutomu Tai
DF:Number One Design Office

3 ,4
メーキャップルーム
暑中見舞　1986, 1987
CD, AD:長谷泰雄
D:佐村憲一
P:日比野武男
DF:㈲ナンバーワン・デザイン・オフィス
MAKE-UP ROOM
Mid-Summer Greetings 1986
CD, AD:Yasuo Hase
D:Kenichi Samura
P:Takeo Hibino
DF:Number One Design Office

5
ゴロー
年賀状　1989
AD:広村正彰
D, P:金子正剛
DF:スタジオ・イックス
GORO
New Year's Card 1989
AD:Masaaki Hiromura
D, P:Seigo Kaneko
DF:Studio Ikks

6-8
ウラヤ フォー ヘア
販促用カード　1989
CD:浦屋雅彦
AD, D:中島祐二
P:横山克己
HM:吉瀬麻由美
DF:中島デザイン事務所
URAYA FOR HAIR
Sales Promotion 1989
CD:Masahiko Uraya
AD, D:Yuji Nakajima
P:Katsumi Yokoyama
HM:Mayumi Kichise
DF:Nakajima Design Office

1

2

3

4

5

6

1
イデー
暑中見舞　1989
D:相川淳子
CL:黒崎貿易㈱
IDÉE
Mid-Summer Greetings 1989
D:Junko Aikawa
CL:Kurosaki Trading Co., Ltd.

2
デザインマトリックス
販促用カード　1988
AD, D:宮崎光弘
CL:㈱アクシス
DESIGN MATRIX
Sales Promotion 1988
AD, D:Mitsuhiro Miyazaki
CL:Axis Incorporated

3
チェアーズ
販促用カード　1986
D:野間義剛
P:稲越功一
CHAIRS
Sales Promotion 1986
D:Yoshitsuyo Noma
P:Koichi Inakoshi

4
チェアーズ
販促用カード　1990
D:野間義剛
P:T.Nacasa & Partners
CHAIRS
Sales Promotion 1990
D:Yoshitsuyo Noma
P:T.Nacasa & Partners

5
チェアーズ
販促用カード　1989
D:野間義剛
P:T.Nacasa & Partners
CHAIRS
Sales Promotion 1989
D:Yoshitsuyo Noma
P:T.Nacasa & Partners

6
チェアーズ
販促用カード　1987
D:野間義剛
P:T.Nacasa & Partners
CHAIRS
Sales Promotion 1987
D:Yoshitsuyo Noma
P:T.Nacasa & Partners

1

2

3

4

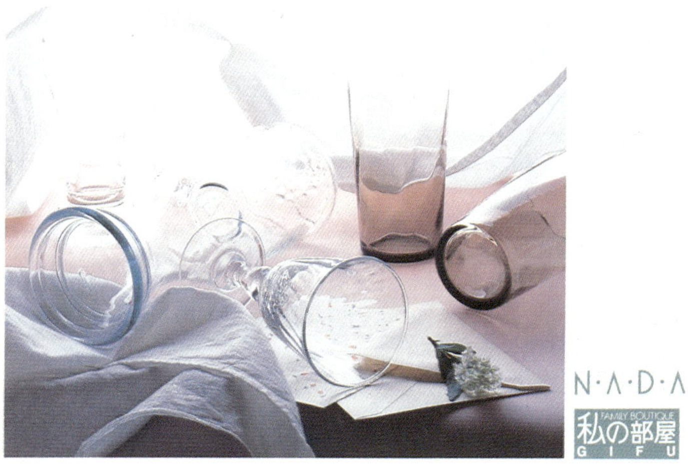

5

6

1
工房ポミワンネ
案内状　1987
AD:中川勇一
D:木谷祥子
P:片野守正
DF:キネマムーン
POMIWANNE
Announcement 1987
AD:Yuichi Nakagawa
D:Sachiko Kitani
P:Morimasa Katano
DF:Kinema Moon

2
キャトル・セゾン
案内状　1989
AD:長島弘幸
D:島田元子
P:ジャック　ジェカス
4 SAISON
Announcement 1989
AD:Hiroyuki Nagashima
D:Motoko Shimada
P:Jack Jacas

3, 4
ますど
案内状　1989
AD:軍司直人
P:高田　博
DF:㈲スタヂオ・ユニ
MASUDO
Announcement 1989
AD:Naoto Gunji
P:Hiroshi Takada
DF:Studio Uni

5
私の部屋 ギフ
案内状　1989
CD:大西　裕
AD, D:岡田光代
DF:㈲ナインハーフ
WATASHI NO HEYA GIFU
CD:Yutaka Onishi
AD, D:Mituyo Okada
DF:Nine Half Inc.

6
キップス
クリスマスカード　1989
AD:杉浦久夫
D:スタジオスーパーコンパス
P:北出博基
KIP'S
Christmas Card 1989
AD:Hisao Sugiura
D:Studio Super Compass
P:Hiroki Kitade

1

2

3

4

1-4
スーパーフリークス
年賀状 1990
D, P:寺田晋平
SUPER-FREAKS
New Year's Card 1990
D, P:Shimpei Teraguchi

1

2

1
オフィスK.Y
年賀状 1989
AD, I:羽原キリコ
D:岸 敬哲
DF:㈲アトリエ ノイ
AG:㈱現代衣学
OFFICE K.Y
New Year's Card 1989
AD, I:Kiriko Habara
D:Hironori Kishi
DF:Atelier New!! Inc.
AG:Gendaiigaku Co., Ltd.

2
オフィスK.Y
暑中見舞 1989
AD, I:羽原キリコ
D:岸 敬哲
DF:㈲アトリエ ノイ
AG:㈱現代衣学
OFFICE K.Y
Mid-Summer Greetings 1989
AD, I:Kiriko Habara
D:Hironori Kishi
DF:Atelier Neu!! Inc.
AG:Gendaiigaku Co., Ltd.

3

4

3
上海タイムズ
案内状 1988
CD, AD, D, I:石丸千里
DF:1000里プロダクション
CL:ワンダー貿易
SHANHAI TIMES
Announcement 1988
CD, AD, D, I:Chisato Ishimaru
DF:1000-Ri Production
CL:Wander Trading Co., Ltd.

4
パジャマヤ
販促用カード 1988
AD, D:岸 敬哲
P:幡山正人
I:羽原キリコ
DF:㈲アトリエ ノイ
AG:㈱現代衣学
PAJAMAYA
Sales Promotion 1988
AD, D:Hironori Kishi
P:Masato Hatayama
I:Kiriko Habara
DF:Atelier Neu!! Inc.
AG:Gendaiigaku Co., Ltd.

1

2

3

4

5

1
現代衣学
暑中見舞 1989
AD, D:岸 敬哲
P:幡山正人
DF:㈲アトリエ ノイ
GENDAIIGAKU
Mid-Summer Greetings 1989
AD, D:Hironori Kishi
P:Masato Hatayama
DF:Atelier Neu!! Inc.

2
FORDS
クリスマスカード 1989
AD, I:テリー ジョンスン
D:マイク スミス
DF:㈱フラミンゴスタジオ
FORDS
Christmas Card 1989
AD, I:Terry Johnson
D:Mike Smith
DF:Flamingo Studio Inc.

3
ニューニュー
販促用カード 1989
AD, D, I:綱野博文
NEW NEW
Sales Promotion 1989
AD, D, I:Hirofumi Tsunano

4
バースデー
販促用カード 1989
CD, P:西巻 眞
D:藪田洋嗣
I:松井康浩
DF:㈱リュリュ
BIRTHDAY
Sales Promotion 1989
CD, P:Makoto Nishimaki
D:Hirotsugu Yabuta
I:Yasuhiro Matsui
DF:Ryu-Ryu Co., Ltd.

5
ハッピードア
案内状 1984
AD, D, I:高橋えり子
CL:テアトル商事㈱
HAPPY DOOR
Announcement 1984
AD, D, I:Eriko Takahashi
CL:Theatre Shoji Co., Ltd.

1

2

3
4

1
ソナルト
販促用カード 1989
CD:木村 勝
AD:赤羽なつみ
D:坂本 功
P:大坪一行
DF:㈱パッケージング ディレクション
CL:ソナルト アンド カンパニー
ZONART
Sales Promotion 1989
CD:Katsu Kimura
AD:Natsumi Akabane
D:Isao Sakamoto
P:Ikko Otsubo
DF:Pakaging Direction Co., Ltd.
CL:Zonart & Co., Ltd.

2
ソナルト
販促用カード 1989
CD:木村 勝
AD:赤羽なつみ
D:坂本 功
P:大坪一行
DF:㈱パッケージング ディレクション
CL:ソナルト アンド カンパニー
ZONART
Sales Promotion 1989
CD:Katsu Kimura
AD:Natsumi Akabane
D:Isao Sakamoto
P:Ikko Otsubo
DF:Pakaging Direction Co., Ltd.
CL:Zonart & Co., Ltd.

3, 4
キネティクス
販促用カード 1989
CD:佐久間由紀子
AD:滝由佳理
D:高田純江
CL:㈱インタレスト
KINETICS
Sales Promotion 1989
CD:Yukiko Sakuma
AD:Yukari Taki
D:Sumie Takada
CL:Interest Incorporated

1
バー トロンメル
案内状　1988
D:中川勇一
DF:キネマムーン
BAR TROMMEL
Announcement 1988
D:Yuichi Nakagawa
DF:Kinema Moon

2
ゴールド
年賀状　1990
AD, D:㈱シーアール・プロット
CL:㈱エラ・インターナショナル
GOLD
New Year's Card 1990
AD, D:CR-Plot Co., Ltd.
CL:Era International

3
ラ・マルミット
案内状　1989
CD:大西　裕
AD, D, I, CW:岡田光代
DF:㈲ナインハーフ
LA MARMITTE
Announcement 1989
CD:Yutaka Onishi
AD, D, I, CW:Mitsuyo Okada
DF:Nine Half Inc.

4
ブルーノート
年賀状　1990
AD, D:森美恵子
DF:㈱Cカンパニー
CL:㈱ビー・エヌ・ジェイ
BLUE NOTE
New Year's Card 1990
AD, D:Mieko Mori
DF:C Company Limited.
CL:BNJ Inc.

5
ビストロカンパニャール
案内状　1988
AD:高原　宏
D:岡　真由美
DF:高原宏デザイン事務所
CL:㈱AXE
BISTROT CAMPAGNARD
Announcement 1988
AD:Hiroshi Takahara
D:Mayumi Oka
DF:Takahara Hiroshi Design Office
CL:AXE Co., Ltd.

6
TVジャンクション
案内状　1989
AD:高原　宏
D:平島みゆき
P:照沢康生
DF:高原宏デザイン事務所
TV JUNCTION
Announcement 1989
AD:Hiroshi Takahara
D:Miyuki Hirashima
P:Yasuo Terusawa
DF:Takahara Hiroshi Design Office

7
セーフティゾーン
案内状　1989
CD, CW:西巻　眞
AD, D, I:松井康浩
DF:㈱リュリュ
SAFTY ZONE
Announcement 1989
CD, CW:Makoto Nishimaki
AD, D, I:Yasuhiro Matsui
DF:Ryu-Ryu Co., Ltd.

1

2

3

4

5

6

7

1

2

3

4

5

1
クラブD
年賀状　1990
CD, D:塚原周三
I:三井田一成
DF:㈱シーアール・プロット
CLUB-D
New Year's Card 1990
CD, D:Shuzo Tsukahara
I:Kazunari Miida
DF:CR-Plot Co., Ltd.

2
イースターハウス
年賀状　1989
D, I, CW:石黒正造
EASTER HOUSE
New Year's Card 1989
D, I, CW:Shozo Ishiguro

3
テニスクラブ
販促用カード　1989
AD, D:中山　泰
DF:ザ・ナカヤマ・カンパニー
CL:ワールド・プランニング
TENNIS CLUB
Sales Promotion 1989
AD, D:Yasushi Nakayama
DF:The Nakayama Company
CL:World Planning

4
マーベラスカフェ・パシェ
販促用カード　1989
AD:中崎裕之
D:菊地雅志
I:喜戸享二
DF:㈱ガッシュ
AG:㈲KOプランニング
MARVELOUS CAFÉ PACHA
Sales Promotion 1989
AD:Hiroyuki Nakazaki
D:Masashi kikuchi
I:Kyoji Kado
DF:Gouache Co., Ltd.
AG:KO Planning Co., Ltd.

5
クラブD
年賀状　1988
AD, D:㈱シーアール・プロット
CLUB-D
New Year's Card 1988
AD, D:CR-Plot Co., Ltd.

1

2

3

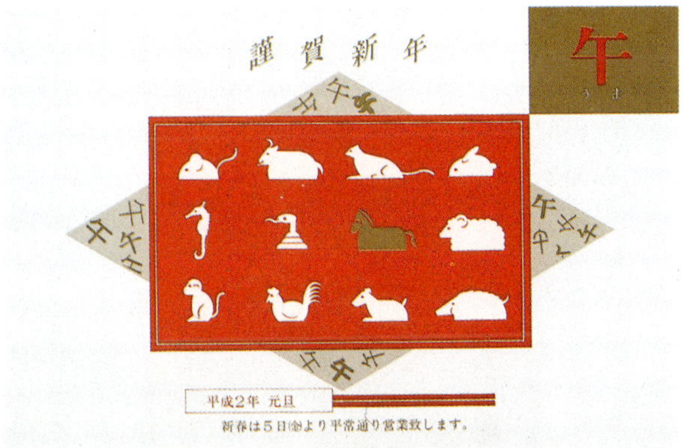

4

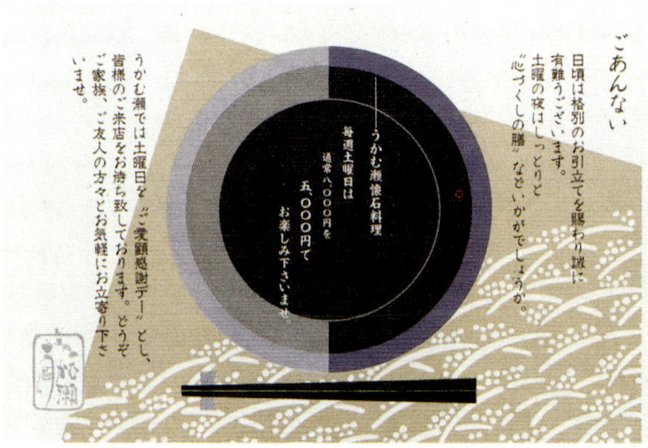

5

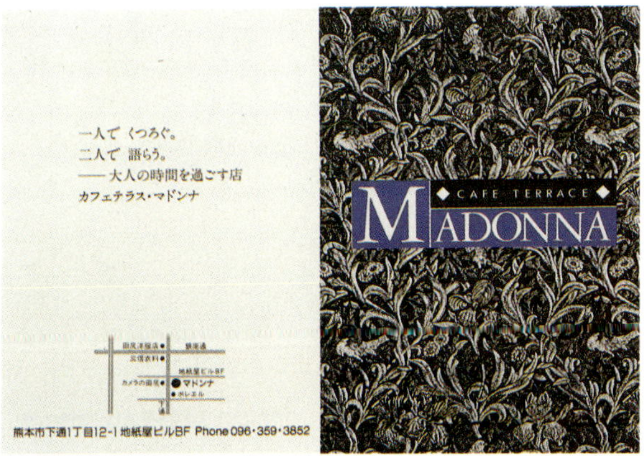

6

7

1
すぎ萬
販促用カード　1989
CD:大西　裕
D:岡田光代
P:佐々木隆良
DF:侑ナインハーフ
SUGIMAN
Sales Promotion 1989
CD:Yutaka Onishi
D:Mitsuyo Okada
P:Takayoshi Sasaki
DF:Nine Half Inc.

2
村上スッポン本舗
年賀状　1987
AD, D, P:吉田　誠
I:鄧　完白
DF:㈱プリズマ
MURAKAMI SUPPON HONPO
New Year's Card 1987
AD, D, P:Makoto Yoshida
I:Tou Kanpaku
DF:Prisma Co., Ltd.

3
村上スッポン本舗
年賀状　1988
AD, D:吉田　誠
P:南郷敏彦
I:森川春聰
DF:㈱プリズマ
MURAKAMI SUPPON HONPO
New Year's Card 1988
AD, D:Makoto Yoshida
P:Toshihiko Nango
I:Syunso Morikawa
DF:Prisma Co., Ltd.

4
ラウンジ山ざき
年賀状　1990
AD, D:伊藤圭子
DF:大和工芸企画
CL:ウミハタグループ
LORNGE YAMAZAKI
New Year's Card 1990
AD, D:Keiko Ito
DF:Daiwa Kogei Kikaku
CL:Umihata Group

5
うかむ瀬
案内状　1990
AD, D, CW:伊藤圭子
DF:大和工芸企画
CL:パーマリィ・イン・ホテル
UKAMUSE
Announcement 1990
AD, D, CW:Keiko Ito
DF:Daiwa Kogei Kikaku
CL:Palmary Inn Hotel

6
カフェテラス・マドンナ
案内状　1988
AD:友枝雄策
D:坂本公子
CW:友永ミオ
DF:友枝雄策事務所
CAFE TERRACE MADONNA
Announcement 1988
AD:Yusaku Tomoeda
D:Kimiko Sakamoto
CW:Mio Tomonaga
DF:Tomoeda Yusaku Design Office

7
オペラ
挨拶状　1989
AD, D:㈱シーアール・プロット
CL:ザンクインターナショナル
OPERA
Greetings 1989
AD, D:CR-Plot Co., Ltd.
CL:Zinc International

1

2

1
ギャラリーマニン
個展案内状　1989
D:飯田　淳
DF:㈱シャワーズ
GALLERY MANIN
Invitation to Exhibition 1989
D:Jun Iida
DF:Showers

2
東京デザイナーズスペース
個展案内状　1988
AD, D:梶谷芳郎
P, CW:岩切　等
A:衣田　豊
DF:梶谷デザイン室
TOKYO DESIGNERS SPACE
Invitation to Exhibition 1988
AD, D:Yoshiro Kajitani
P, CW:Hitoshi Iwakiri
A:Yutaka Yoda
DF:Kajitani Design Room

1
ギャラリーマニン
展覧会案内状　1990
D:飯田　淳
DF:㈱シャワーズ
GALLERY MANIN
Invitation to Exhibition 1990
D:Jun Iida
DF:Showers

2, 3
ギャラリーマニン
個展案内状　1988
D:飯田　淳
DF:㈱シャワーズ
GALLERY MANIN
Invitation to Exhibition 1988
D:Jun Iida
DF:Showers

1

2

3

1

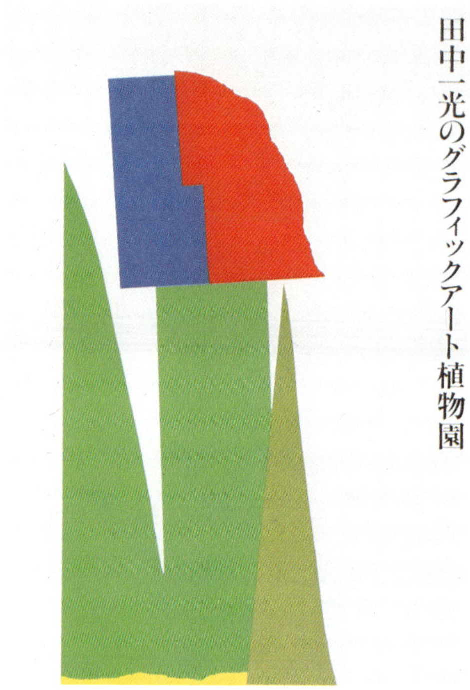

2

3

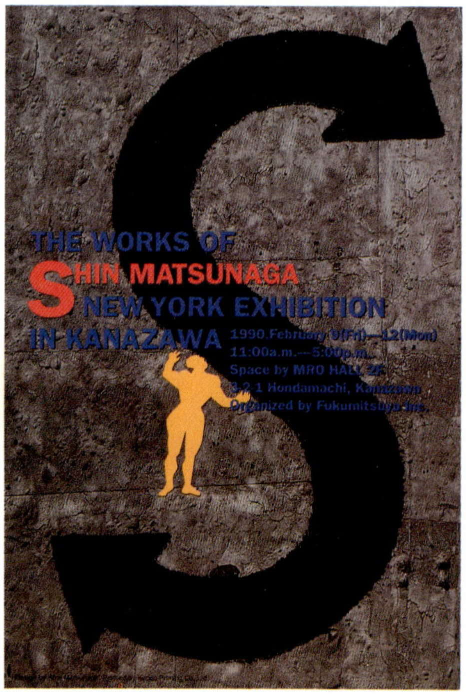

4

5

6

1
ギンザ・グラフィック・ギャラリー
個展案内状 1988
AD, D:田中一光
P:アービング ペン
DF:㈱田中一光デザイン室
GINZA GRAPHIC GALLERY
Invitation to Exhibition 1988
AD, D:Ikko Tanaka
P:Irving Penn
DF:Ikko Tanaka Design Studio

2
ギャラリー白
個展案内状 1990
AD, D:田中一光
DF:㈱田中一光デザイン室
GALLERY HAKU
Invitation to Exhibition 1990
AD, D:Ikko Tanaka
DF:Ikko Tanaka Design Studio

3
有楽町西武アート・フォーラム
個展案内状 1989
AD, D:田中一光
D:鈴木政紀
DF:㈱田中一光デザイン室
YURAKUCHO SEIBU ART FORUM
Invitation to Exhibition 1989
AD, D:Ikko Tanaka
D:Masaki Suzuki
DF:Ikko Tanaka Design Studio

4
MROホール
展覧会案内状 1990
AD, D, I:松永 真
DF:㈱松永真デザイン事務所
CL:㈱福光屋
MRO HALL
Invitation to Exhibition 1990
AD, D, I:Shin Matsunaga
DF:Shin Matsunaga Design Inc.
CL:Fukumitsuya Sake Brewery Co., Ltd.

5
ショーイングスペース"X"クロス
個展案内状 1989
AD, D:松永 真
DF:㈱松永真デザイン事務所
CL:㈱第一紙行
SHOWING SPACE "X" CROSS
Invitation to Exhibition 1989
AD, D:Shin Matsunaga
DF:Shin Matsunaga Design Inc.
CL:Daiichishiko Co., Ltd.

6
東京デザイナーズスペース
展覧会案内状 1989
AD, D:松永 真
DF:㈱松永真デザイン事務所
TOKYO DESIGNERS SPACE
Invitation to Exhibition 1989
AD, D:Shin Matsunaga
DF:Shin Matsunaga Design Inc.

1

2

3

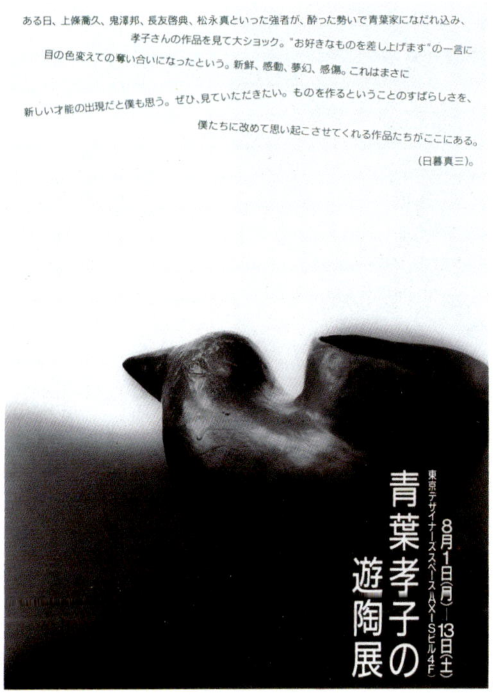

4

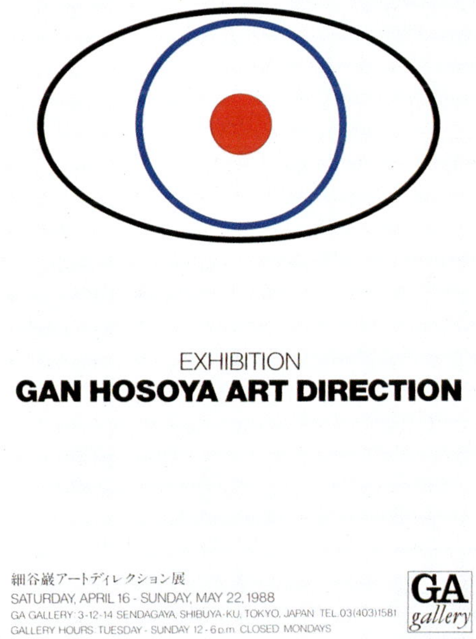

5

6

1
ジーエー・ギャラリー
個展案内状 1989
D:細谷 巖
O:ダニエル リベスキン
GA GALLERY
Invitation to Exhibition 1989
D:Gan Hosoya
O:Daniel Libeskind

2
ジーエー・ギャラリー
個展案内状 1989
D:細谷 巖
I:高松 伸
GA GALLERY
Invitation to Exhibition 1989
D:Gan Hosoya
I:Shin Takamatsu

3
ジーエー・ギャラリー
個展案内状 1983
D:細谷 巖
A:磯崎 新
GA GALLERY
Invitation to Exhibition 1983
D:Gan Hosoya
A:Arata Isozaki

4
東京デザイナーズスペース
個展案内状 1988
AD, D:松永 真
P:中本徳豊
CW:日暮真三
DF:株松永真デザイン事務所
TOKYO DESIGNERS SPACE
Invitation to Exhibition 1988
AD, D:Shin Matsunaga
P:Noritoyo Nakamoto
CW:Shinzo Higurashi
DF:Shin Matsunaga Design Inc.

5
ジーエー・ギャラリー
個展案内状 1988
D:細谷 巖
GA GALLERY
Invitation to Exhibition 1988
D:Gan Hosoya

6
朝日ギャラリー
展覧会案内状 1989
AD, D:田中一光
DF:株田中一光デザイン室
CL:竹中工務店
ASAHI GALLERY
Invitation to Exhibition 1989
AD, D:Ikko Tanaka
DF:Ikko Tanaka Design Studio
CL:Takenaka Corporation

1

2

3

4

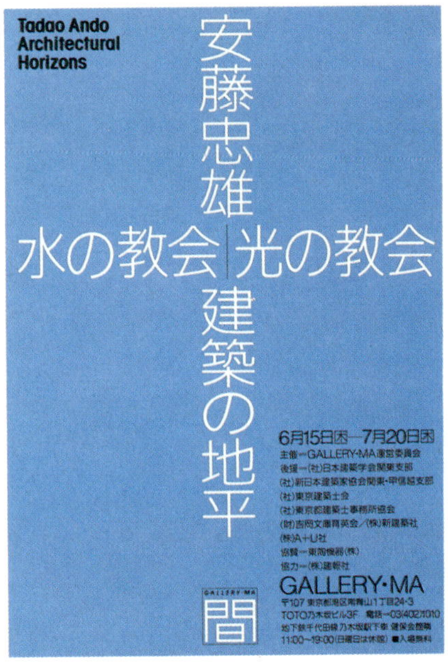

5

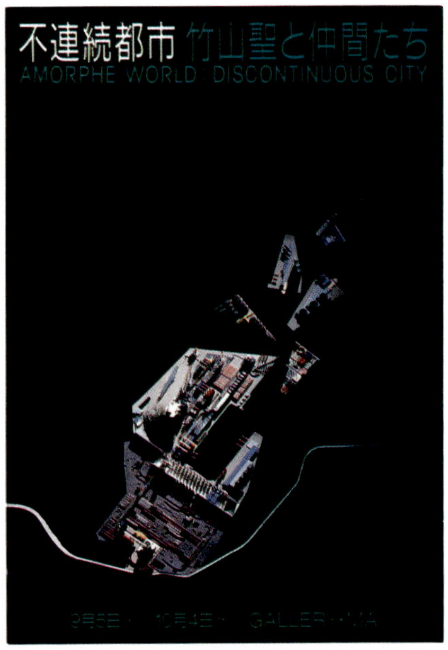

6

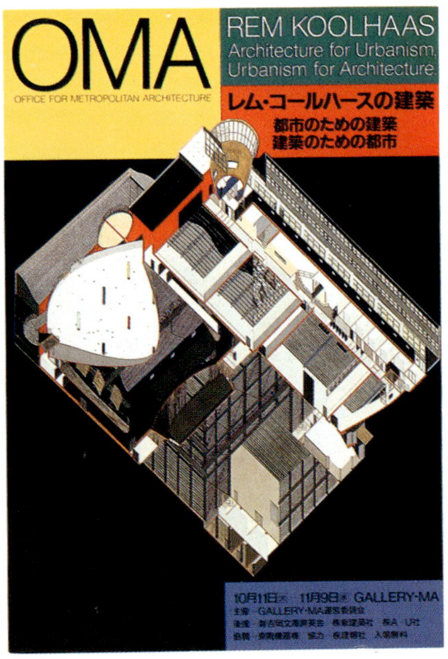

7

8

9

1, 7
ギャラリー 間
展覧会案内状 1988
AD:田中一光
D:秋田 寛
DF:㈱田中一光デザイン室
GALLERY MA
Invitation to Exhibition 1988
AD:Ikko Tanaka
D:Kan Akita
DF:Ikko Tanaka Design Studio

2
ギャラリー 間
展覧会案内状 1988
AD:田中一光
D:秋田 寛
I:六角鬼丈
DF:㈱田中一光デザイン室
GALLERY MA
Invitation to Exhibition 1988
AD:Ikko Tanaka
D:Kan Akita
I:Kijyo Rokkaku
DF:Ikko Tanaka Design Studio

3, 5, 8
ギャラリー 間
展覧会案内状 1989
AD:田中一光
D:秋田 寛
DF:㈱田中一光デザイン室
GALLERY MA
Invitation to Exhibition 1989
AD:Ikko Tanaka
D:Kan Akita
DF:Ikko Tanaka Design Studio

4
ギャラリー 間
展覧会案内状 1989
AD:田中一光
D:秋田 寛
I:内田 繁
DF:㈱田中一光デザイン室
GALLERY MA
Invitation to Exhibition 1989
AD:Ikko Tanaka
D:Kan Akita
I:Sigeru Uchida
DF:Ikko Tanaka Design Studio

6
ギャラリー 間
展覧会案内状 1989
AD:田中一光
D:秋田 寛
P:藤塚光政
DF:㈱田中一光デザイン室
GALLERY MA
Invitation to Exhibition 1989
AD:Ikko Tanaka
D:Kan Akita
P:Mitsumasa Fujitsuka
DF:Ikko Tanaka Design Studio

9
有楽町西武アート・フォーラム
展覧会案内状 1988
AD:田中一光
D:鈴木政紀
DF:㈱田中一光デザイン室
YURAKUCHO SEIBU
ART FORUM
Invitation to Exhibition 1988
AD:Ikko Tanaka
D:Masaki Suzuki
DF:Ikko Tanaka Design Studio

1

2

3

4

1
松屋銀座ギャラリー
個展案内状　1988
CD:水野皓司
AD:菅谷信彦
AD:佐藤秀雄
D:島田光男
P:岩村秀郷
CW:中野　薫
DF:㈱エム アンド エー
MATSUYA GINZA GALLERY
Invitation to Exhibition 1988
CD:Koji Mizuno
AD:Nobuhiko Sugaya
AD:Hideo Sato
D:Mitsuo Simada
P:Hidesato Iwamura
CL:Kaoru Nakano
DF:M&A Co., Ltd.

2
松屋銀座ギャラリー
個展案内状　1989
CD:水野皓司
AD:菅谷信彦
D:遠入仁子
DF:㈱エム アンド エー
MATSUYA GINZA GALLERY
Invitation to Exhibition 1989
CD:Koji Mizuno
AD:Nobuhiko Sugaya
D:Hiroko Ennyu
DF:M&A Co., Ltd.

3
松屋銀座ギャラリー
展覧会案内状　1989
CD:水野皓司
AD:菅谷信彦
D:遠入仁子
P:岩村秀郷
CW:中野　薫
DF:㈱エム アンド エー
MATSUYA GINZA GALLERY
Invitation to Exhibition 1989
CD:Koji Mizuno
AD:Nobuhiko Sugaya
D:Hiroko Ennyu
P:Hidesato Iwamura
CW:Kaoru Nakano
DF:M&A Co., Ltd.

4
松屋銀座ギャラリー
展覧会案内状　1989
CD:水野皓司
AD:菅谷信彦
D:遠入仁子
P:与儀達二
CW:中野　薫
DF:㈱エム アンド エー
MATSUYA GINZA GALLERY
Invitation to Exhibition 1989
CD:Koji Mizuno
AD:Nobuhiko Sugaya
D:Hiroko Ennyu
P:Tatsuji Yogi
CW:Kaoru Nakano
DF:M&A Co., Ltd.

1

2

3

4

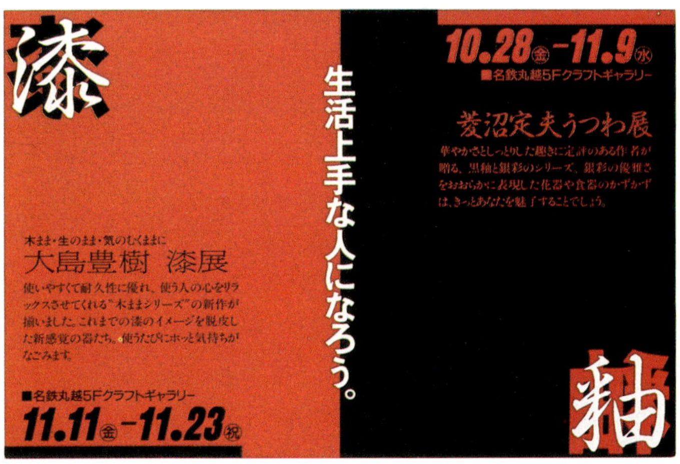

5

6

1
ギャラリー玄海
展覧会案内状　1990
CD:落合徳幸
AD:吉田和枝
D:岩波智絵
P:海田　悠
CL:朝倉広美
AG:アートファクトリー
GALLERY GENKAI
Invitation to Exhibition 1990
CD:Noriyuki Ochiai
AD:Kazue Yoshida
D:Tomoe Iwanami
P:You Kaida
CW:Hiromi Asakura
AG:Art Factory

2
アートスペースKEIHO
案内状　1987
AD, D:野村和久
P:松岡光雄
DF:野村デザイン室
ART SPACE KEIHO
Announcement 1987
AD, D:Kazuhisa Nomura
P:Mitsuo Matsuoka
DF:Nomura Design Office.

3
大月真珠
案内状　1989
CD, CW:山村純一
AD:長井敏勝
D:上前祐司
DF:㈱ディレクターズインク
AG:㈱神戸新聞事業社
OHTSUKI PEARL
Announcement 1989
CD, CW:Junichi Yamamura
AD:Toshikatsu Nagai
D:Yuji Uemae
DF:Directors Inc.
AG:Kobe Shinbun Jigyosha Co., Ltd.

4
東京デザイナーズスペース
個展案内状　1987
AD, D:南部俊安
DF:㈲テイスト
TOKYO DESIGNERS SPACE
Invitation to Exhibition 1987
AD, D:Toshiyasu Nanbu
DF:Taste Inc.

5
名鉄丸越クラフトギャラリー
個展案内状　1989
D:高田初恵
CW:大波加光男
DF:㈱バルデザイングループ
CL:クラフトA
MEITETSU MARUKOSHI CRAFT GALLERY
Invitation to Exhibition 1989
D:Hatsue Takada
CW:Mitsuo Ohaka
DF:Val Design Group Co., Ltd.
CL:Craft A

6
名鉄丸越クラフトギャラリー
個展案内状　1989
D:高田初恵
CW:大波加光男
DF:㈱バルデザイングループ
CL:クラフトA
MEITETSU MARUKOSHI CRAFT GALLERY
Invitation to Exhibition 1989
D:Hatsue Takada
CW:Mitsuo Ohaka
DF:Val Design Group Co., Ltd.
CL:Craft A

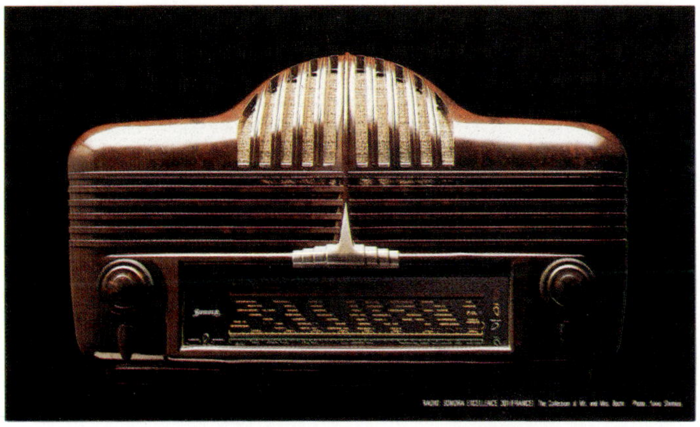

1

2

3

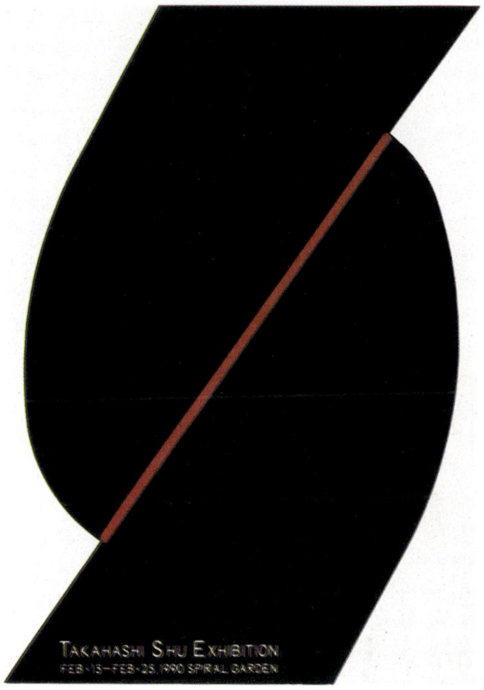

4

5

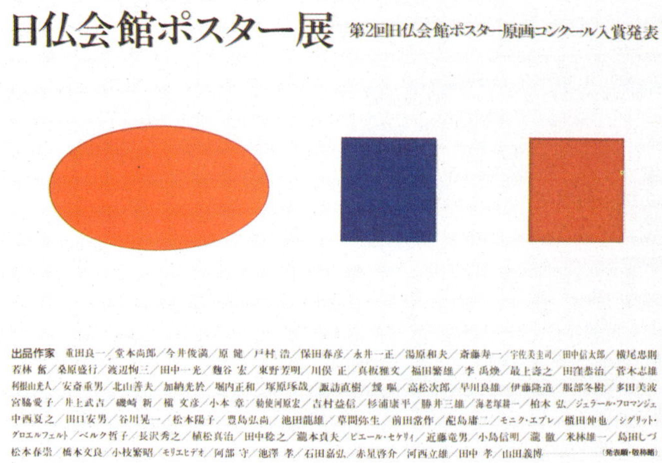

6

1
アクシス ギャラリー
個展案内状 1987
AD, D:宮崎光弘
P:清水行雄
AXIS GALLERY
Invitation to Exhibition 1987
AD, D:Mitsuhiro Miyazaki
P:Yukio Shimizu

2
アクシス ギャラリー
個展案内状 1988
AD, D:宮崎光弘
AXIS GALLERY
Invitation to Exhibition 1988
AD, D:Mitsuhiro Miyazaki

3
アクシス ギャラリー
個展案内状 1988
AD, D:宮崎光弘
D:小湊好治
AXIS GALLERY
Invitation to Exhibition 1988
AD, D:Mitsuhiro Miyazaki
D:Koji Kominato

4
ワコール アートセンター
個展案内状 1990
AD:吉田 臣
D:坂井昭夫
A:高橋 秀
DF:コミュニケーション・アーツ・R
WACOAL ART CENTER
Invitation to Exhibition 1990
AD:Shin Yoshida
D:Akio Sakai
A:Shu Takahashi
DF:Communication Arts R

5
ギャラリー 間
展覧会案内状 1989
AD:田中一光
D:秋田 寛
DF:㈱田中一光デザイン室
GALLERY MA
Invitation to Exhibition 1989
AD:Ikko Tanaka
D:Kan Akita
DF:Ikko Tanaka Design Studio

6
有楽町西武アート・フォーラム
展覧会案内状 1989
AD:田中一光
D:鈴木政紀
DF:㈱田中一光デザイン室
YURAKUCHO SEIBU ART FORUM
Invitation to Exhibition 1989
AD:Ikko Tanaka
D:Masaki Suzuki
DF:Ikko Tanaka Design Studio

1, 2, 3
パルコ クリフォード・ギャラリー
市販カード 1988
CD, AD, D:山形季央
P:清水行雄
PARCO CLIFFORD GALLERY
General Purpose 1988
CD, AD, D:Toshio Yamagata
P:Yukio Simizu

CREATORS

1-6
佐藤晃一
年賀状　1982-1990
AD, D, I:佐藤晃一
KOICHI SATO
New Year's Card 1990
AD, D, I:Koichi Sato

1 2 3 4 5 6

1, 2
榎戸文彦
市販カード
AD, D, I:榎戸文彦
FUMIHIKO ENOKIDO
General Purpose
AD, D, I:Fumihiko Enokido

3
米島比呂也
年賀状 1989
AD, D:米島比呂也
HIROYA YONESHIMA
New Year's Card 1989
AD, D:Hiroya Yoneshima

4
アイデザイン
暑中見舞
AD, D, I:民 芳勝
AI DESIGN
Mid-Summer Greetings
AD, D, I:Yoshikatsu Tami

5
野村和久
年賀状 1987
AD, D, I:野村和久
DF:野村デザイン室
KAZUHISA NOMURA
New Year's Card 1987
AD, D, I:Kazuhisa Nomura
DF:Nomura Design Office.

6
レイ・コーポレーション
年賀状 1990
CD:張間哲男
AD:桑田智紀
D:新美 稔
P:湊 雅博
REI CORPORATION
New Year's Card 1990
CD:Tetsuo Harima
AD:Motoki Kuwata
D:Minoru Niimi
P:Masahiro Minato

7
広告丸
年賀状 1988
CD:橘 正博
AD:高橋善丸
D:吉田英幸
P:藪内英俊
CW:南 好恵
CL:東急ハンズ三宮
KOUKOKUMARU
New Year's Card 1988
CD:Masahiro Tachibana
AD:Yoshimaru Takahashi
D:Hideyuki Yoshida
P:Hidetoshi Yabuuchi
CW:Yoshie Minami
CL:Tokyu Hands Sannomiya

8
瀬口デザイン事務所
年賀状 1987
AD:瀬口善之
D:土屋静江
D:間野 亨
P:永田忠利
CW:橋本繁美
SEGUCHI DESIGN OFFICE
New Year's Card 1987
AD:Yoshiyuki Seguchi
D:Shizuka Tsuchiya
D:Toru Mano
P:Tadatoshi Nagata
CW:Shigemi Hashimoto

1

2

3

4

5

6

7

8

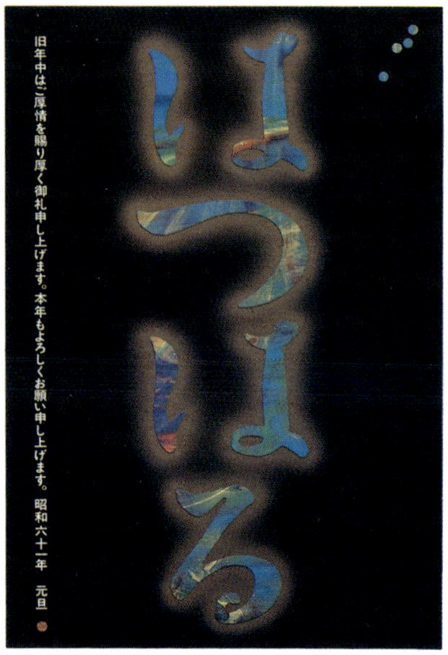

1

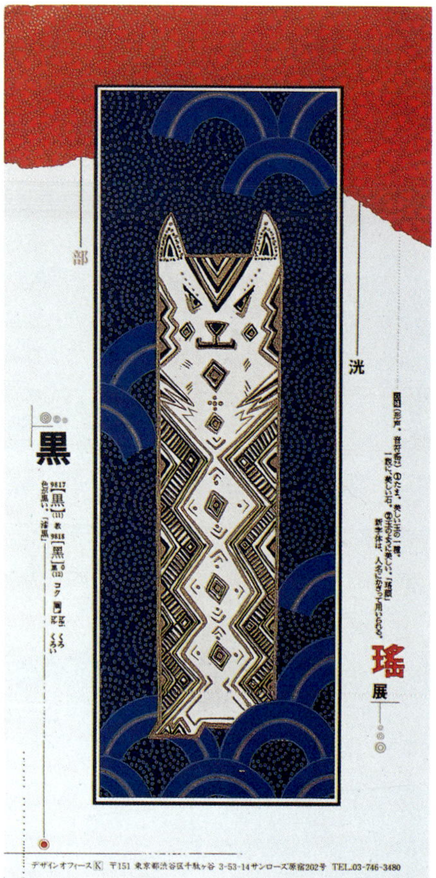

2

3

4

5

6

7

8

1
高野倉善教
年賀状　1986
AD, D, I:高野倉善教
DF:㈱アドマルク
CL:興和商事㈱
YOSHINORI TAKANOKURA
New Year's Card 1986
AD, D, I:Yoshinori Takanokura
DF:Admark Co., Ltd.
CL:Kowa Shoji Co., Ltd.

2
デザイン・オフィース・ケイ
展覧会案内状　1989
CD, D, I:平井裕一郎
DESIGN OFFICE K
Invitation to Exhibition 1989
CD, D, I:Yuichiro Hirai

3
小森三二
個人作品　1986
AD, D, I:小森三二
CL:シドニー芸術大学
SANJI KOMORI
Self Promotion 1986
AD, D, I:Sanji Komori
CL:Sydney College of The Art

4
ミスター88
年賀状　1989
CD, AD, D:松本隆治
MR. 88
New Year's Card 1989
CD,AD,D:Takaharu Matsumoto

5
中村　実
年賀状　1989
AD, I, CW:中村　実
P:高原　健
MINORU NAKAMURA
New Year's Card 1989
AD, I, CW:Minoru Nakamura
P:Takeshi Takahara

6
中谷匡児デザイン室
年賀状　1989
AD, D:中谷匡児
P:一色直裕
CL:㈱佐々重
KYOJI NAKATANI
DESIGN OFFICE
New Year's Card 1989
AD, D:Kyoji Nakatani
P:Naohiro Isshiki
CL:Sasaju Co., Ltd.

7
瀬口デザイン事務所
AD:瀬口善之
D:土屋静佳
D:間野　亨
P:永田忠利
CW:橋本繁美
SEGUCHI DESIGN OFFICE
AD:Yoshiyuki Seguchi
D:Shizuka Tsuchiya
D:Toru Mano
P:Tadatoshi Nagata
CW:Shigemi Hashimoto

8
広告丸
案内状　1989
AD, D:高橋善丸
CL:寿精版印刷㈱
KOUKOKUMARU
Announcement 1989
AD, D:Yoshimaru Takahashi
CL:Kotobukiseihan Co., Ltd.

1
イクスース・アゴラ
年賀状
AD:イクスース・アゴラ
D:富田ルツ
I:小島美代子
CL:日本アシュトン・テイト㈱
IKUSŪSU AGORA
New Year's Card
AD:Ikusūsu Agora
D:Ruth Tomita
I:Miyoko Kojima
CL:Nippon Ashton-Tate Co., Ltd.

2
石井孝人
年賀状 1989
AD, D, I:石井孝人
TAKATO ISHII
New Year's Card 1989
AD, D, I:Takato Ishii

3
佐藤淳デザイン室
年賀状 1989
AD, D:佐藤 淳
I:佐藤啓子
CL:ギャラリーインターフォーム
JUN SATO DESIGN
New Year's Card 1989
AD, D:Jun Sato
I:Keiko Sato
CL:Gallery Interform

4
バルデザイングループ
年賀状 1988
AD, D:吉田真人
CW:大波加光男
VAL DESIGN GROUP
New Year's Card 1988
AD, D:Mabito Yoshida
CW:Mitsuo Ohaka

5
中谷匡児デザイン室
年賀状 1988
AD, D:中谷匡児
KYOJI NAKATANI DESIGN OFFICE
New Year's Card 1988
AD, D:Kyoji Nakatani

6
じょな じょい
挨拶状 1989
AD, D, I:じょな じょい
JONA JOY
Greetings 1989
AD, D, I:Jona Joy

7
永井辰雄
年賀状 1983
CD, AD, D, I:永井辰雄
DF:㈱ナガイデザインスタジオ
TATSUO NAGAI
New Year's Card 1983
CD, AD, D, I:Tatsuo Nagai
DF:Nagai Design Studio Co.,

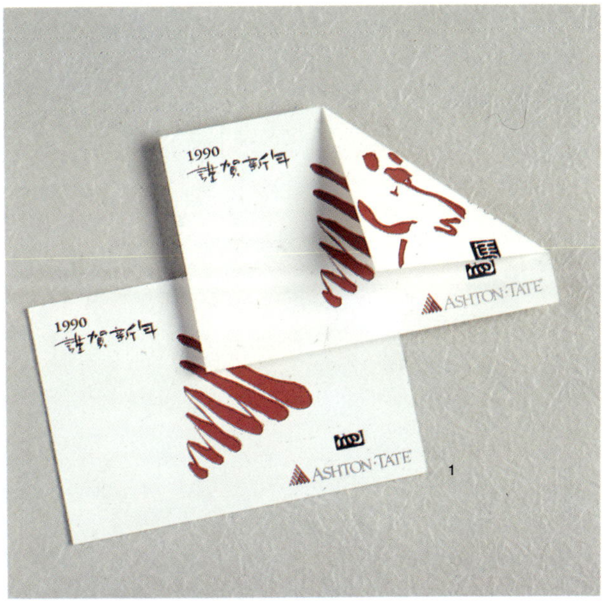

1

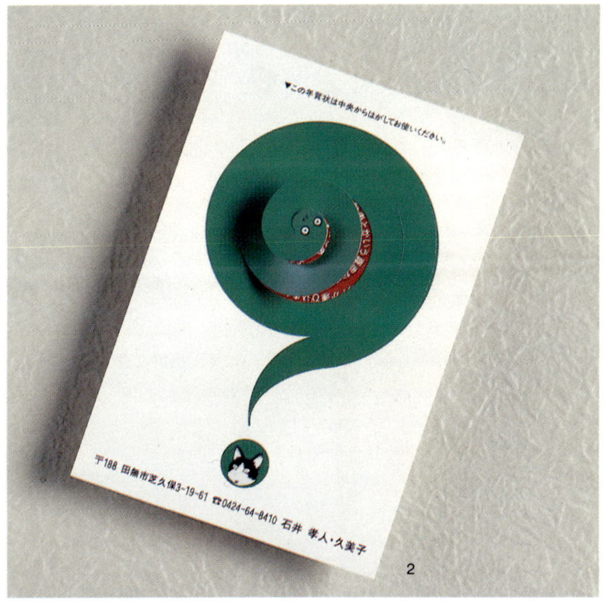

2

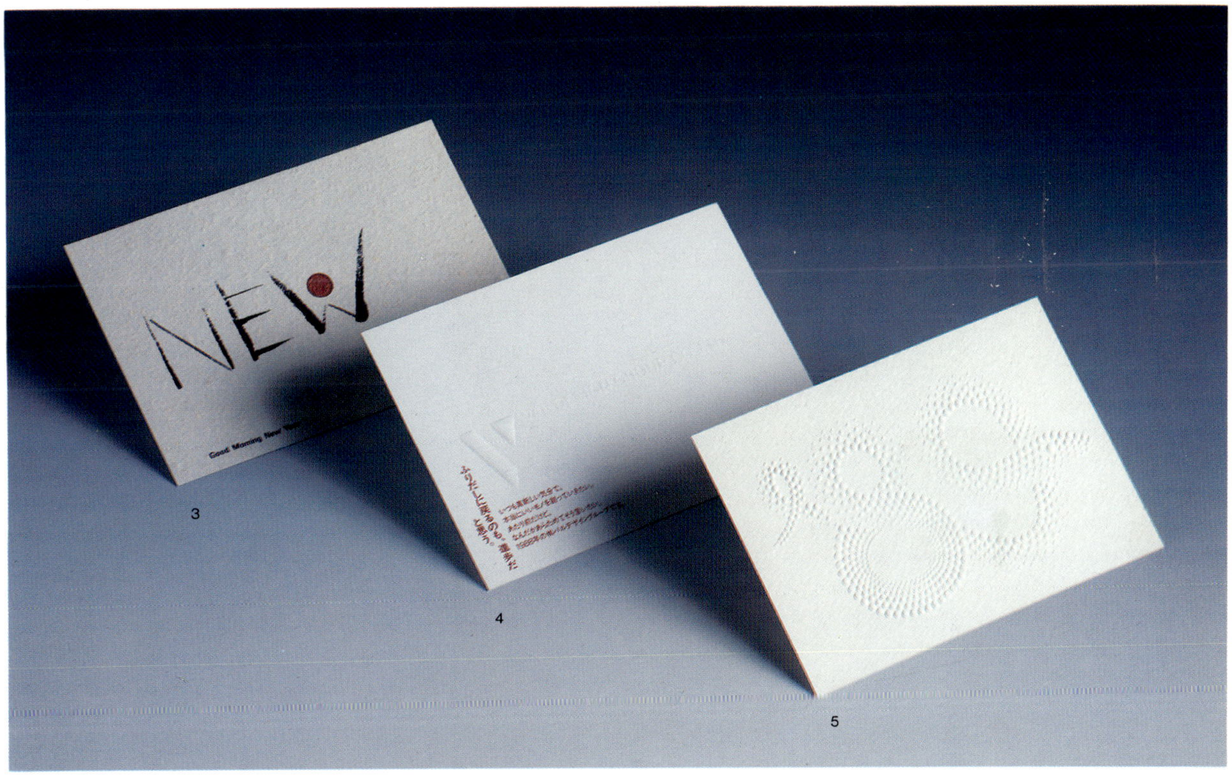

3
4
5

6

7

1

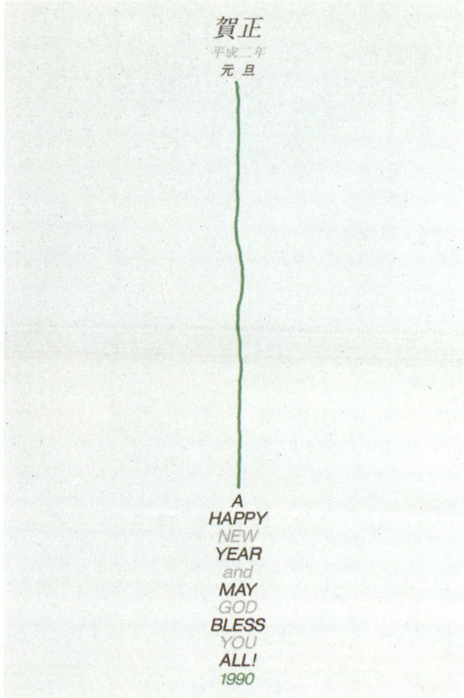

2

3

1
東　学
年賀状　1987
D:東　学
CL:㈱エーシー
GAKU AZUMA
New Year's Card 1987
D:Gaku Azuma
CL:AC Co., Ltd.

2
ライズデザインオフィス
年賀状　1990
AD, D:山田隆二
RY'S DESIGN OFFICE
New Year's Card 1990
AD, D:Ryuji Yamada

3
ニックスアドバタイジング
年賀状　1987
AD, D, I:久保和正
NIX ADVERTISING
New Year's Card 1987
AD, D, I:Kazumasa Kubo

4
木村経典
年賀状　1990
AD, D:木村経典
KEISUKE KIMURA
New Year's Card 1990
AD, D:Keisuke Kimura

5
福島　博
年賀状　1990
AD, D, I:福島　博
HIROSHI FUKUSHIMA
New Year's Card 1990
AD, D, I:Hiroshi Fukushima

6
グラフィックス・インターナショナル
年賀状　1989
D, I:高木義明
CL:高木義明
GRAFIX INTERNATIONAL
New Year's Card 1989
D, I:Yoshiaki Takagi
CL:Yoshiaki Takagi

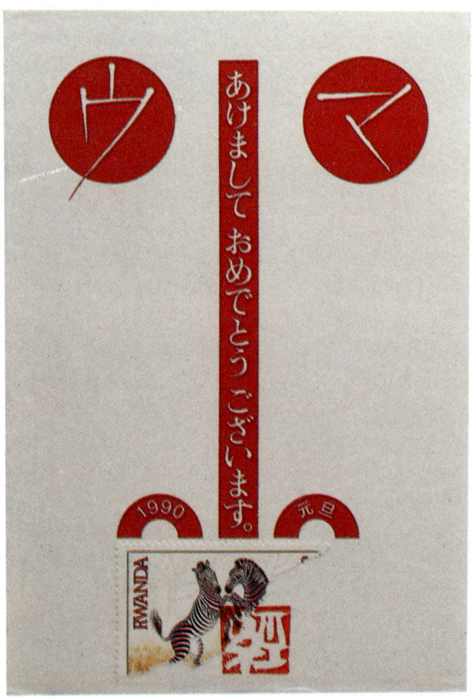

4

5

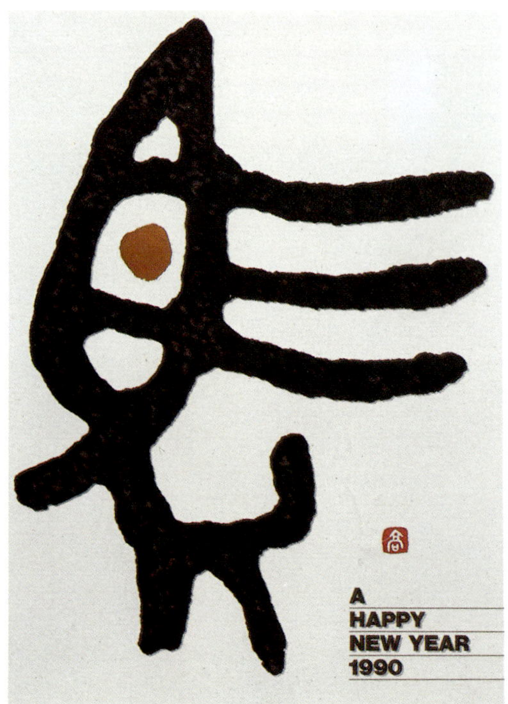

6

1

2

3

1
森島スタジオ
年賀状 1981
D, I, CW:森島 紘
DF:タイム・スペース・アート㈱
MORISHIMA STUDIO
New Year's Card 1981
D, I, CW:Hiroshi Morishima
DF:Time-Space-Art Inc.

2
タイム・スペース・アート
挨拶状 1985
D, I, CW:森島 紘
TIME-SPACE-ART
Greetings 1985
D, I, CW:Hiroshi Morishima

3
福島 博
年賀状 1981
AD, D, I:福島 博
HIROSHI FUKUSHIMA
New Year's Card 1981
AD, D, I:Hiroshi Fukushima

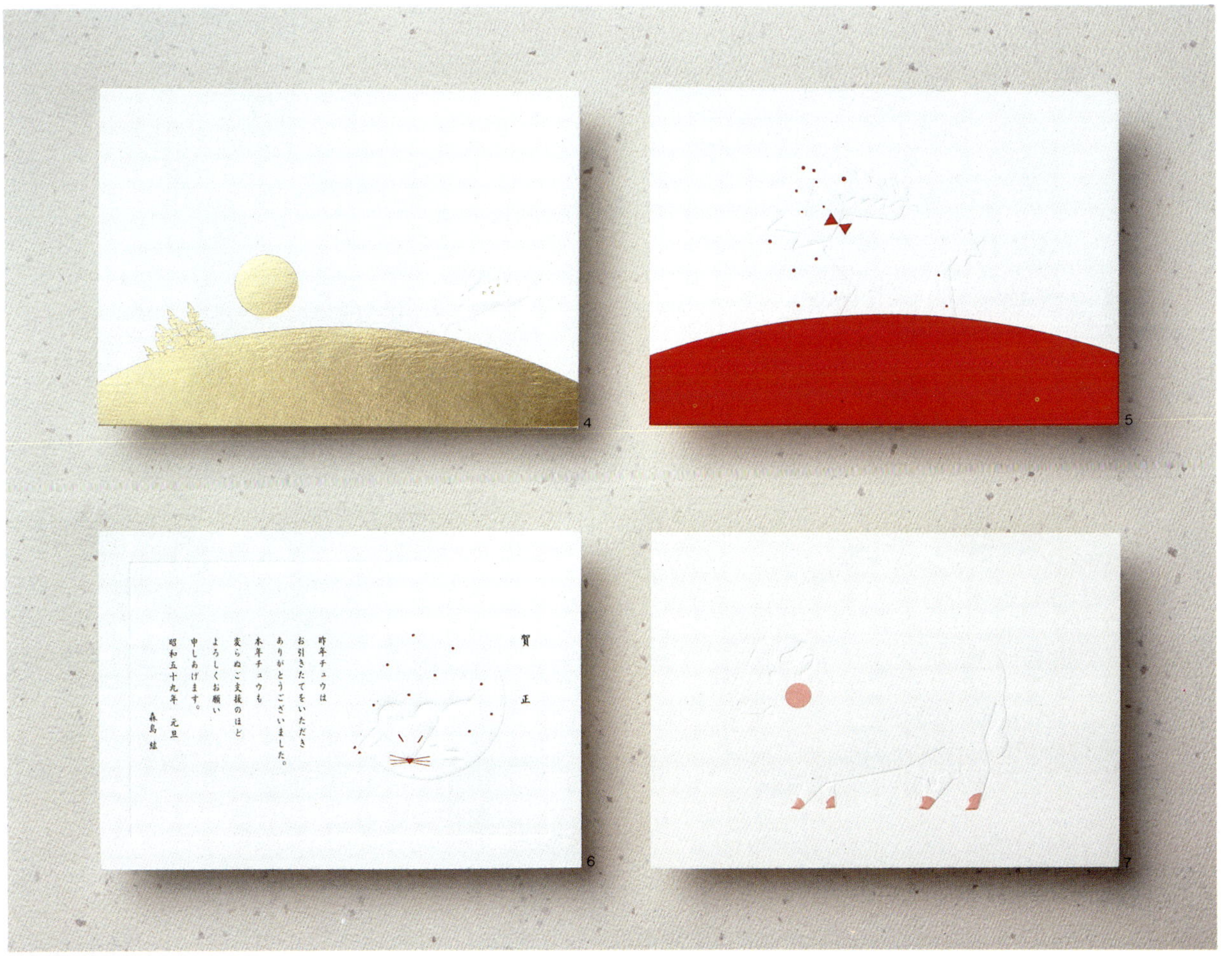

4
タイム・スペース・アート
年賀状 1986
D, I, CW:森島 紘
TIME-SPACE-ART
New Year's Card 1986
D, I, CW:Hiroshi Morishima

5
タイム・スペース・アート
年賀状 1987
D, I, CW:森島 紘
TIME-SPACE-ART
New Year's Card 1987
D, I, CW:Hiroshi Morishima

6
森島スタジオ
年賀状 1983
D, I, CW:森島 紘
DF:タイム・スペース・アート㈱
MORISHIMA STUDIO
New Year's Card 1983
D, I, CW:Hiroshi Morishima
DF:Time-Space-Art Inc.

7
タイム・スペース・アート
年賀状 1985
D, I, CW:森島 紘
TIME-SPACE-ART
New Year's Card 1985
D, I, CW:Hiroshi Morishima

1

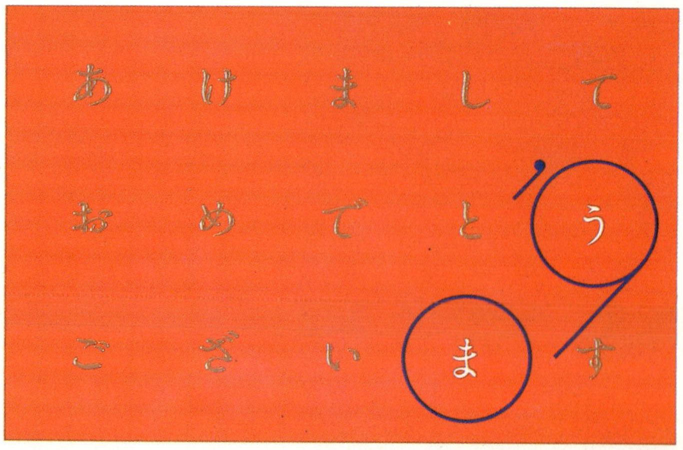

2

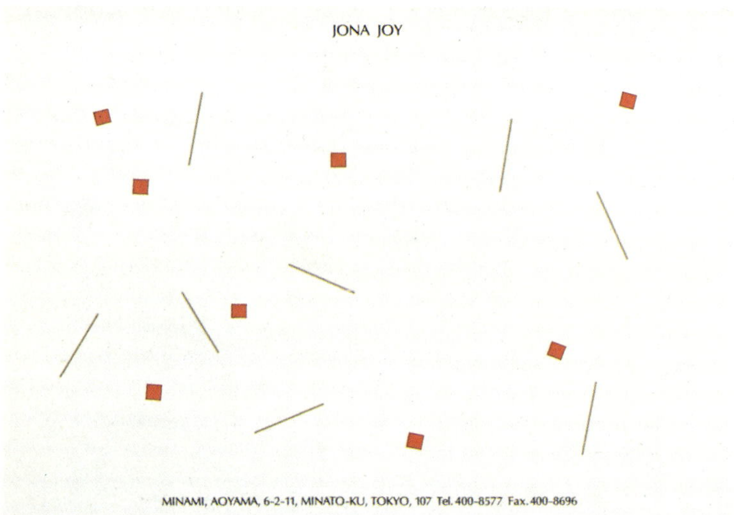

3

4

5

6

1
アクシス
年賀状　1990
AD, D:宮崎光弘
AXIS
New Year's Card 1990
AD, D:Mitsuhiro Miyazaki

2
中谷匡児デザイン室
年賀状　1990
AD, D:中谷匡児
KYOJI NAKATANI DESIGN OFFICE
New Year's Card 1990
AD, D:Kyoji Nakatani

3
じょな じょい
個展案内状　1984
AD, D, I:じょな じょい
JONA JOY
Invitation to Exhibition 1984
AD, D, I:Jona Joy

4
松永　真
年賀状　1990
AD, D:松永　真
DF:㈱松永真デザイン事務所
CL:㈱福光屋
SHIN MATSUNAGA
New Year's Card 1990
AD, D:Shin Matsunaga
DF:Shin Matsunaga Design Inc.
CL:Fukumitsuya Sake Brewery Co., Ltd.

5
友枝雄策事務所
年賀状　1990
AD, D:坂本公子
CL:温故知新
TOMOEDA YUSAKU DESIGN OFFICE
New Year's Card 1990
AD:Kimiko Sakamoto
CL:Onko Chishin

6
南部俊安
年賀状　1987
AD, D:南部俊安
DF:㈲テイスト
TOSHIYASU NANBU
New Year's Card 1987
AD, D:Toshiyasu Nanbu
DF:Taste Inc.

1

2

3

4

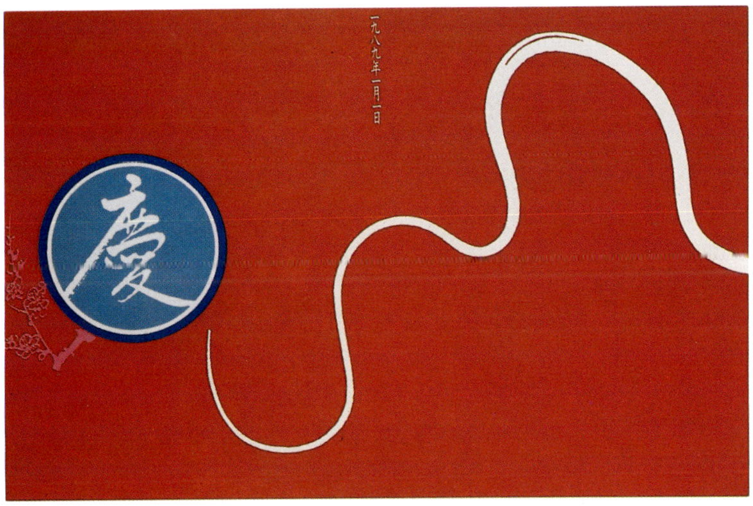

5

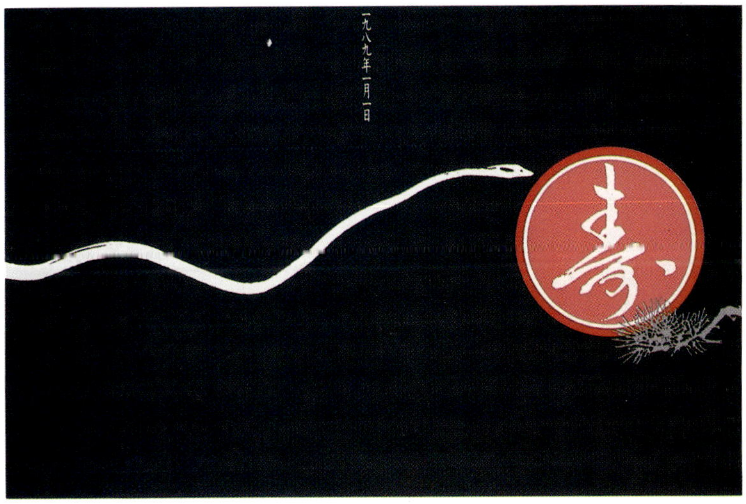

6

1
プロップ 1
年賀状　1989
AD, D, P, CW:水谷諭史
PROP. 1
New Year's Card 1989
AD, D, P, CW:Satoshi Mizutani

2
ネプチューン
年賀状　1987
D:松木良介
NEPTUNE
New Year's Card 1987
D:Ryosuke Matsuki

3
西崎セツコ
年賀状　1987
D:西崎セツコ
DF:㈱ネプチューン
SETSUKO NISHIZAKI
New Year's Card 1987
D:Setsuko Nishizaki
DF:Neptune Corporation

4
脇田デザイン事務所
年賀状　1990
AD, D:脇田　宏
WAKITA DESIGN OFFICE
New Year's Card 1990
AD, D:Hiroshi Wakita

5, 6
広告丸
年賀状　1989
AD, D:高橋善丸
KOUKOKUMARU
New Year's Card 1989
AD, D:Yoshimaru Takahashi

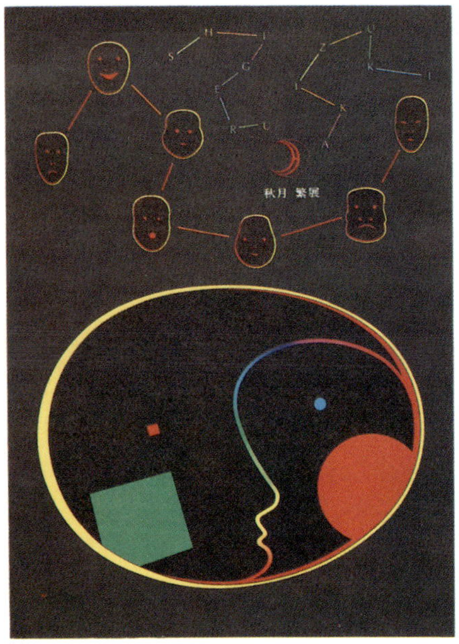

1

2

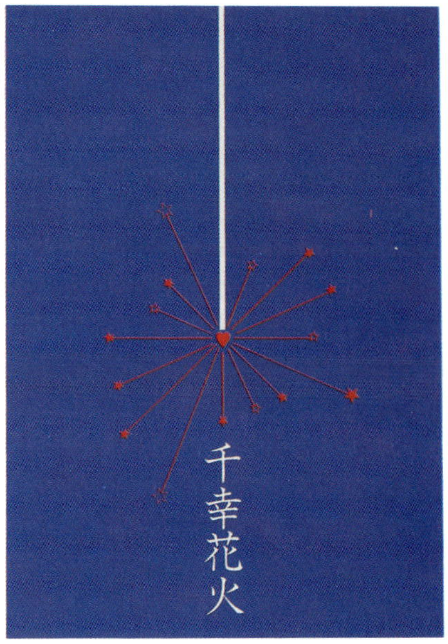

3

4

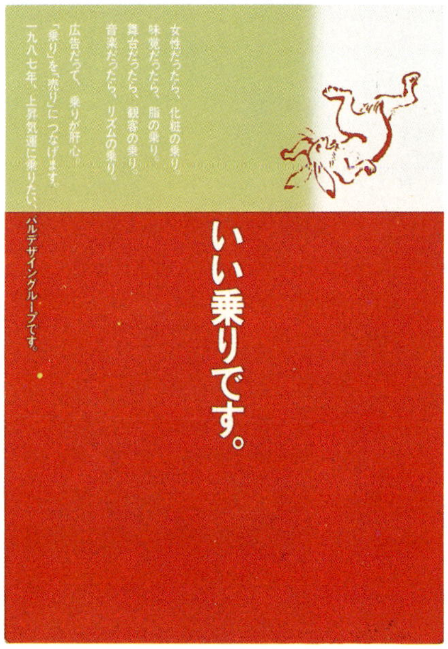

5

6

7

8

9

1
秋月　繁
個展案内状　1990
AD, D, I:秋月　繁
CL:ギンザグラフィックギャラリー
SHIGERU AKIZUKI
AD, D, I:Shigeru Akizuki
CL:Ginza Graphic Gallery

2
江藤浩二
年賀状　1989
D:江藤浩二
DF:㈱ネプチューンアール
KOJI ETO
New Year's Card 1989
D:Koji Eto
DF:Neptune Research & Development

3
植草庄治
暑中見舞　1986
AD, D:植草庄治
CL:横山祐二・宣代
SHOJI UEKUSA
Mid-Summer Greetings 1986
AD, D:Shoji Uekusa
CL:Yuji & Nobuyo Yokoyama

4
クラスメディア エージェンシー
年賀状　1989
D:相羽美典
I:相羽高典
CL:亀田総合病院
CLASS MEDIA AGENCY
New Year's Card 1989
D:Yoshinori Aiba
I:Takanori Aiba
CL:Kameda Medical System

5
バルデザイングループ
年賀状　1987
AD, D:吉田真人
CL:大波加光男
VAL DESIGN GROUP
New Year's Card 1987
AD, D:Mabito Yoshida
CL:Mitsuo Ohaka

6
ネプチューン
年賀状　1988
AD, D:西崎セツコ
CL:タタラハイホーム
NEPTUNE
New Year's Card 1988
AD, D:Setsuko Nishizaki
CL:Tatara Hi-Home.

7
ディレクターズインク
年賀状　1990
CD, CW:山村純一
AD, D:長井敏勝
DIRECTORS INC.
New Year's Card 1990
CD, CW:Junichi Yamamura
AD, D:Toshikatsu Nagai

8
デザイニングオフィス インテックス
年賀状　1989
AD, D:中田吉穂
DESIGNING OFFICE INTEX
New Year's Card 1989
AD, D:Yoshiho Nakata

9
シーダッシュ
年賀状　1990
AD, D:清水節江
CL:こしみず幸三
C'［Si:dæʃ］
New Year's Card 1990
AD, D:Setsue Shimizu
CL:Kozo Koshimisu

1

2

3

1
田中　晋
年賀状　1986
AD, D:田中　晋
SHIN TANAKA
New Year's Card 1986
AD, D:Shin Tanaka

2
田中　晋
年賀状　1987
AD, D:田中　晋
SHIN TANAKA
New Year's Card 1987
AD, D:Shin Tanaka

3
田中　晋
年賀状　1988
AD, D:田中　晋
SHIN TANAKA
New Year's Card 1988
AD, D:Shin Tanaka

4
勝井三雄
個人作品　1982
AD, D:勝井三雄
MITSUO KATSUI
Self Promotion　1982
AD, D:Mitsuo Katsui

5
勝井三雄
個人作品　1986
AD, D:勝井三雄
MITSUO KATSUI
Self Promotion　1986
AD, D:Mitsuo Katsui

6
勝井三雄
個人作品　1987
AD, D:勝井三雄
MITSUO KATSUI
Self Promotion　1987
AD, D:Mitsuo Katsui

4

5

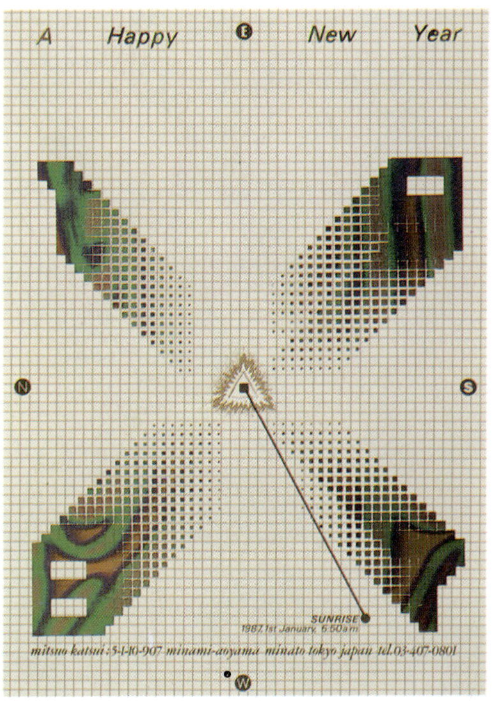

6

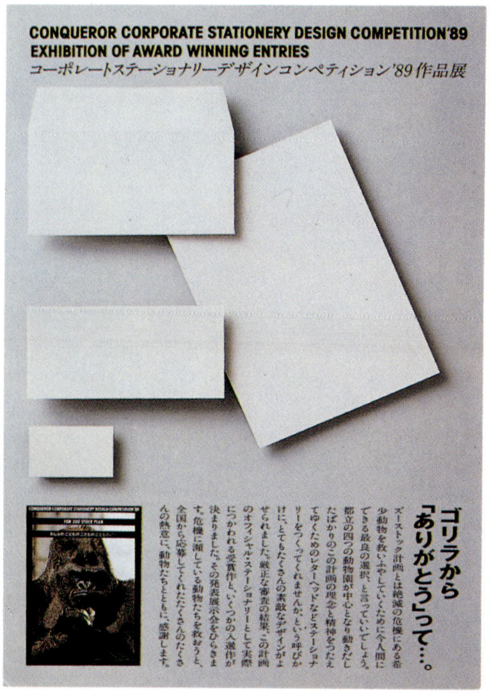

1

2

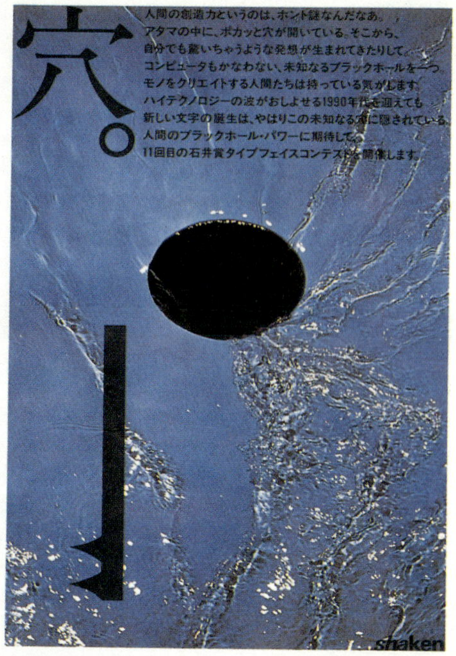

3

1
浅葉克己
展覧会案内状　1989
AD:浅葉克己
D:東　白英
P:鍋島徳恭
CW:南雲晴樹
DF:㈱浅葉克己デザイン室
CL:㈱ヤマト
KATSUMI ASABA
Invitation to Exhibition 1989
AD:Katsumi Asaba
D:Shirohide Azuma
P:Naruyasu Nabeshima
CW:Haruki Nagumo
DF:Asaba Design Co., Ltd.
CL:Yamato Inc.

2
浅葉克己
展覧会案内状　1989
AD:浅葉克己
D:東　白英
P:鍋島徳恭
CW:糸井重里
DF:㈱浅葉克己デザイン室
CL:セゾングループ
KATSUMI ASABA
Invitation to Exhibition 1989
AD:Katsumi Asaba
D:Shirohide Azuma
P:Naruyasu Nabeshima
CW:Shigesato Itoi
DF:Asaba Design Co., Ltd.
CL:The Saison Group

3
浅葉克己
案内状　1989
AD:浅葉克己
D:東　白英
P:操上和美
CW:照沼太佳子
DF:㈱浅葉克己デザイン室
CL:㈱写研
KATSUMI ASABA
Announcement 1989
AD:Katsumi Asaba
D:Shirohide Azuma
P:Kazumi Kurigami
CW:Takako Terunuma
DF:Asaba Design Co., Ltd.
CL:Sha-Ken Co., Ltd.

4, 5
ビセ
挨拶状　1990
AD, I:谷口広樹
D:谷田一郎
CL:㈱ディスプレイズ
BISE
Greetings 1990
AD, I:Hiroki Taniguchi
D:Ichiro Tanida
CL:Displays

6
ビセ
年賀状　1989
AD, D, I:谷口広樹
BISE
New Year's Card 1989
AD, D, I:Hiroki Taniguchi

4

5

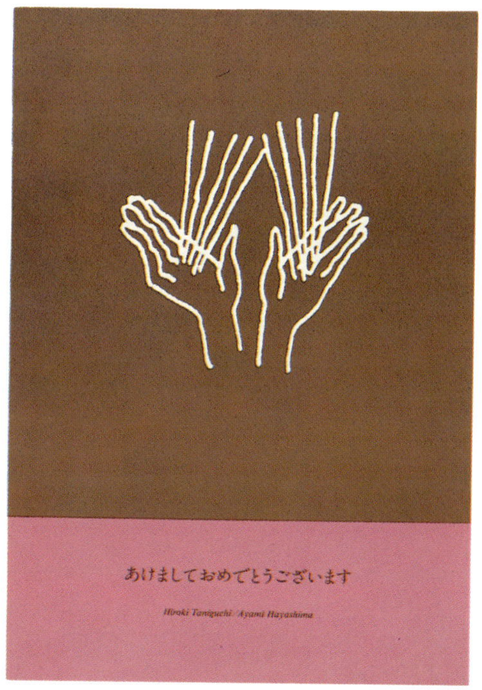

6

1

2

3

1-3
遠藤 亨
個人作品 1988～1989
AD, D, P:遠藤 亨
SUSUMU ENDO
Self Promotion 1988～1989
AD, D, P:Susumu Endo

4
松永 真
年賀状 1989
AD, D:松永 真
DF:㈱松永真デザイン事務所
SHIN MATSUNAGA
New Year's Card 1989
AD, D:Shin Matsunaga
DF:Shin Matsunaga Design Inc.

5
松永 真
個人作品 1989
AD, D:松永 真
DF:㈱松永真デザイン事務所
SHIN MATSUNAGA
Self Promotion 1989
AD, D:Shin Matsunaga
DF:Shin Matsunaga Design Inc.

6
松永 真
年賀状 1990
AD, D, I:松永 真
DF:㈱松永真デザイン事務所
CL:㈱富樫デザインスタジオ
SHIN MATSUNAGA
New Year's Card 1990
AD, D, I:Shin Matsunaga
DF:Shin Matsunaga Design Inc.
CL:Togashi Design Studio

4

5

6

1

2

3

4

5

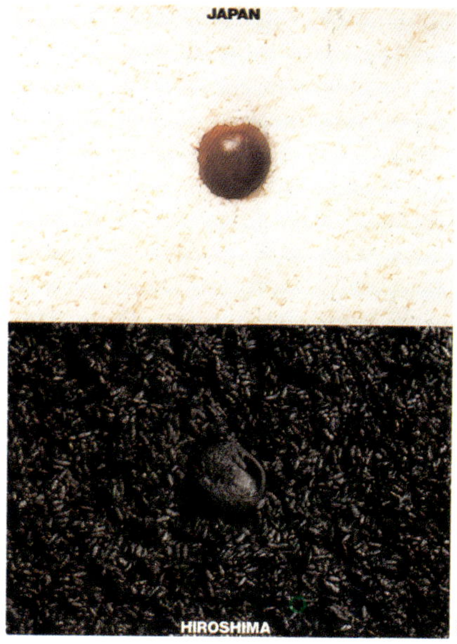

6

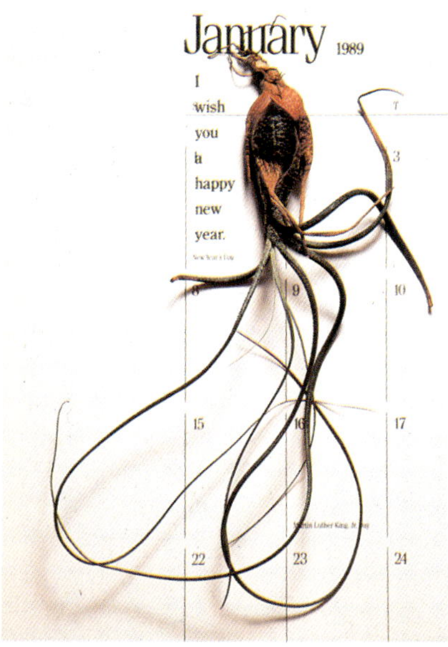

7

8

9

1
永井一正
案内状 1989
AD, D:永井一正
CL:日本デザインセンター
KAZUMASA NAGAI
Announcement 1989
AD, D:Kazumasa Nagai
CL:Nippon Design Center

2
永井一正
年賀状 1989
AD, D:永井一正
KAZUMASA NAGAI
New Year's Card 1989
AD, D:Kazumasa Nagai

3
永井一正
市販カード 1988
AD, D:永井一正
CL:姫路市立美術館
KAZUMASA NAGAI
General Purpose 1988
AD, D:Kazumasa Nagai
CL:Himeji City Museum of Art

4
下岡 茂
個人作品 1986
AD, D, CW:下岡 茂
P:山田清二
CL:㈱日本グラフィックデザイナー協会
SIGEL SHIMO'OKA
Self Promotion 1986
AD, D, CW:Sigel Shimo'oka
P:Seiji Yamada
CL:JAGDA

5
下岡 茂
個人作品 1988
AD, D, CW:下岡 茂
P:坂口 明
CL:㈱日本グラフィックデザイナー協会
SIGEL SHIMO'OKA
Self Promotion 1988
AD, D, CW:Sigel Shimo'oka
P:Akira Sakaguchi
CL:JAGDA

6
下岡 茂
個人作品 1989
AD, D, CW:下岡 茂
P:坂口 明
CL:㈱日本グラフィックデザイナー協会
SIGEL SHIMO'OKA
Self Promotion 1989
AD, D, CW:Sigel Shimo'oka
P:Akira Sakaguchi
CL:JAGDA

7
菅谷貞雄
年賀状 1989
AD, D, P:菅谷貞雄
DF:㈱菅谷デザイン室
SADAO SUGAYA
New Year's Card 1989
AD, D, P:Sadao Sugaya
DF:Sugaya Design Office Inc.

8
菅谷貞雄
年賀状 1990
AD, D:菅谷貞雄
P:坂井孝次
SADAO SUGAYA
New Year's Card 1990
AD, D:Sadao Sugaya
P:Koji Sakai

9
木村 勝
年賀状 1989
AD:木村 勝
D:桐澤美智子
P:岡田 豊
DF:㈱パッケージングディレクション
KATSU KIMURA
New Year's Card 1989
AD:Katsu Kimura
D:Michiko Kirisawa
P:Yutaka Okada
DF:Packaging Direction Co., Ltd.

1

2

3

1
粟津　潔
個展案内状　1985
D, I:粟津　潔
CL:イナックスギャラリー大阪
KIYOSHI AWAZU
Invitation to Exhibition 1985
D, I:Kiyoshi Awazu
CL:Inax Gallery Osaka

2
粟津　潔
個展案内状　1986
D, I:粟津　潔
CL:ギンザ・グラフィック・ギャラリー
KIYOSHI AWAZU
Invitation to Exhibition 1986
D, I:Kiyoshi Awazu
CL:Ginza Graphic Gallery

3
粟津　潔
個人作品　1986
D, I:粟津　潔
KIYOSHI AWAZU
Self Promotion 1986
D, I:Kiyoshi Awazu

4

5

6

7

4
K_2
年賀状　1988
AD, D:長友啓典
I:黒田征太郎
CL:バー つるつる
K_2 CO., LTD.
New Year's Card 1988
AD, D:Keisuke Nagatomo
I:Seitaro Kuroda
CL:Bar Tsuru Tsuru

5, 6
K_2
年賀状　1989
AD, D:長友啓典
I:黒田征太郎
CL:ケイツー大阪
K_2 CO., LTD.
New Year's Card 1989
AD, D:Keisuke Nagatomo
I:Seitaro Kuroda
CL:K-Two Osaka

7
K_2
年賀状　1989
AD, D:長友啓典
I:伊原　薫
CL:㈱草月出版
K_2 CO., LTD.
New Year's Card 1989
AD, D:Keisuke Nagatomo
I:Seitaro Kuroda
CL:Sougetsu-Shuppan Co., Ltd.

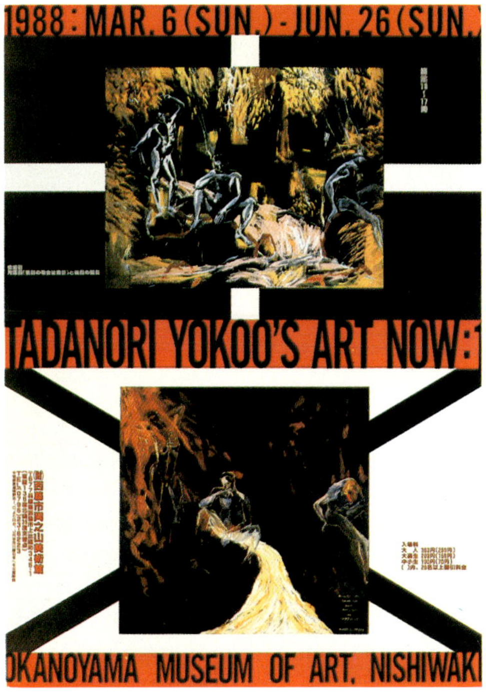

1

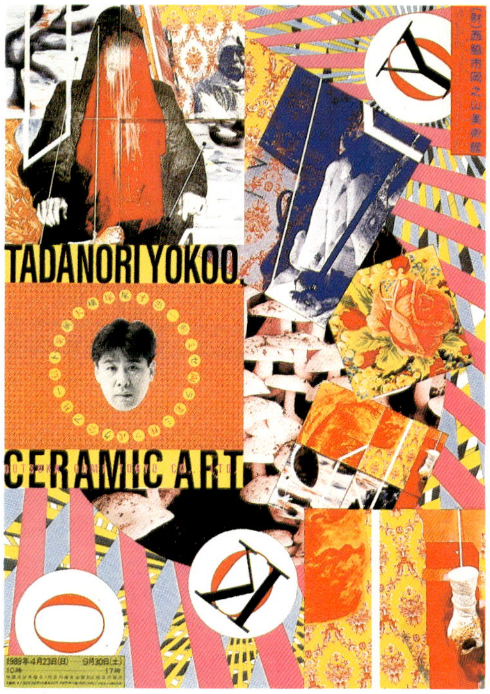

2

3

4

5

6

1, 4, 6
横尾忠則
個展案内状　1988
CD, AD, D:横尾忠則
CL:財西脇市岡之山美術館
TADANORI YOKOO
Invitation to Exhibition 1988
CD, AD, D:Tadanori Yokoo
CL:Okanoyama Museum of Art, Nishiwaki

2, 3
横尾忠則
個展案内状　1989
CD, AD, D:横尾忠則
CL:財西脇市岡之山美術館
TADANORI YOKOO
Invitation to Exhibition 1989
CD, AD, D:Tadanori Yokoo
CL:Okanoyama Museum of Art, Nishiwaki

5
横尾忠則
挨拶状　1989
CD, AD, D, CW:横尾忠則
CL:広告批評・東京ルネッサンス
TADANORI YOKOO
Greetings 1989
CD, AD, D, CW:Tadanori Yokoo
CL:Kokokuhihyo Tokyo Renaissance

1

2

3

4

5

6

1-4
中村政久
挨拶状　1986
CD, AD, D, I:中村政久
CL:印刷研究会
MASAHISA NAKAMURA
Greetings 1986
CD, AD, D, I:Masahisa Nakamura
CL:Insatsu Kenkyukai

5
ステレオ・スタジオ
暑中見舞　1989
AD, CW:藤原哲男
D:藤山啓介
I:林　貞通
STEREO STUDIO
Mid-Summer Greetings 1989
AD, CW:Tetsuo Fujiwara
D:Keisuke Fujiyama
I:Sadamichi Hayashi

6
ステレオ・スタジオ
年賀状　1990
AD, CW:藤原哲男
D:藤山啓介
I:林　貞通
STEREO STUDIO
New Year's Card 1990
AD, CW:Tetsuo Fujiwara
D:Keisuke Fujiyama
I:Sadamichi Hayashi

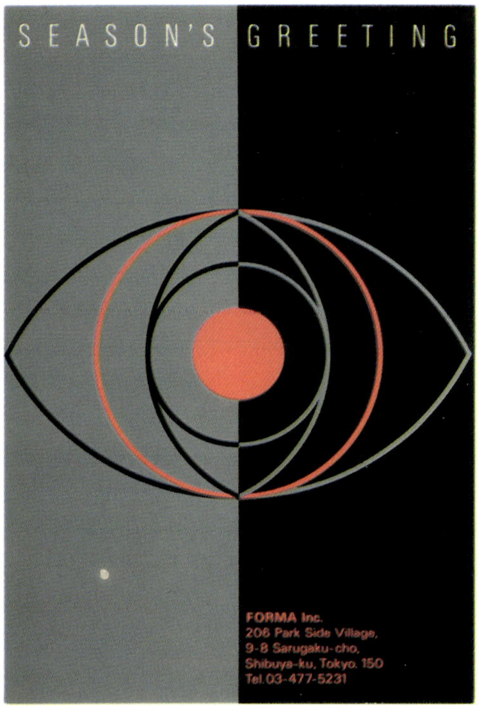

1

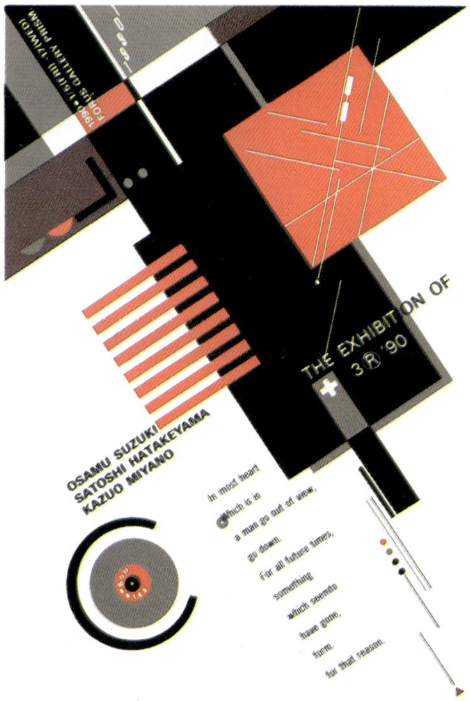

2

3

4

5

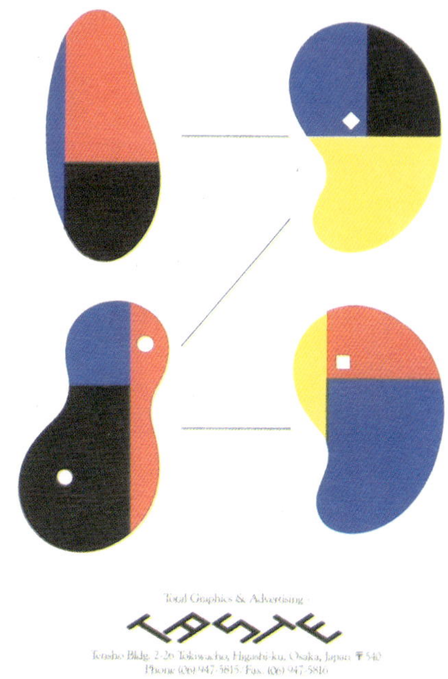

6

1
フォルマ
年賀状　1989
AD, D:栗林孝之
FORMA
New Year's Card 1989
AD, D:Takayuki Kuribayashi

2
畠山敏デザイン事務所
案内状　1990
AD, I:畠山　敏
D:佐藤信也
CW:今福美恵子
CL:フォーラス
SATOSHI HATAKEYAMA DESIGN OFFICE
Announcement 1990
AD, I:Satoshi Hatakeyama
D:Nobuya Sato
CW:Emiko Imafuku
CL:Forus

3
JMSインターナショナル
年賀状　1989
AD, D:井波優子
JMS INTERNATIONAL
New Year's Card 1989
AD, D:Yuko Inami

4
出口登士希
年賀状　1990
D:出口登士希
TOSHIKI DEGUCHI
New Year's Card 1990
D:Toshiki Deguchi

5
ドーモカンパニー
年賀状　1990
D:大橋英彦
DOMO COMPANY
New Year's Card 1990
D:Hidehiko Ohashi

6
南部俊安
年賀状　1989
AD, D:南部俊安
DF:㈲テイスト
TOSHIYASU NANBU
New Year's Card 1989
AD, D:Toshiyasu Nanbu
DF:Taste Inc.

中谷匡児デザイン室
年賀状　1989
AD, D:中谷匡児
CL:㈱コプメ企画
KYOJI NAKATANI DESIGN OFFICE
New Year's Card 1989
AD, D:Kyoji Nakatani
CL:CPM Planning Inc.

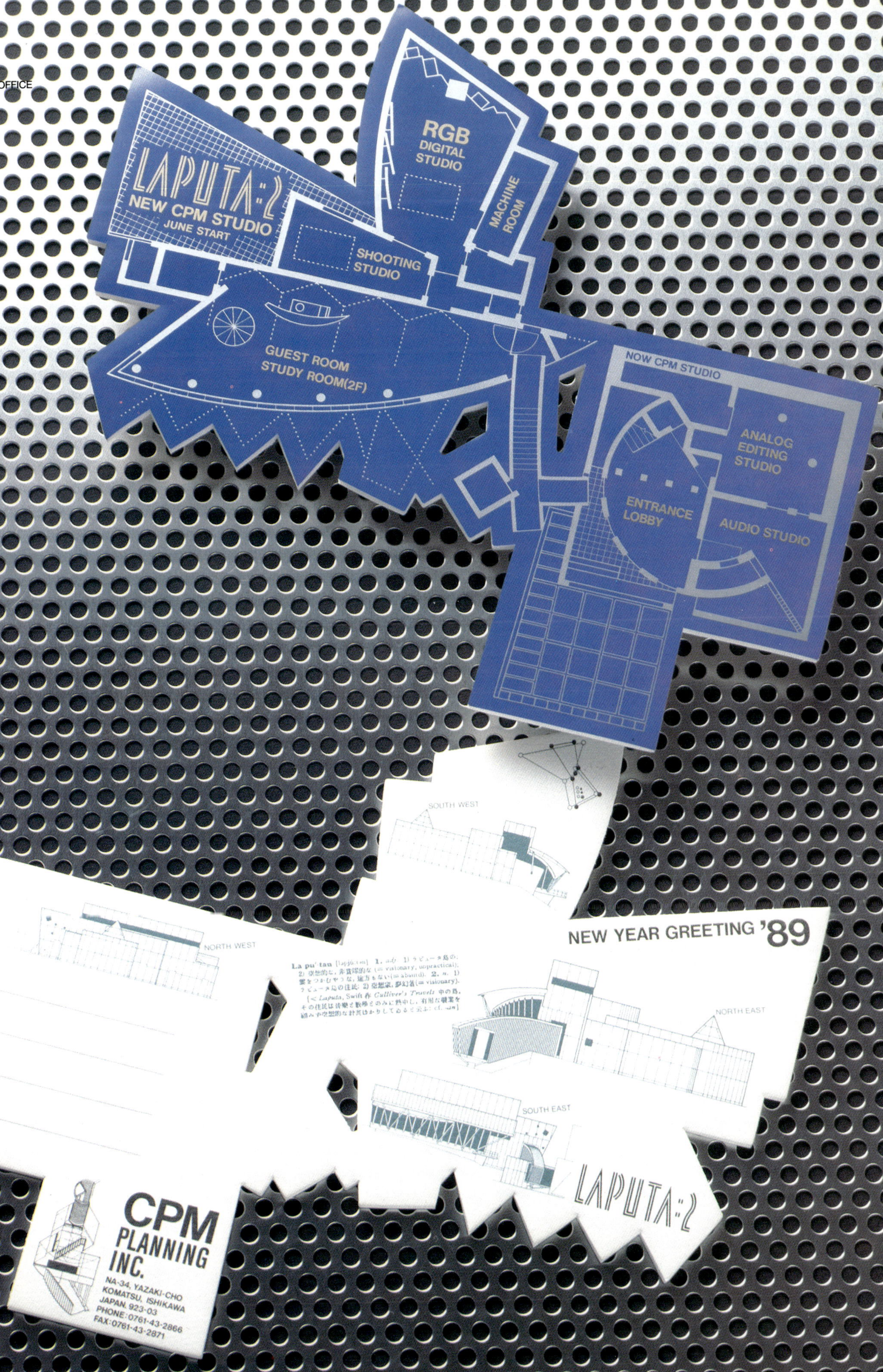

1

2

3

4

1
キネマムーン
年賀状　1989
AD:木谷祥子
D:中川勇一
KINEMA MOON
New Year's Card 1989
AD:Sachiko Kitani
D:Yuichi Nakagawa

2
キネマムーン
暑中見舞　1989
AD:木谷祥子
D:中川勇一
KINEMA MOON
Mid-Summer Greetings 1989
AD:Sachiko Kitani
D:Yuichi Nakagawa

3
キネマムーン
年賀状　1988
D:中川勇一
KINEMA MOON
New Year's Card 1988
D:Yuichi Nakagawa

4
キネマムーン
挨拶状　1989
D:中川勇一
KINEMA MOON
Greetings 1989
D:Yuichi Nakagawa

1

2

3

4

5

6

7

1
ゴング
年賀状 1990
AD, D:阿部信雄
GONG
New Year's Card 1990
AD, D:Nobuo Abe

2
出口登士希
個展案内状 1989
D:出口登士希
TOSHIKI DEGUCHI
Invitation to Exhibition 1989
D:Toshiki Deguchi

3
ゴング
年賀状 1989
AD, D:阿部信雄
GONG
New Year's Card 1989
AD, D:Nobuo Abe

4
ゴング
年賀状 1988
AD, D:阿部信雄
GONG
New Year's Card 1988
AD, D:Nobuo Abe

5
ゴング
年賀状 1983
AD, D:阿部信雄
DF:阿部デザイン・ジム
GONG
New Year's Card 1983
AD, D:Nobuo Abe
DF:Abe Design Gym.

6
花崎年秀
個人作品 1989
AD, D:花崎年秀
TOSHIHIDE HANAZAKI
Self Promotion 1989
AD, D:Toshihide Hanazaki

7
イエス
年賀状 1989
AD, D:木村 功
YES
New Year's Card 1989
AD, D:Isao Kimura

1

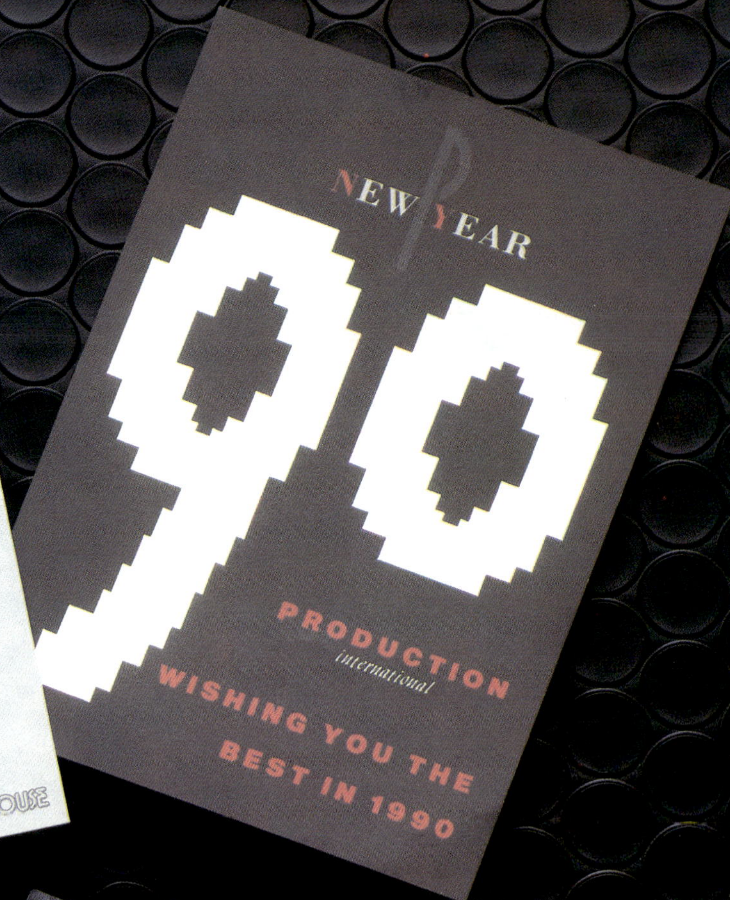

2

3

4

1
ボブキャットハウス
年賀状　1990
D:土屋直久
BOB CAT HOUSE
New Year's Card 1990
D:Naohisa Tsuchiya

2
キネマムーン
年賀状　1990
AD, D:中川勇一
CL:プロダクションインターナショナル
PRODUCTION INTERNATIONAL
New Year's Card 1990
AD, D:Yuichi Nakagawa
CL:Production International

3
パウダー・スノー
クリスマスカード　1989
AD, D:池田博範
CL:ティップネス
POWDER SNOW
Christmas Card 1989
AD, D:Hironori Ikeda
CL:Tipness

4
鈴木　汀
年賀状　1990
D, I:鈴木　汀
TEI SUZUKI
New Year's Card 1990
D, I:Tei Suzuki

1

2

3

4

5

6

1
アーム
年賀状　1990
AD:西村英明
D:野口善正
ARM
New Year's Card 1990
AD:Hideaki Nishimura
D:Yoshimasa Noguchi

2
季　寛
挨拶状　1989
AD, D:季　寛
CL:ズー デザイン ラボ
HIROSHI LEE
Greetings 1989
AD, D:Hiroshi Lee
CL:Zoo Design Lab

3, 4
アイ・エフ・プラニング
市販カード　1987
CD:長田吉洋
AD, D:高田雄吉
CL:ハート・コーポレーション㈱
I. F. PLANNING
General Purpose 1987
CD:Yoshihiro Nagata
AD, D:Yukichi Takada
CL:Heart Corp.

5
ティーデザイン
年賀状　1990
D:竹内幹博
T, DESIGN
New Year's Card 1990
D:Mikihiro Takeuchi

6
岡橋秀則
案内状　1989
AD, D:岡橋秀則
HIDENORI OKAHASHI
Announcement 1989
AD, D:Hidenori Okahashi

1

2

3

4

5

6

7

8

1
ムーンラビット
案内状　1989
AD, D, CW:平野浩太郎
P:中道順詩
CL:㈱ボイスメール
MOON RABBIT
Announcement 1989
AD, D, CW:Kotaro Hirano
P:Junshi Nakamichi
CL:Voicemail Japan, Inc.

2
シーアール・プロット
暑中見舞　1989
AD, D:㈱シーアール・プロット
CR-PLOT
Mid-Summer Greetings 1989
AD, D:CR-Plot Co., Ltd.

3, 4
佐藤淳デザイン室
暑中見舞　1989
AD, D, P, I:佐藤　淳
CL:ギャラリーインターフォーム
JUN SATO DESIGN
Mid-Summer Greetings 1989
AD, D, P, I:Jun Sato
CL:Gallery Interform

5
ボーダー
暑中見舞　1989
CD, AD, P:境修一郎
D:佐藤明彦
CW:服部たえ
BORDER
Mid-Summer Greetings 1989
CD, AD, P:Shuichiro Sakai
D:Akihiko Sato
CW:Tae Hattori

6
ボーダー
暑中見舞　1987
CD, AD, P:境修一郎
D:佐藤明彦
CW:服部たえ
BORDER
Mid-Summer Greetings 1987
CD, AD, P:Shuichiro Sakai
D:Akihiko Sato
CW:Tae Hattori

7
沢木啓子
年賀状　1989
AD, D, P:沢木啓子
KEIKO SAWAKI
New Year's Card 1989
AD, D, P:Keiko Sawaki

8
草野みのる
年賀状　1989
AD, D, P, CW:草野みのる
MINORU KUSANO
New Year's Card 1989
AD, D, P, CW:Minoru Kusano

1
海鳴達也
暑中見舞　1988
AD, D:海鳴達也
P:軍司隆博
CL:エイ・クラブ
TATSUYA UMIJIMA
Mid-Summer Greetings 1988
AD, D:Tatsuya Umijima
P:Takahiro Gunji
CL:A-Club

2
プランニング&デザイン ノース・ヒル
暑中見舞　1990
D, P:西村和志
PLANNING & DESIGN
NORTH HILL
Mid-Summer Greetings 1990
D, P:Kazushi Nishimura

3
吉松デザイン室
年賀状　1990
AD, D:吉松清高
P:羽部恒雄
CL:㈱SPプランニング
YOSHIMATSU DESIGN OFFICE
New Year's Card 1990
AD, D:Kiyotaka Yoshimatsu
P:Tsuneo Habu
CL:SP Planning Inc.

4
吉松デザイン室
年賀状　1990
AD, P:羽部恒雄
D:吉松清高
YOSHIMATSU DESIGN OFFICE
New Year's Card 1990
AD, P:Tsuneo Habu
D:Kiyotaka Yoshimatsu

5
高原　宏
年賀状　1990
AD, D, P:高原　宏
HIROSHI TAKAHARA
New Year's Card 1990
AD, D, P:Hiroshi Takahara

6
ケイ オフ
暑中見舞　1988
CD, CW:長井和子
AD, D:岸　敬哲
P:交通公社フォトライブラリー
CL:コヤマドライビングスクール
K-OFF
Mid-Summer Greetings 1988
CD, CW:Kazuko Nagai
AD, D:Hironori Kishi
P:JTB Photo Library
CL:Koyama Driving School

7
スタジオスーパーコンパス
年賀状　1988
AD, P:杉浦久夫
D:スタジオスーパーコンパス
STUDIO SUPER COMPASS
New Year's Card 1988
AD, P:Hisao Sugiura
D:Studio Super Compass

8
スタジオスーパーコンパス
年賀状　1989
AD, P:杉浦久夫
D:スタジオスーパーコンパス
STUDIO SUPER COMPASS
New Year's Card 1989
AD, P:Hisao Sugiura
D:Studio Super Compass

1

2

3

4

5

6

7

8

1

2

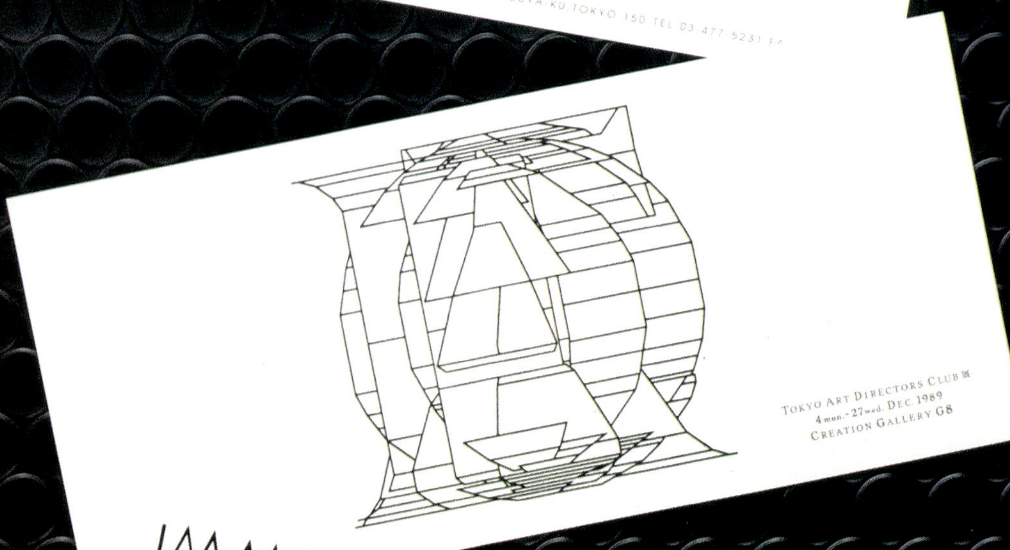

3

4

1
グラフィックス・インターナショナル
暑中見舞　1989
D:高木義明
CL:クラスメディア エージェンシー
GRAFIX INTERNATIONAL
Mid-Summer Greetings 1989
D:Yoshiaki Takagi
CL:Class Media Agency

2
フォルマ
年賀状　1990
AD, D:栗林孝之
FORMA
New Year's Card 1990
AD, D:Takayuki Kuribayashi

3
サン・アド
展覧会案内状　1989
AD:葛西　薫
D:井上庸子
A:立花ハジメ
CL:株リクルート
SUN-AD
Invitation to Exhibition 1989
AD:Kaoru Kasai
D:Yoko Inoue
A:Hajime Tachibana
CL:Recruit Co., Ltd.

4
ジャパングラフィックス
個展案内状　1989
AD, D, CW:小松整司
P:中田輝昭
I:小松清右ェ門
CL:小松清右ェ門
JAPAN GRAPHICS
Invitation to Exhibition 1989
AD, D, CW:Seiji Komatsu
P:Teruaki Nakata
I:Seiuemon Komatsu
CL:Seiuemon Komatsu

1

2

3

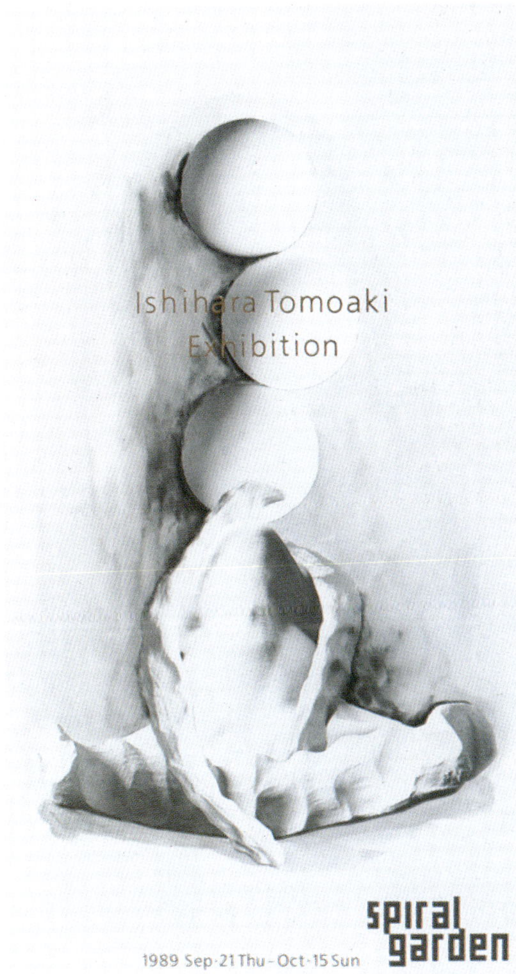

4

1
日本ブレーンセンター
案内状　1989
AD, D:山川達也
CL:島田泉写真事務所
NIPPON BRAIN CENTER
Announcement 1989
AD, D:Tatsuya Yamakawa
CL:Shimada Izumi Photo Office

2
真舘嘉浩
挨拶状　1989
AD, D:真舘嘉浩
P:ブルース デヴッドスン
DF:デザインスタジオ・ウォーターズ
YOSHIHIRO MADACHI
Greetings 1989
AD, D:Yoshihiro Madachi
P:Bruce Davidson
DF:Design Studio Waters

3
ジック
展覧会案内状　1990
D:濱田有弘
CL:日本商業書道作家協会
JIC
Invitation to Exhibition 1990
D:Arihiro Hamada
CL:Japan Commercial Calligrapher Association

4
コミュニケーション・アーツ・R
個展案内状　1989
AD:吉田　臣
D:坂井昭夫
A:石原友明
CL:ワコール アートセンター
COMMUNICATION ARTS R
Invitation to Exhibition 1989
AD:Shin Yoshida
D:Akio Sakai
A:Tomoaki Ishihara
CL:Wacoal Art Center

1

2

3

4

5

6

7

1
土谷浩史
年賀状　1990
CD, AD, D, P:土谷浩史
DF:スタジオ・イデア
CL:㈱トロワ
HIROFUMI TSUCHITANI
New Year's Card 1990
CD, AD, D, P:Hirofumi Tsuchitani
DF:Studio Idea
CL:Creative Office Trois

2
土谷浩史
年賀状　1989
CD, AD, D, P:土谷浩史
DF:スタジオ・イデア
HIROFUMI TSUCHITANI
New Year's Card 1989
CD, AD, D, P:Hirofumi Tsuchitani
DF:Studio Idea

3
土谷浩史
年賀状　1990
CD, AD, D, P:土谷浩史
DF:スタジオ・イデア
HIROFUMI TSUCHITANI
New Year's Card 1990
CD, AD, D, P:Hirofumi Tsuchitani
DF:Studio Idea

4
土谷浩史
年賀状　1988
CD, AD, D, P:土谷浩史
DF:スタジオ・イデア
CL:㈱スタジオワープ
HIROFUMI TSUCHITANI
New Year's Card 1988
CD, AD, D, P:Hirofumi Tsuchitani
DF:Studio Idea
CL:Creative Studio Warp

5-7
油谷勝海
年賀状　1990
AD, D, P:油谷勝海
KATSUMI YUTANI
New Year's Card 1990
AD, D, P:Katsumi Yutani

1

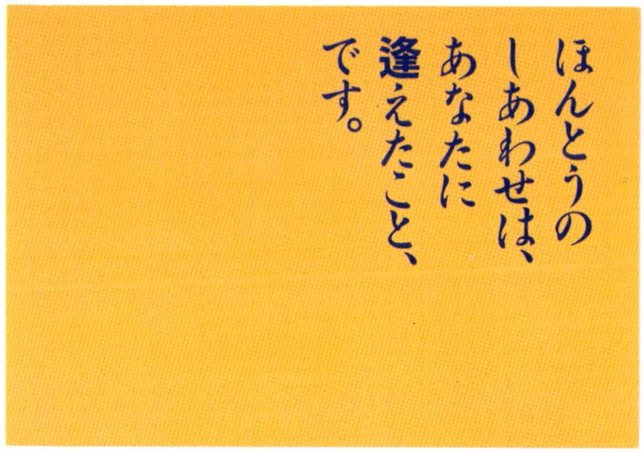

2

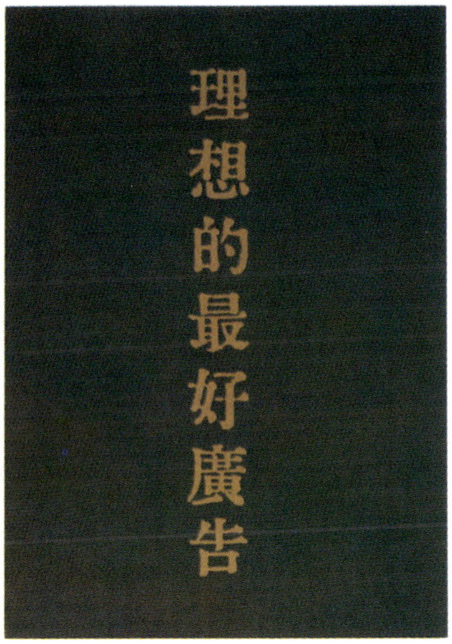

3

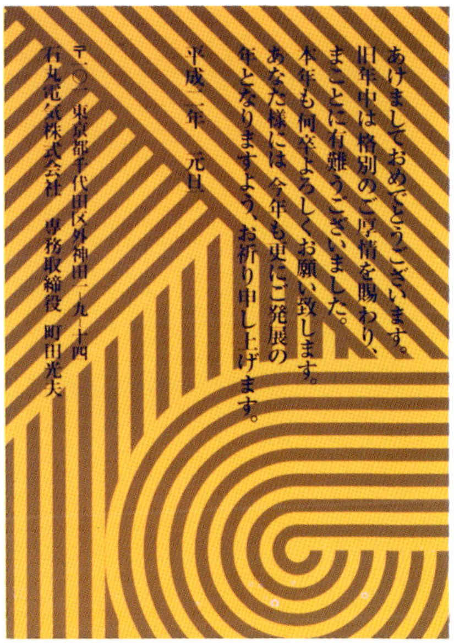

4

5

6

7

1
秋田 寛
年賀状 1989
AD, D:秋田 寛
KAN AKITA
New Year's Card 1989
AD, D:Kan Akita

2
山田明広
年賀状 1990
AD:山田明広
AKIHIRO YAMADA
New Year's Card 1990
AD:Akihiro Yamada

3
コンパス・ポイント
年賀状 1988
D, CW:高久多美男
COMPASS POINT
New Year's Card 1988
D, CW:Tamio Takaku

4
スタジオ・イックス
年賀状 1989
AD:広村正彰
D:小松原巧子
CL:石丸電気(株)
STUDIO IKKS
New Year's Card 1989
AD:Masaaki Hiromura
D:Yoshiko Komatsubara
CL:Ishimaru Electric Co., Ltd.

5
スタジオ・イックス
挨拶状 1989
AD:広村正彰
D:小松原巧子
CL:(株)スーパーポテト
STUDIO IKKS
Greetings 1989
AD:Masaaki Hiromura
D:Yoshiko Komatsubara
CL:Super Potato Co., Ltd.

6
水谷事務所
残暑見舞 1989
CD, AD:水谷孝次
D:三谷一郎
MIZUTANI STUDIO
Late-Summer Greetings 1989
CD, AD:Koji Mizutani
D:Ichiro Mitani

7
バルデザイングループ
年賀状 1989
D, CW:高田初恵
VAL DESIGN GROUP
New Year's Card 1989
D, CW:Hatsue Takada

1

2

3

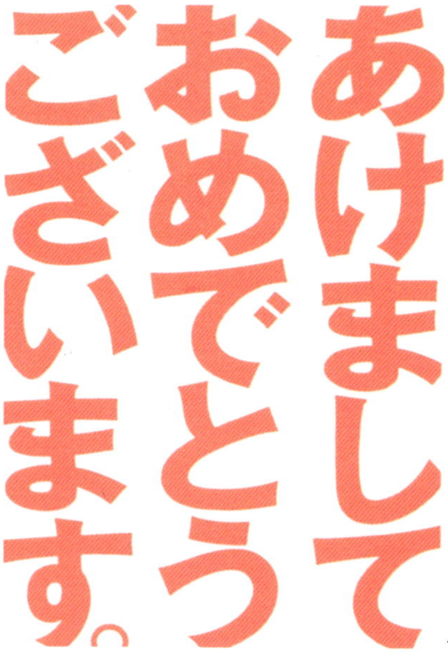

4

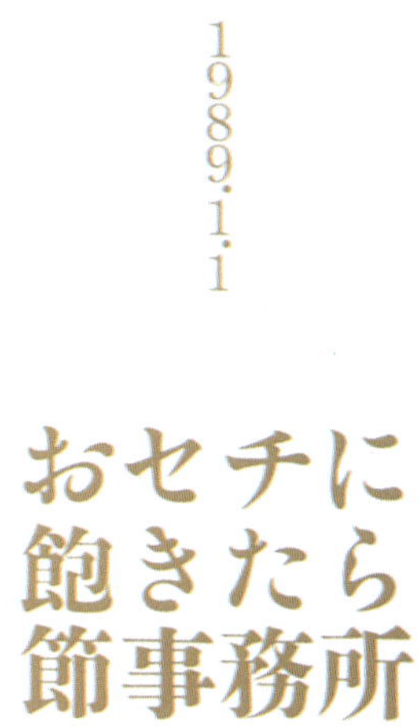

5

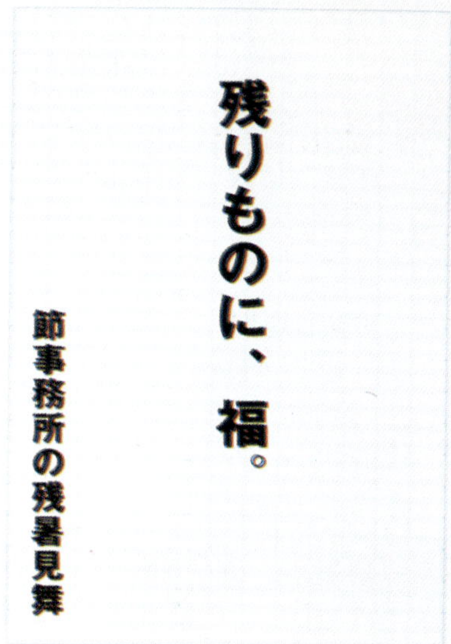

6

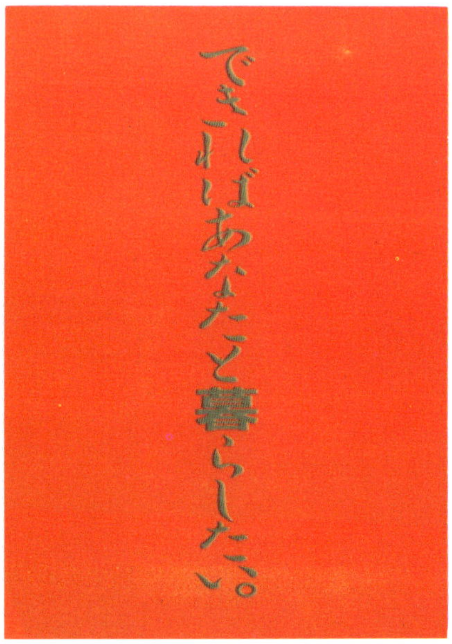

7

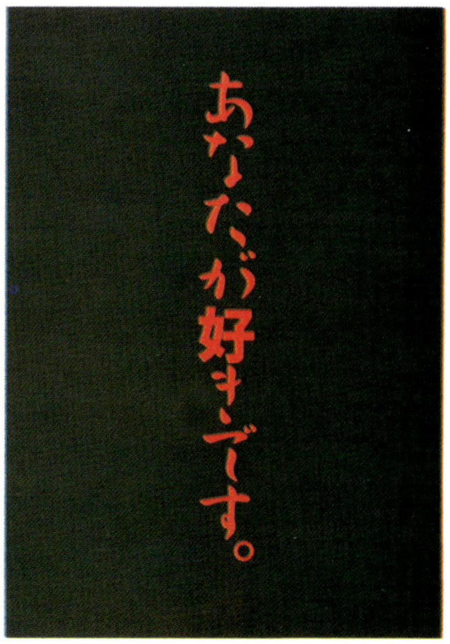

8

9

1
金子正剛
年賀状 1989
AD, D, P:金子正剛
SEIGO KANEKO
New Year's Card 1989
AD, D, P:Seigo Kaneko

2
金子正剛
年賀状 1990
AD, D, P:金子正剛
CL:和田千枝実
SEIGO KANEKO
New Year's Card 1990
AD, D, P:Seigo Kaneko
CL:Chiemi Wada

3
金子正剛
個人作品 1988
AD, D, P:金子正剛
SEIGO KANEKO
Self Promotion 1988
AD, D, P:Seigo Kaneko

4
水谷事務所
年賀状 1990
CD, AD:水谷孝次
D:長谷川洋介
MIZUTANI STUDIO
New Year's Card 1990
CD, AD:Koji Mizutani
D:Yousuke Hasegawa

5
節事務所
年賀状 1989
AD, D:石田千尋
CW:渡辺 節
CW:中津典子
DF:㈱イシダ・チヒロ・オフィス
SETSU OFFICE
New Year's Card 1989
AD, D:Chihiro Ishida
CW:Setsu Watanabe
CW:Noriko Nakatsu
DF:Ishida Chihiro Office Co., Ltd.

6
節事務所
暑中見舞 1988
AD, D, I:石田千尋
CW:渡辺 節
CW:中津典子
DF:㈱イシダ・チヒロ・オフィス
SETSU OFFICE
Mid-Summer Greetings 1988
AD, D, I:Chihiro Ishida
CW:Setsu Watanabe
CW:Noriko Nakatsu
DF:Ishida Chihiro Office Co., Ltd

7
山田明広
年賀状 1989
AD:山田明広
AKIHIRO YAMADA
New Year's Card 1989
AD:Akihiro Yamada

8
山田明広
年賀状 1988
AD:山田明広
AKIHIRO YAMADA
New Year's Card 1988
AD:Akihiro Yamada

9
秋田 寛
年賀状 1989
AD, D:秋田 寛
CL:福井晴朗
KAN AKITA
New Year's Card 1989
AD, D:Kan Akita
CL:Haruo Fukui

1
日本ベリエールアートセンター
年賀状 1990
AD, P:河北秀也
D:明星秀隆
CW:野口 武
JAPAN BÉLIER ART CENTER
New Year's Card 1990
AD, P:Hideya Kawakita
D:Hidetaka Myojo
CW:Takeshi Noguchi

2
日本ベリエールアートセンター
暑中見舞 1989
AD, P:河北秀也
D:明星秀隆
CW:野口 武
JAPAN BÉLIER ART CENTER
Mid-Summer Greetings 1989
AD, P:Hideya Kawakita
D:Hidetaka Myojo
CW:Takeshi Noguchi

3
富田 勉
年賀状 1989
D, I, CW:富田 勉
P:松井 亮
I:富田千花子
BEN TOMITA
New Year's Card 1989
D, I, CW:Ben Tomita
P:Akira Matsui
I:Chikako Tomita

4
富田 勉
年賀状 1987
D, I, CW:富田 勉
P:松井 亮
BEN TOMITA
New Year's Card 1987
D, I, CW:Ben Tomita
P:Akira Matsui

5
富田 勉
年賀状 1988
D, P, I, CW:富田 勉
BEN TOMITA
New Year's Card 1988
D, P, I, CW:Ben Tomita

6
ナンバーワン・デザイン・オフィス
年賀状 1985
CD, AD, D:佐村憲一
P:中川 徹
CW:杉山明人
NUMBER ONE DESIGN OFFICE
New Year's Card 1985
CD, AD, D:Kenichi Samura
P:Tetsu Nakagawa
CW:Akito Sugiyama

7
アマゾンデザイン
年賀状 1986
AD, D:太田和彦
AMAZON DESIGN OFFICE
New Year's Card 1986
AD, D:Kazuhiko Ota

1

2

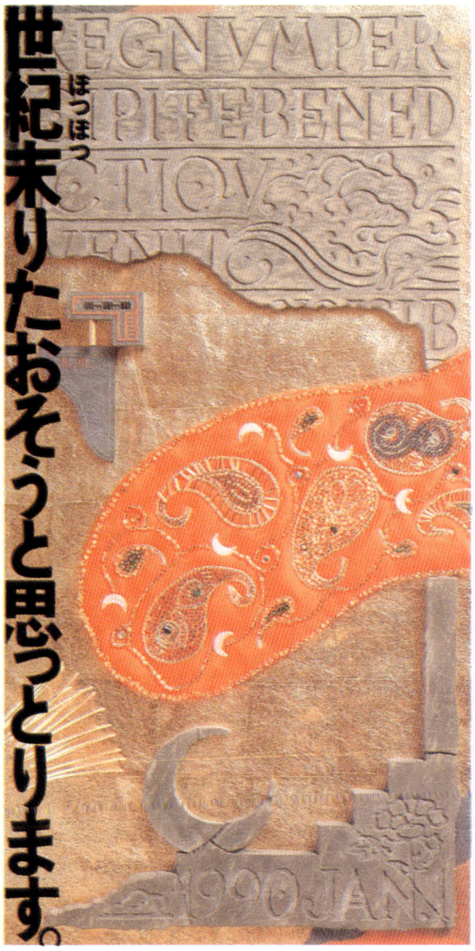

3

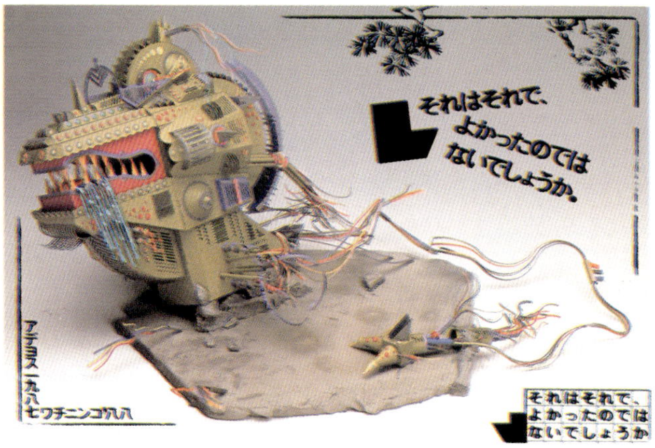

4

5

6

7

1

2

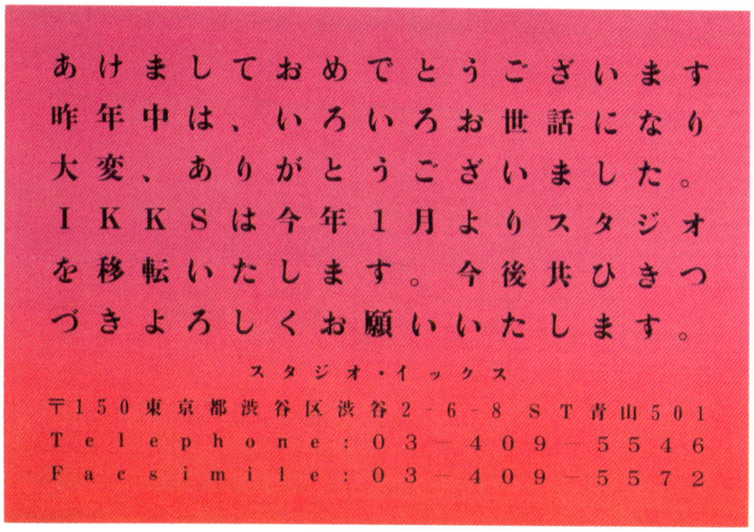

3

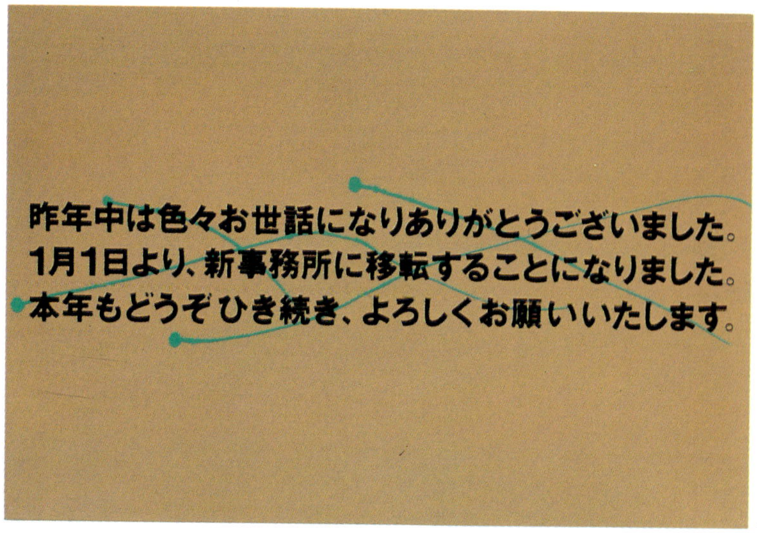

4

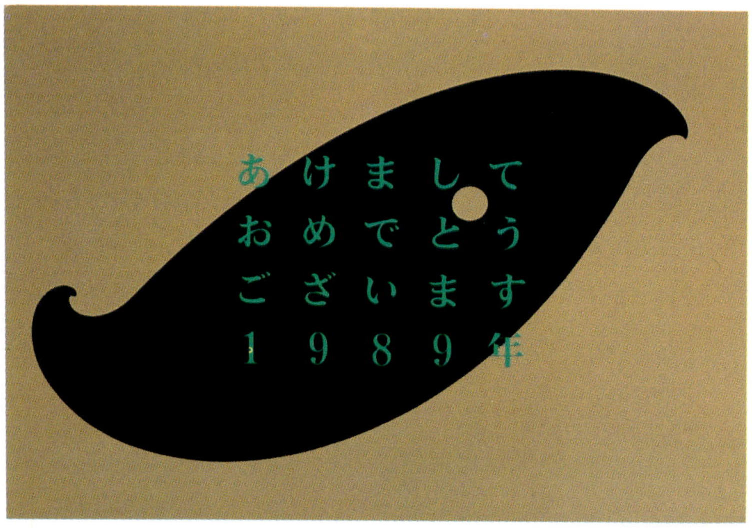

5

6

1
ネプチューン
展覧会案内状　1989
D:吉良克彦
NEPTUNE
Invitation to Exhibition 1989
D:Katsuhiko kira

2
吉野修平
年賀状　1986
D, P, I, CW:吉野修平
SHUHEI YOSHINO
New Year's Card 1986
D, P, I, CW:Shuhei Yoshino

3
スタジオ・イックス
年賀状　1988
AD:広村正彰
D:小松原巧子
STUDIO IKKS
New Year's Card 1988
AD:Masaaki Hiromura
D:Yoshiko Komatsubara

4
スタジオ・イックス
挨拶状　1988
AD:広村正彰
CL:岡本好司設計室
STUDIO IKKS
Announcement 1988
AD, D:Masaaki Hiromura
CL:Kohji Okamoto Design Office

5
スタジオ・イックス
年賀状　1988
AD, D:広村正彰
CL:㈱アトリエ字
STUDIO IKKS
New Year's Card 1988
AD, D:Masaaki Hiromura
CL:Atelier AZA Co., Ltd.

6
ビセ
年賀状　1987
AD, D:谷口広樹
BISE
New Year's Card 1987
AD, D:Hiroki Taniguchi

1

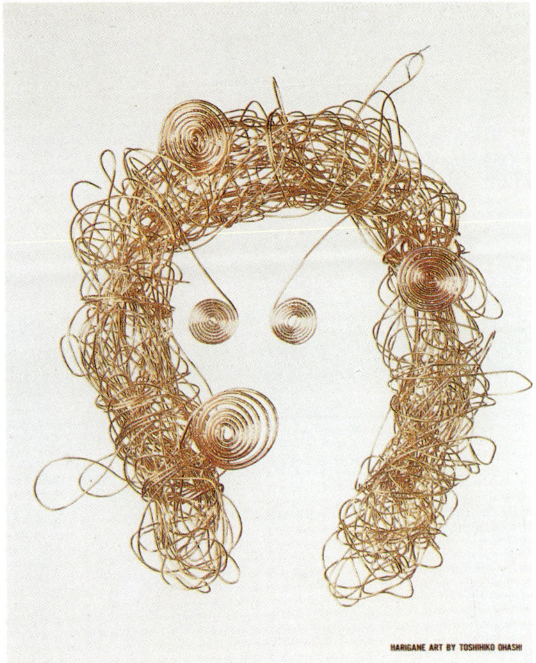

2

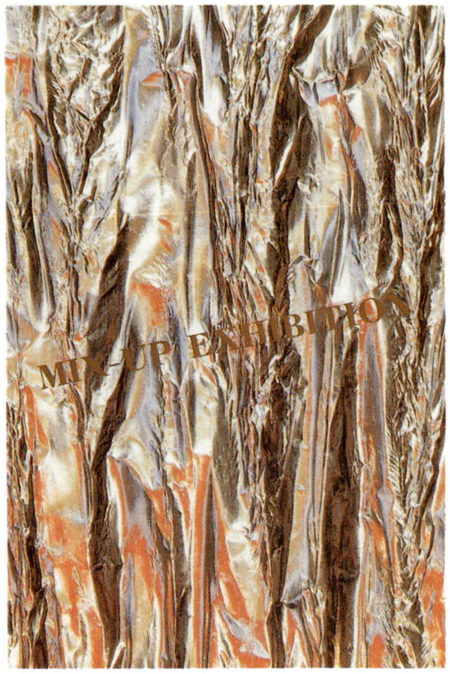

3

4

5

6

1
平野一二三
年賀状　1990
AD, D:平野一二三
P:山内頼仁
CL:田辺エージェンシー
HIFUMI HIRANO
New Year's Card 1990
AD, D:Hifumi Hirano
P:Yorihito Yamauchi
CL:Tanabe Agency Co.Ltd.

2
大橋敏彦
個人作品　1989
AD, D, I:大橋敏彦
P:堀口隆司
TOSHIHIKO OHASHI
Self Promotion 1989
AD, D, I:Toshihiko Ohashi
P:Takashi Horiguchi

3
アイデザイン
展覧会案内状　1981
AD, D:民　芳勝
P:米田一雄
CL:グループ・手
AI DESIGN
Invitation to Exhibition 1981
AD, D:Yoshikatsu Tami
P:Kazuo Yoneda
CL:Group Te

4
辻森茂和
挨拶状　1990
AD, D, I:辻森茂和
DF:㈱ウーノ
SHIGEKAZU TSUJIMORI
Greedings 1990
AD, D, I:Shigekazu Tsujimori
DF:Öno Inc.

5
辻森茂和
挨拶状　1990
AD, D:辻森茂和
I:秋山恵子
DF:㈱ウーノ
SHIGEKAZU TSUJIMORI
Greedings 1990
AD, D:Shigekazu Tsujimori
I:Keiko Akiyama
DF:Öno Inc.

6
加藤靖隆
年賀状　1990
AD, D:加藤靖隆
YASUTAKA KATO
New Year's Card 1990
AD, D:Yasutaka Kato

1

2

3

4

5

6

7

8

9

1
矢吹　恵
年賀状　1989
AD, D:矢吹　恵
CW:赤瀬値賀義
CL:海老沢公
MEGUMI YABUKI
New Year's Card 1989
AD, D:Megumi Yabuki
CW:Chikayoshi Akase
CL:Isao Ebisawa

2
ボディ
暑中見舞　1989
AD, D:岡崎和昭
BODY
Mid-Summer Greedings 1989
AD, D:Kazuaki Okazaki

3
三木　健
挨拶状　1989
AD, D:三木　健
CL:寿精版印刷㈱
KEN MIKI
Greetings 1989
AD, D:Ken Miki
CL:Rex Technical Printing System

4
田辺勝正
年賀状　1990
AD, P, CW:田辺勝正
KATSUMASA TANABE
New Year's Card 1990
AD, P, CW:Katsumasa Tanabe

5
前田隆史
挨拶状　1989
AD, D:前田隆史
P:森上靖夫
CW:ウガンダ
DF:クラッカー・デザイン
CL:㈲シュガー・コーポレーション
TAKAFUMI MAEDA
Greetings 1989
AD, D:Takafumi Maeda
P:Shizuo Morigami
CW:Uganda
DF:Cracker Design
CL:Sugar Corporation

6
坂口　賢
個人作品　1988
AD, D, I:坂口　賢
KEN SAKAGUCHI
Self Promotion 1988
AD, D, I:Ken Sakaguchi

7
桃組
年賀状　1989
AD, D:粟野英武
P:市川勝弘
I:大西重成
PEACH & COMPANY
New Year's Card 1989
AD, D:Hidetake Awano
P:Katsuhiro Ichikawa
I:Shigenari Onishi

8
バルデザイングループ
年賀状　1989
AD, D:吉田真人
CL:㈱収納アパレル
VAL DESIGN GROUP
New Year's Card 1989
AD, D:Mabito Yoshida
CL:Shuno Apparel Co.,Ltd.

9
エヌ・ステューディオ
年賀状　1989
CG:佐藤信也
CL:佐藤美恵子
N・STUDIO
New Year's Card 1989
CG:Nobuya Sato
CL:Mieko Sato

1

2

3

4

5

6

1
フラミンゴスタジオ
案内状 1989
AD:テリー ジョンスン
D:マイク スミス
CL:プラス㈱
FLAMINGO STUDIO
Announcement 1989
AD:Terry Johnson
D:Mike Smith
CL:Plus Co.,

2
パイナップルスタジオ・グラフィック
年賀状 1989
AD:安田博典
CL:パターンズ カムパニー
PINEAPPLE'S STUDIO GRAPHIC
New Year's Card 1989
AD:Hironori Yasuda
CL:Pattern's Company

3
フラミンゴスタジオ
招待状 1989
AD:テリー ジョンスン
D:ヒロ杉山
I:蛭子能収
CW:村松恒平
CW:サム カワカミ
CL:㈱文化放送ブレーン
FLAMINGO STUDIO
Invitation 1989
AD:Terry Johnson
D:Hiro Sugiyama
I:Yoshikazu Ebisu
CW:Kohei Muramatsu
CW:Sam Kawakami
CL:Bunka Hoso Brains

4
フラミンゴスタジオ
案内状 1989
AD:テリー ジョンスン
D:ヒロ杉山
D:菊地 等
I:湯村タラ
CW:サム カワカミ
FLAMINGO STUDIO
Announcement 1989
AD:Terry Johnson
D:Hiro Sugiyama
D:Hitoshi Kikuchi
I:Tara Yumura
CW:Sam Kawakami

5
フラミンゴスタジオ
案内状 1989
AD:テリー ジョンスン
D, I:マイク スミス
CW:サム カワカミ
FLAMINGO STUDIO
Announcement 1989
AD:Terry Johnson
D, I:Mike Smith
CW:Sam Kawakami

6
服部慶之輔
年賀状 1989
D, I:服部慶之輔
KEINOSUKE HATTORI
New Year's Card 1989
D, I:Keinosuke Hattori

1

2

3

4

5

6

1
イシダ・チヒロ・オフィス
年賀状　1990
AD, D:石田千尋
ISHIDA CHIHIRO OFFICE
New Year's Card 1990
AD, D:Chihiro Ishida

2
ナンバーワン・デザイン・オフィス
年賀状　1982
D:佐村憲一
P:三好和義
CL:鈴木裕子
NUMBER ONE DESIGN OFFICE
New Year's Card 1982
D:Kenichi Samura
P:Kazuyoshi Miyoshi
CL:Hiroko Suzuki

3
加藤靖隆
案内状　1990
AD, D:加藤靖隆
CL:柳　智巳・典子
YASUTAKA KATO
Announcement 1990
AD, D:Yasutaka Kato
CL:Tomomi & Noriko Yanagi

4
エイトプラン
案内状　1988
AD:長島弘幸
P:茂木喜芳
CL:長島弘幸
EIGHT PLAN
Announcement 1988
AD:Hiroyuki Nagashima
P:Kiyoshi Mogi
CL:Hiroyuki Nagashima

5
笹川昭夫
クリスマスカード　1983
AD, D:笹川昭夫
DF:㈱エスディルーム
AKIO SASAGAWA
Christmas Card 1983
AD, D:Akio Sasagawa
DF:SD Room Inc.

6
脇田デザイン事務所
挨拶状　1988
AD, D:脇田　宏
P:茶野邦雄
CW:白部真一
CL:白部真一
WAKITA DESIGN OFFICE
Greetings 1988
AD, D:Hiroshi Wakita
P:Kunio Chano
CW:Shinichi Shirabe
CL:Shinichi Shirabe

1

3

4

2

5

1
フレンズ
年賀状　1989
AD:今井宏明
D:三宅正志
P:渋谷正房
FRIENDS
New Year's Card 1989
AD:Hiroaki Imai
D:Masashi Miyake
P:Masafusa Shibuya

2
草野みのる
個人作品　1989
AD, D, P, CW:草野みのる
MINORU KUSANO
Self Promotion 1989
AD, D, P, CW:Minoru Kusano

3
梶谷デザイン室
暑中見舞　1988
AD, D:梶谷芳郎
CW:松倉妙子
KAJITANI DESIGN ROOM
Mid-Summer Greetings 1988
AD, D:Yoshiro Kajitani
CW:Taeko Matsukura

4
ナンバーワン・デザイン・オフィス
年賀状　1981
CD, AD:服部健太郎
D:佐村憲一
CL:㈱スマイル・カンパニー
NUMBER ONE DESIGN OFFICE
New Year's Card 1981
CD, AD:Kentaro Hattori
D:Kenichi Samura
CL:Smile Company

5
ナンバーワン・デザイン・オフィス
案内状　1981
CD, AD:広川泰士
D:佐村憲一
CL:広川泰士事務所
NUMBER ONE DESIGN OFFICE
Announcement 1981
CD, AD:Taishi Hirokawa
D:Kenichi Samura
CL:Taishi Hirokawa Inc.

1

2

3

4

5

6

1
マグマ
クリスマスカード　1989
CD, AD, D, I:中野則秀
P:近藤　忍
CL:ネクスト
MAGMA
Christmas Card 1989
CD, AD, D, I:Norihide Nakano
P:Shinobu Kondo
CL:Sony, Av Life Leader Next

2
マグマ
販促用カード　1989
CD, AD, D, I:中野則秀
P:近藤　忍
CL:ネクスト
MAGMA
Sales Promotion 1989
CD, AD, D, I:Norihide Nakano
P:Shinobu Kondo
CL:Sony, Av Life Leader Next

3
田辺勝正
年賀状　1989
AD, P, CW:田辺勝正
KATSUMASA TANABE
New Year's Card 1989
AD, P, CW:Katsumasa Tanabe

4
キューブ
年賀状　1989
CD, AD, D:田辺勝正
CW:丸山浩伸
CUBE
New Year's Card 1989
CD, AD, D:Katsumasa Tanabe
CW:Hironobu Maruyama

5
野上周一
年賀状　1989
AD, D:野上周一
SHUICHI NOGAMI
New Year's Card 1989
AD, D:Shuichi Nogami

6
ゴング
年賀状　1985
AD, D:阿部信雄
P:横田秀樹
I:山下信夫
GONG
New Year's Card 1985
AD, D:Nobuo Abe
P:Hideki Yokota
I:Nobuo Yamashita

1

2

3

1
海外企画
暑中見舞 1989
AD, P, CW:佐藤　智
D:永田浩司
KAIGAI KIKAKU
Mid-Summer Greetings 1989
AD, P, CW:Satoshi Sato
D:Hiroshi Nagata

2
梶谷デザイン室
年賀状 1990
AD, D:梶谷芳郎
CW:松倉妙子
KAJITANI DESIGN ROOM
New Year's Card 1990
AD, D:Yoshiro Kajitani
CW:Taeko Matsukura

3
梶谷デザイン室
年賀状 1989
AD, D:梶谷芳郎
P:鳥居正夫
CW:松倉妙子
CL:松倉妙子
KAJITANI DESIGN ROOM
New Year's Card 1989
AD, D:Yoshiro Kajitani
P:Masao Torii
CW:Taeko Matsukura
CL:Taeko Matsukura

4
伊藤勝一
年賀状 1990
AD, D:伊藤勝一
KATSUICHI ITO
New Year's Card 1990
AD, D:Katsuichi Ito

5
ナンバーワン・デザイン・オフィス
販促用カード 1987
CD, AD, D:佐村憲一
P:岡野隆一
CL:㈱西友
NUMBER ONE DESIGN OFFICE
Sales Promotion 1987
CD, AD, D:Kenichi Samura
P:Ryuichi Okano
CL:Seiyu

6
粟辻　博
年賀状 1989
CD, I:粟辻　博
AD, D:佐村憲一
DF:㈲ナンバーワン・デザイン・オフィス
HIROSHI AWATSUJI
New Year's Card 1989
CD, I:Hiroshi Awatsuji
AD, D:Kenichi Samura
DF:Number One Design Office

4

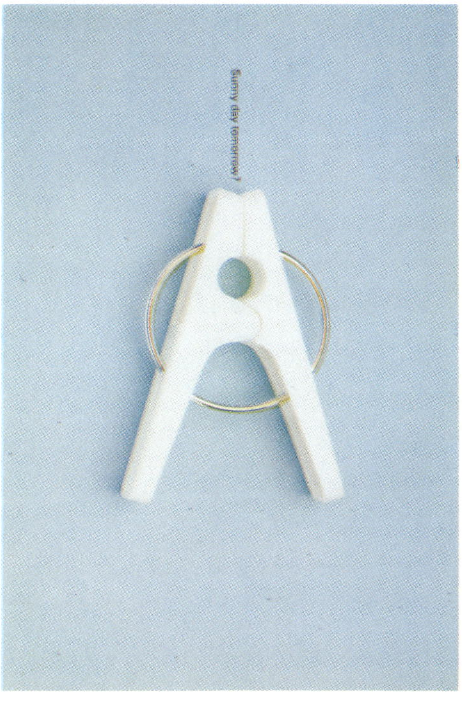

5

6

1

2

3

4

5

6

1
アマゾンデザイン
年賀状　1990
AD, D:太田和彦
AMAZON DESIGN OFFICE
New Year's Card 1990
AD, D:Kazuhiko Ota

4
広瀬輝明
年賀状　1990
AD, D:広瀬輝明
TERUAKI HIROSE
New Year's Card 1990
AD, D:Teruaki Hirose

2
吉野修平
年賀状　1988
D, P, CW:吉野修平
SHUHEI YOSHINO
New Year's Card 1988
D, P, CW:Shuhei Yoshino

5
イエス
年賀状　1987
AD, D, CW:荘司芳久
P:松原　宏
YES
New Year's Card 1987
AD, D, CW:Yoshihisa Shoji
P:Hiroshi Matsubara

3
友枝康二郎
暑中見舞　1989
AD, I:友枝康二郎
KOJIRO TOMOEDA
Mid-Summer Greetings 1989
AD, I:Kojiro Tomoeda

6
広瀬輝明
年賀状　1988
DF:㈱ボールド
TERUAKI HIROSE
New Year's Card 1988
DF:Bold Co., Ltd

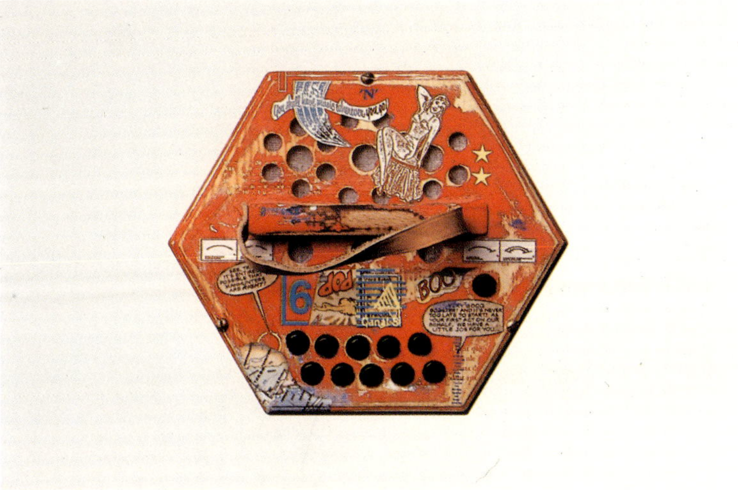

1

2

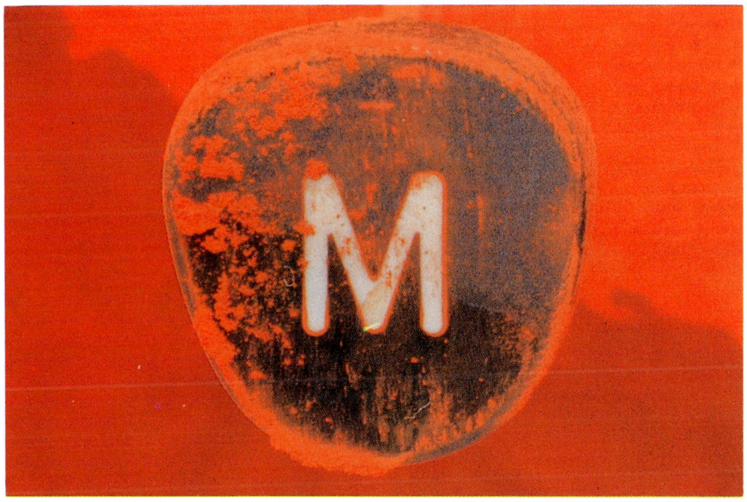

3

4

5

6

1-4
青木克憲
個人作品　1989
AD, D, O:青木克憲
P:池亀孝一
KATSUNORI AOKI
Self Promotion 1989
AD, D, O:Katsunori Aoki
P:Koichi Ikegame

5, 6
狩野　順
販促用カード　1989
AD, D:狩野　順
P:松村隆久
AG:碧雲商事㈱
JUN KANO
Sales Promotion 1989
AD, D:Jun Kano
P:Takahisa Matumura
AG:Hekiun Shoji Co., Ltd.

1

2

3

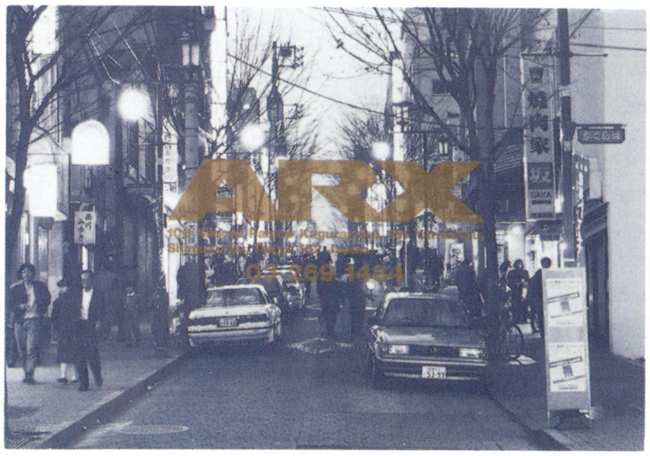

4

5

6

7

8

1
マザー
年賀状　1989
AD, D, P:八十住　孝
MOTHER
New Year's Card 1989
AD, D, P:Koh Yasozumi

2
マザー
暑中見舞　1989
AD, D, P:八十住　孝
MOTHER
Mid-Sammer Greetings 1989
AD, D, P:Koh Yasozumi

3
マドラ
年賀状　1990
D:藤原剛志
P:岩野貴久
MADRA
New Year's Card 1990
D:Tsuyoshi Fujiwara
P:Takahisa Iwano

4
富樫英樹
年賀状　1989
AD, D, P:富樫英樹
CL:アークス, 乃生佳代子
HIDEKI TOGASHI
New Year's Card 1989
AD, D, P:Hideki Togashi
CL:Arx, Kayoko Nosei

5
ホットファッジ
年賀状　1989
AD:深田冬樹
D:石渡はる
P:野沢一興
HOT FUDGE
New Year's Card 1989
AD:Fuyuki Fukada
D:Haru Ishiwata
P:Kazuoki Nozawa

6
寺尾真紀
年賀状　1990
AD, D:寺尾真紀
MAKI TERAO
New Year's Card 1990
AD, D:Maki Terao

7
大橋清一
年賀状　1990
AD:大橋清一
D:今井善一
P:原　富治雄
DF:㈱レマン
CL:㈱ホンダダイレクトマーケティング
SEICHI OHASHI
New Year's Card 1990
AD:Seichi Ohashi
D:Zenichi Imai
P:Fujio Hara
DF:Les Mains Inc.
CL:Honda Direct Marketing Corp.

8
八島克也
年賀状　1989
AD, D, P:八島克也
KATSUYA YASHIMA
New Year's Card 1989
AD, D, P:Katsuya Yahima

1
スーパープランニング
暑中見舞 1989
D:倉島泰志
P:岡本好雄
CL:沼田工藝社
SUPER PLANNING
Mid-Summer Greetings 1989
D:Yasushi Kurashima
P:Yoshio Okamoto
CL:Numata Kogei-sha

2
スーパープランニング
暑中見舞 1989
D:倉島泰志
P:岡本好雄
CL:太田商業建築事務所
SUPER PLANNING
Mid-Summer Greetings 1989
D:Yasushi Kurashima
P:Yoshio Okamoto
CL:Ota Commercial Architecture

3
シーアール・プロット
暑中見舞 1988
AD, D:㈱シーアール・プロット
P:鈴木博道
CR-PLOT
Mid-Summer Greetings 1988
AD, D:CR-Plot Co., Ltd.
P:Hiromichi Suzuki

4
アイデザイン
暑中見舞
AD, D, I:民 芳勝
AI DESIGN
Mid-Summer Greetings
AD, D, I:Yoshikatsu Tami

5
アトリエ ノイ
年賀状 1989
AD, D:岸 敬哲
P:幡山正人
CW:岸春之介
ATELIER NEU !!
New Year's Card 1989
AD, D:Hironori Kishi
P:Masato Hatayama
CW:Harunosuke Kishi

6
アトリエ ノイ
暑中見舞 1989
AD, D:岸 敬哲
P:幡山正人
CW:岸春之介
ATELIER NEU !!
Mid-Summer Greetings 1989
AD, D:Hironori Kishi
P:Masato Hatayama
CW:Harunosuke Kishi

7
アトリエ ノイ
暑中見舞 1989
AD, D:岸 敬哲
P:幡山正人
CW:㈱ダンデリオン
ATELIER NEU !!
Mid-Summer Greetings 1989
AD, D:Hironori Kishi
P:Masato Hatayama
CW:Dandelion Co., Ltd.

8
アトリエ ノイ
年賀状 1989
AD, D:岸 敬哲
P:幡山正人
I:羽原キリコ
CW:岸春之介
ATELIER NEU !!
New Year's Card 1989
AD, D:Hironori Kishi
P:Masato Hatayama
I:Kiriko Habara
CW:Harunosuke Kishi

1

2

3

4

5

6

7

8

1

2

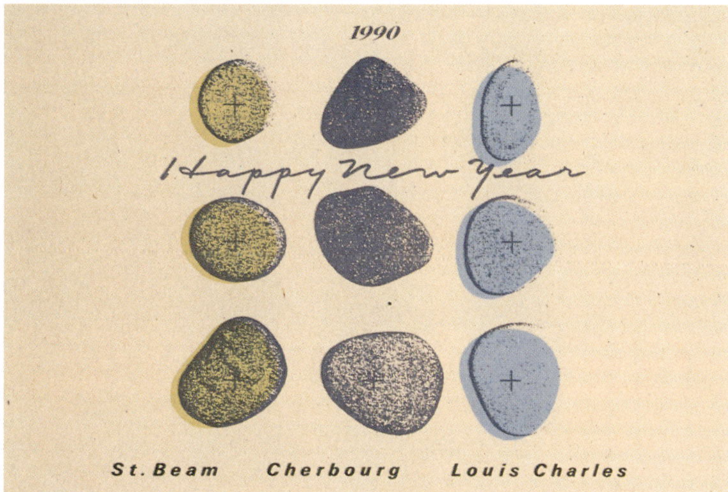

3

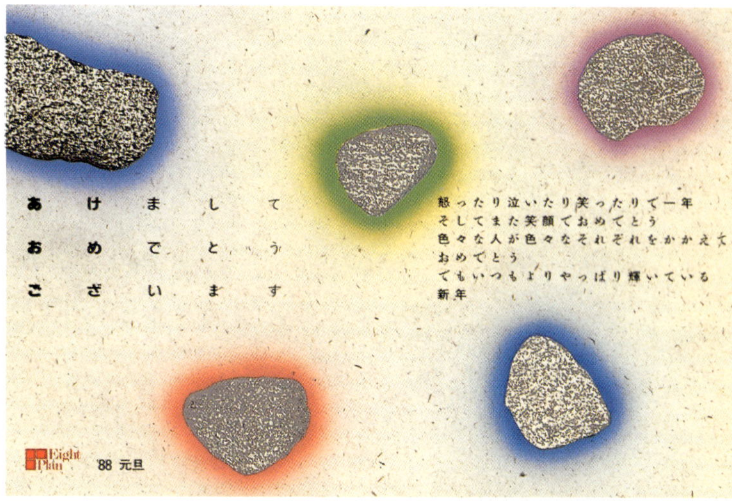

4

5

6

1
佐藤　浩
個展案内状　1984
AD, CW:佐藤　浩
D:アトリエヌーボー
P:石田重次郎
HIROSHI SATO
Invitation to Exhibition 1984
AD, CW:Hiroshi Sato
D:Atelier Nouveau
P:Jujiro Ishida

2
佐藤　浩
市販カード
AD, D, CW:佐藤　浩
P:目羅　勝
CL:オンペーパーギャラリー
HIROSHI SATO
General Purpose
AD, D, CW:Hiroshi Sato
P:Masaru Mera
CL:On Paper Gallery

3
瓜本悟士
年賀状　1989
AD, D:瓜本悟士
CL:丸石㈱
SATOSHI URIMOTO
New Year's Card 1989
AD, D:Satoshi Urimoto
CL:Maruishi Co., Ltd.

4
エイトプラン
年賀状　1988
AD, I, CW:長島弘幸
EIGHT PLAN
New Year's Card 1988
AD, I, CW:Hiroyuki Nagashima

5
三木朋子
年賀状　1988
AD, D:三木朋子
DF:三木健デザイン事務所
TOMOKO MIKI
New Year's Card 1988
AD, D:Tomoko Miki
DF:Ken Miki & Associates

6
ウイール
年賀状　1990
D, CW:古屋　幹
P:上山鉄男
WE'LL
New Year's Card 1990
D, CW:Miki Furuya
P:Tetsuo Ueyama

1

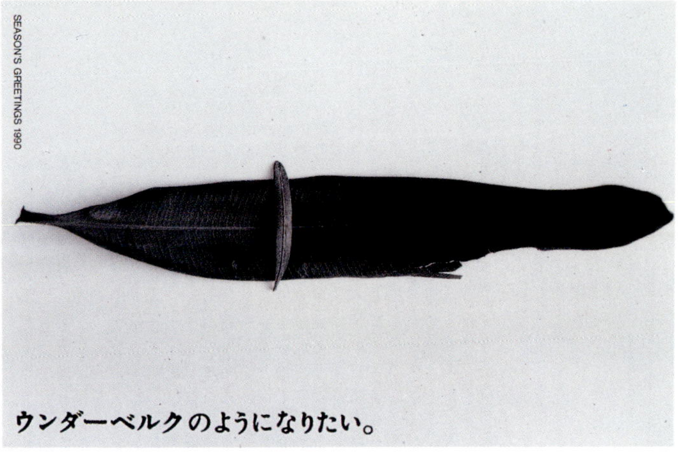

2

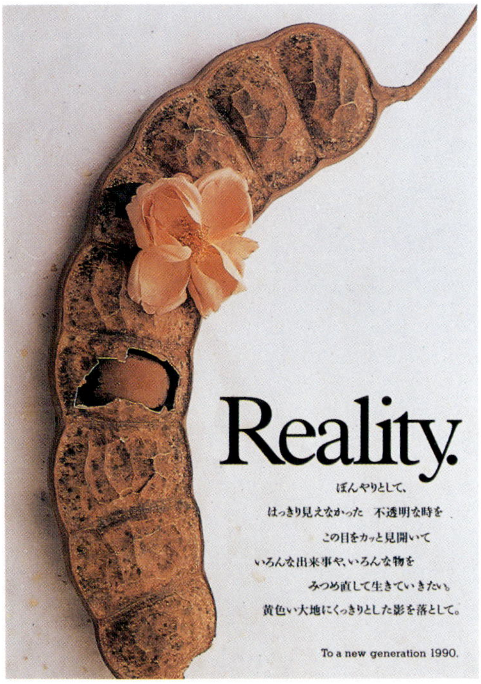

3

4

5

6

1
キャップ・アソシエイツ
年賀状　1989
AD, D:林　政基
P:振角利和
CAP ASSOCIATE
New Year's Card 1989
AD, D:Masaki Hayashi
P:Toshikazu Furikado

2
伊藤晴康
年賀状　1990
AD, D, CW:伊藤晴康
P:梶　洋哉
CL:壺と吉
HARUYASU ITO
New Year's Card 1990
AD, D, CW:Haruyasu Ito
P:Hiroya Kaji
CL:Tsubo & Kichi

3
家永浩子
年賀状　1989
D:家永浩子
P:高原　健
HIROKO IENAGA
New Year's Card 1989
D:Hiroko Ienaga
P:Takeshi Takahara

4
ズーム
挨拶状　1989
AD, D, CW:永江達史
P:殿貝昌弘
ZOOM
Greetings 1989
AD, D, CW:Tatsushi Nagae
P:Masahiro Tonogai

5
マザー
案内状　1990
AD, D:八十住　孝
MOTHER
Announcement 1990
AD, D:Koh Yasozumi

6
イエス
年賀状　1989
CD:佐野幸義
AD, D:荘司芳久
P:松原　宏
CW:豊田充穂
YES
New Year's Card 1989
CD:Yoshiyuki Sano
AD, D:Yoshihisa Shoji
P:Hiroshi Matsubara
CW:Mitsuho Toyota

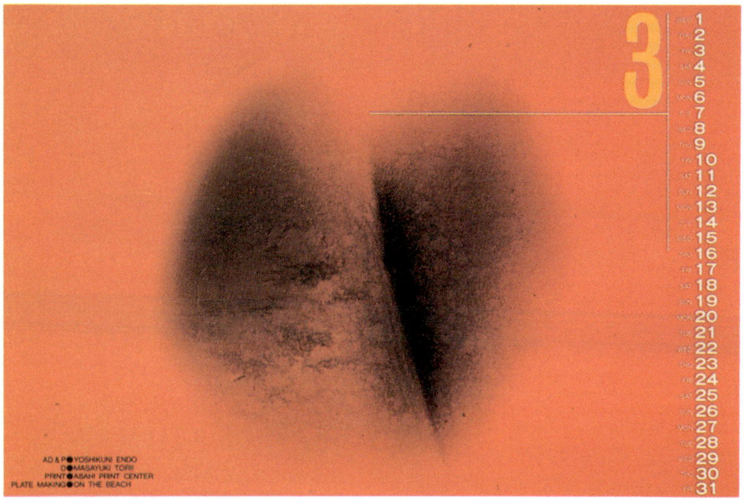

1

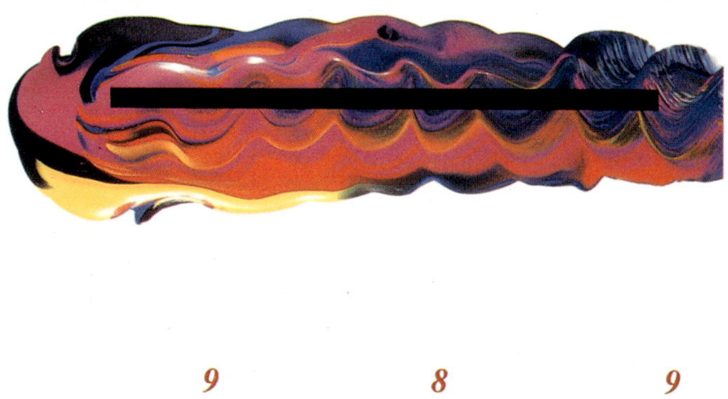

2

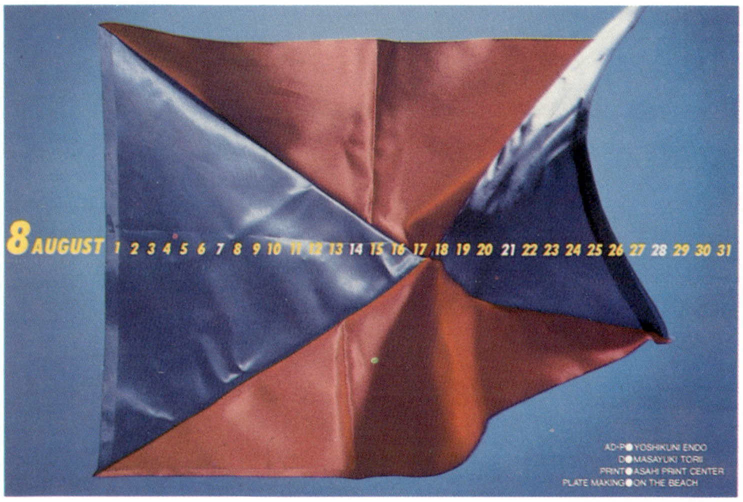

3

4

5

6

1, 3
広告共和国
販促用カード 1989
AD, D:鳥居正幸
P:遠藤嘉邦
KOKOKUKYOWAKOKU
Sales Promotion 1989
AD, D:Masayuki Torii
P:Yoshikuni Endo

2
阿部 博
年賀状 1988
AD, D:阿部 博
P:阿部清美
HIROSHI ABE
New Year's Card 1988
AD, D:Hiroshi Abe
P:Kiyomi Abe

4
阿部 博
年賀状 1989
AD, D:阿部 博
P:阿部清美
HIROSHI ABE
New Year's Card 1989
AD, D:Hiroshi Abe
P:Kiyomi Abe

5
広告共和国
販促用カード 1988
AD, D:鳥居正幸
P:遠藤嘉邦
KOKOKUKYOWAKOKU
Sales Promotion 1988
AD, D:Masayuki Torii
P:Yoshikuni Endo

6
阿部 博
年賀状 1987
AD, D:阿部 博
P:阿部清美
HIROSHI ABE
New Year's Card 1987
AD, D:Hiroshi Abe
P:Kiyomi Abe

1

2

3

4

5

6

1
坂井智明
年賀状　1989
AD, D, I:坂井智明
CL:CBS･ソニー レコード
TOMOAKI SAKAI
New Year's Card 1989
AD, D, I:Tomoaki Sakai
CL:CBS Sony Records

2
坂井智明
年賀状　1989
AD, D:坂井智明
P:山中　学
CL:CBS･ソニー レコード
TOMOAKI SAKAI
New Year's Card 1989
AD, D:Tomoaki Sakai
P:Manabu Ymanaka
CL:CBS Sony Records

3
伊藤賦樹デザイン室
年賀状　1989
AD:伊藤賦樹
D:坪井美佐
D:山田草人
FUKI ITO DESIGN STUDIO
New Year's Card 1989
AD:Fuki Ito
D:Misa Tsuboi
D:Sojin Yamada

4
ジーエーカンパニー
挨拶状　1989
AD, P:平賀伸夫
D:日下　聡
GA COMPANY
Greetings 1989
AD, P:Nobuo Hiraga
D:Satoshi Kusaka

5
マサミヤ
年賀状　1989
D:羽場昌子
P:福田明美
MASAMIYA
New Year's Card 1989
D:Masako Haba
P:Akemi Fukuta

6
坂口　賢
個人作品　1988
AD, D:坂口　賢
P:木下　透
KEN SAKAGUCHI
Self Promotion 1988
AD, D:Ken Sakaguchi
P:Toru Kinoshita

1

2

3

4

5

1
杉崎真之助
年賀状　1989
AD:杉崎真之助
P:斎藤保憲
CL:中川信次デザイン事務所
SHINNOSUKE SUGISAKI
New Year's Card 1989
AD:Shinnosuke Sugisaki
P:Yasunori Saito
CL:Shinji Nakagawa Design Office

2
杉崎真之助
年賀状　1989
AD:杉崎真之助
P:斎藤保憲
CL:テューンギターテクノロジー㈱
SHINNOSUKE SUGISAKI
New Year's Card 1989
AD:Shinnosuke Sugisaki
P:Yasunori Saito
CL:Tune Guiter Tec. Co., Ltd.

3
杉崎真之助
年賀状　1989
AD:杉崎真之助
P:斎藤保憲
CL:イズム㈱
SHINNOSUKE SUGISAKI
New Year's Card 1989
AD:Shinnosuke Sugisaki
P:Yasunori Saito
CL:Ism Inc.

4
ワークス
年賀状　1989
CD, CW:積　高之
AD:寺嶋雅志
P:島田　泉
WORKS
New Year's Card 1989
CD, CW:Takayuki Seki
AD:Masashi Terashima
P:Izumi Shimada

5
杉崎真之助
暑中見舞　1989
AD:杉崎真之助
P:斎藤保憲
SHINNOSUKE SUGISAKI
Mid-Summer Greetings 1989
AD:Shinnosuke Sugisaki
P:Yasunori Saito

1

2

3

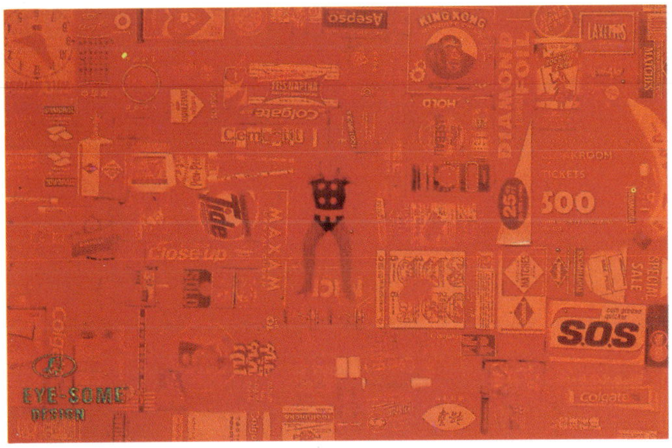

4

5

6

7

1
ビタミン・スタジオ
年賀状 1989
D, P:菊地幹展
DF:ビタミン・スタジオ
VITAMIN STUDIO
New Year's Card 1989
D, P:Mikinobu Kikuchi
DF:Vitamin Studio

7
ビタミン・スタジオ
年賀状 1989
D, P:矢野雅幸
I:石倉ヒロユキ
VITAMIN STUDIO
New Year's Card 1989
D, P:Masayuki Yano
I:Hiroyuki Ishikura

2
ブレックファースト
年賀状 1990
CD, AD:杉本英介
D:藤本裕治
P:若月 勤
O:大西重成
CW:杉本英介
BREAKFAST
New Year's Card 1990
CD, AD:Eisuke Sugimoto
D:Yuji Fujimoto
P:Tsutomu Wakatsuki
O:Shigenari Onishi
CW:Eisuke Sugimoto

3
ハンズ・プロジェクト
クリスマスカード 1989
CD:堀川治人
AD, D:浦岡貞江
P:堀越貞行
I:長田恭子
CW:林 元子
HANDS PROJECT
Christmas Card 1989
CD:Haruto Horikawa
AD, D:Sadae Uraoka
P:Sadayuki Horikoshi
I:Kyoto Osada
CW:Motoko Hayashi

4
アイサム・デザイン
年賀状 1990
CD:養父正一
AD:重山千尋
D:坂 哲二
P:清水哲治
EYE-SOME DESIGN
New Year's Card 1990
CD:Shoichi Yabu
AD:Chihiro Shigeyama
D:Tetsuji Bang
P:Tetsuji Shimizu

5
ハンズ・プロジェクト
年賀状 1989
CD:堀川治人
AD, D:浦岡貞江
P:堀越貞行
I:長田恭子
CW:林 元子
HANDS PROJECT
New Year's Card 1989
CD:Haruto Horikawa
AD, D:Sadae Uraoka
P:Sadayuki Horikoshi
I:Kyoto Osada
CW:Motoko Hayashi

6
ビタミン・スタジオ
年賀状 1989
D, P:矢野雅幸
VITAMIN STUDIO
New Year's Card 1989
D, P:Masayuki Yano

1

2

3

4

1-3
岡崎和昭
案内状　1988, 1989
AD:シーピーファクトリー&バービィーズ
D:岡崎和昭
P:下田泰造
S, HM:田脇節子
KAZUAKI OKAZAKI
Announcement 1988, 1989
AD:C•P•Factory & Barbie's
D:Kazuaki Okazaki
P:Taizo Shimoda
S, HM:Setsuko Tawaki

4
スタジオ・コム
販促用カード　1988
CD:桜井義昭
AD, D, I:杉山啓子
CW:一カ靖子
CL:㈱ツムラ
STUDIO COM
Sales Promotion 1988
CD:Yoshiaki Sakurai
AD, D, I:Keiko Sugiyama
CW:Yasuko Ichiriki
CL:Tsumura Co., Ltd.

1

2

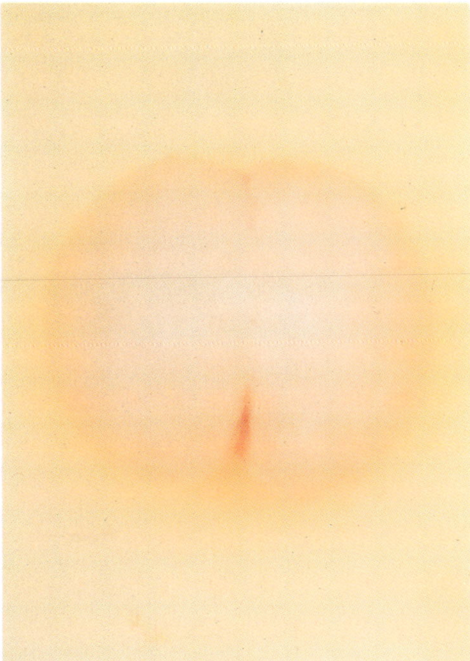

3

4

5

6

1, 2
植田敬治
挨拶状 1989
AD, P:植田敬治
DF:アフターアワーズスタジオ
KEIJI UYEDA
Greetings 1989
AD, P:Keiji Uyeda
DF:After Hours Studio

3
桃組
年賀状 1988
AD, D:粟野英武
P:和田 茂
CL:ブリュー
PEACH & COMPANY
New Year's Card 1988
AD, D:Hidetake Awano
P:Shigeru Wada
CL:Bleu

4
加藤周三
年賀状 1989
AD:加藤周三
D:小森章吾
P:勝田安彦
DF:㈱加藤周三デザインプロダクト
CL:スタジオ フォルム
SHUZO KATO
New Year's Card 1989
AD:Shuzo Kato
D:Akiyoshi Komori
P:Yasuhiko Katsuta
DF:Kato Shuzo Design Product Co., Ltd.
CL:Studio Forme

5
Cカンパニー
暑中見舞 1989
AD:土方 明
D:古木勝紀
P:高橋 修
CW:岩澤 隆
C COMPANY
Mid-Summer Greetings 1989
AD:Akira Hijikata
D:Katsunori Furuki
P:Osamu Takahashi
CW:Takashi Iwasawa

6
加藤周三
年賀状 1990
AD:加藤周三
D:小森章喜
P:勝田安彦
DF:㈱加藤周三デザインプロダクト
SHUZO KATO
New Year's Card 1990
AD:Shuzo Kato
D:Akiyoshi Komori
P:Yasuhiko Katsuta
DF:Kato Shuzo Design Product Co., Ltd.

1

2

3

4

1
ハイファイカンパニー
案内状 1988
DF:㈲ハイファイカンパニー
HI-FI COMPANY
Announcement 1988
DF:Hi-Fi Company Ltd.

2
ハイファイカンパニー
年賀状 1989
DF:㈲ハイファイカンパニー
HI-FI COMPANY
New Year's Card 1989
DF:Hi-Fi Company Ltd.

3
ハイファイカンパニー
年賀状 1990
DF:㈲ハイファイカンパニー
HI-FI COMPANY
New Year's Card 1990
DF:Hi-Fi Company Ltd.

4
鬼丸トシヒロ
年賀状 1990
D:鬼丸トシヒロ
P:鈴木一雄
DF:マザーズ レオ
TOSHIHIRO ONIMARU
New Year's Card 1990
D:Toshihiro Onimaru
P:Kazuo Suzuki
DF:Mothers Leo

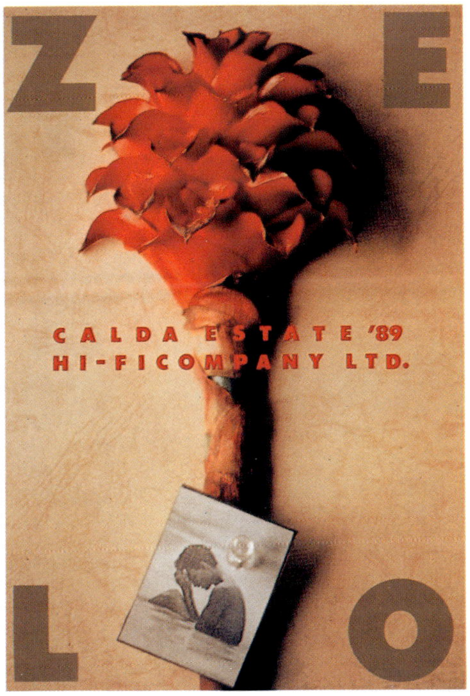

1

2

3

1
ハイファイカンパニー
暑中見舞 1989
DF:㈲ハイファイカンパニー
HI-FI COMPANY
Mid-Summer Greetings 1989
DF:Hi-Fi Company Ltd.

2
大橋清一
案内状 1988
AD, D:大橋清一
P:鶴田直樹
CL:㈱今関商会
SEICHI OHASHI
Announcement 1988
AD, D:Seichi Ohashi
P:Naoki Turuta
CL:Imazeki Shokai Co., Ltd.

3
大橋清一
年賀状 1989
AD, D:大橋清一
P:鶴田直樹
SEICHI OHASHI
New Year's Card 1989
AD, D:Seichi Ohashi
P:Naoki Turuta

4
岡橋秀則
案内状 1988
AD, D:岡橋秀則
P:平塚正男
S:吉川眞実
CL:吉川眞実フラワーオフィス
HIDENORI OKAHASHI
Announcement 1988
AD, D:Hidenori Okahashi
P:Masao Hiratsuka
S:Mami Yoshikawa
CL:Yoshikawa Mami Flower Office

5
大橋清一
年賀状 1990
AD, D:大橋清一
SEICHI OHASHI
New Year's Card 1990
AD, D:Seichi Ohashi

6
高林 巖
販促用カード 1990
CD:高林 巖
AD:関本信弥
CL:㈱テンス
GAN TAKABAYASHI
Sales Promotion 1990
CD:Gan Takabayashi
AD:Shinya Sekimoto
CL:Tenth Co., Ltd.

4

5

6

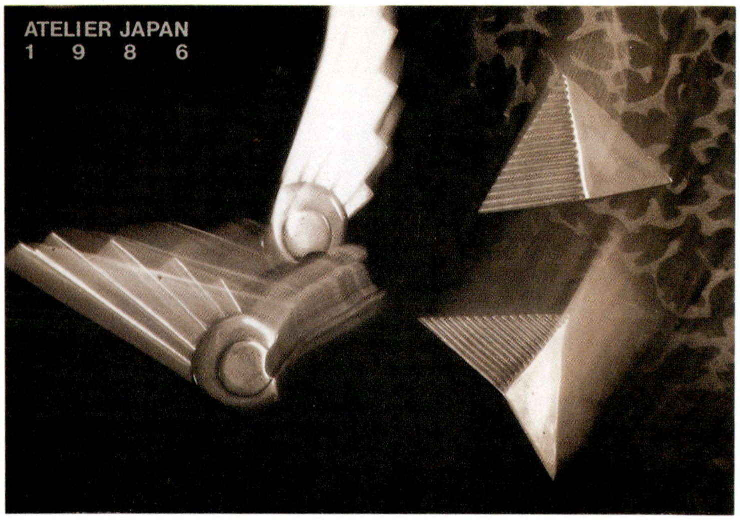

1

2

3

4

5

1
ナンバーワン・デザイン・オフィス
案内状 1986
CD, AD, P:高木由利子
D:佐村憲一
CL:アトリエ・ジャパン
NUMBER ONE DESIGN OFFICE
Announcement 1986
CD, AD, P:Yuriko Takagi
D:Kenichi Samura
CL:Atelier Japan Inc.

2
益山航士
個展案内状 1990
AD:吉田 臣
A:益山航士
COUSI MASUYAMA
Invitation to Exhibition 1990
AD:Shin Yoshida
A:Cousi Masuyama

3
グリップ
案内状 1989
AD:久江康裕
D:丸山直子
CL:ビーライン
GRIP
Announcement 1989
AD:Yasuhiro Hisae
D:Naoko Maruyama
CL:Bee-Line

4
グリップ
案内状 1988
AD:近藤 薫
D:久江康裕
GRIP
Announcement 1988
AD:Kaoru Kondo
D:Yasuhiro Hisae

5
スーパープランニング
年賀状 1990
D:倉島泰志
P:岡本好雄
SUPER PLANNING
New Year's Card 1990
D:Yasushi Kurashima
P:Yoshio Okamoto

1
スタジオ・コム
年賀状 1989
CD, AD:桜井義昭
D:小杉伸幸
I:杉山啓子
CL:㈱ツムラ
STUDIO COM
New Year's Card 1989
CD, AD:Yoshiaki Sakurai
D:Nobuyuki Kosugi
I:Keiko Sugiyama
CL:Tsumura Co., Ltd.

2
佐野純二
年賀状 1989
D:佐野純二
JUNJI SANO
New Year's Card 1989
D:Junji Sano

3
辻森茂和
挨拶状 1989
AD, D:辻森茂和
I:秋山恵子
DF:㈱ウーノ
SHIGEKAZU TSUJIMORI
Greetings 1989
AD, D:Shigekazu Tsujimori
I:Keiko Akiyama
DF:Ōno Inc.

4
ボールド研究所
年賀状 1987
AD, D, I:広瀬輝明
BOLD INSTITUTE
New Year's Card 1987
AD, D, I:Teruaki Hirose

5
吉田 誠
年賀状 1988
AD, D, P:吉田 誠
DF:㈱プリズマ
MAKOTO YOSHIDA
New Year's Card 1988
AD, D, P:Makoto Yoshida
DF:Prisma Co., Ltd.

6
吉田 誠
年賀状 1987
AD, D, P:吉田 誠
DF:㈱プリズマ
MAKOTO YOSHIDA
New Year's Card 1987
AD, D, P:Makoto Yoshida
DF:Prisma Co., Ltd.

7
南部俊安
年賀状 1990
AD, D:南部俊安
CL:㈲テイスト
TOSHIYASU NANBU
New Year's Card 1990
AD, D:Toshiyasu Nanbu
CL:Taste Inc.

8
前田隆史
年賀状 1990
AD, D, I:前田隆史
DF: クラッカー・デザイン
TAKAFUMI MAEDA
New Year's Card 1990
AD, D, I:Takafumi Maeda
DF:Craker Design

1

2

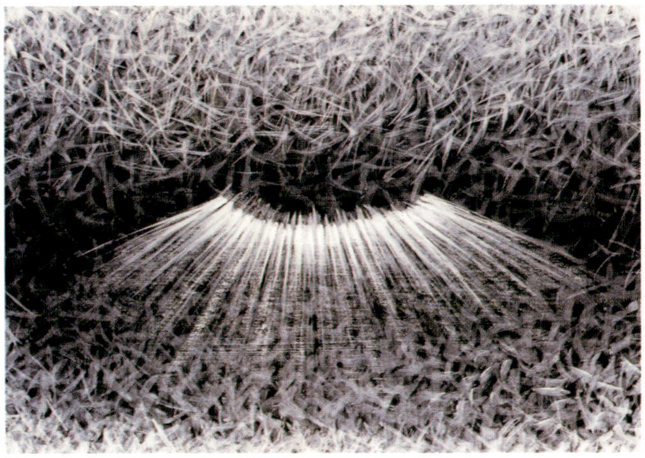
3

4

5

6

7

8

1

2

3

4

1, 2
生駒由紀夫
年賀状 1990
AD, D:生駒由紀夫
P:奥村康人
YUKIO IKOMA
New Year's Card 1990
AD, D:Yukio Ikoma
P:Yasuto Okumura

3
ズーム
年賀状 1989
AD, D:永江達史
P:間宮吉彦
CW:中嶋 孝
ZOOM
New Year's Card 1989
AD, D:Tatsushi Nagae
P:Yoshihiko Mamiya
CW:Takashi Nakajima

4
斉藤倫世
年賀状 1989
AD, D:斉藤倫世
MICHIYO SAITO
New Year's Card 1989
AD, D:Michiyo Saito

1

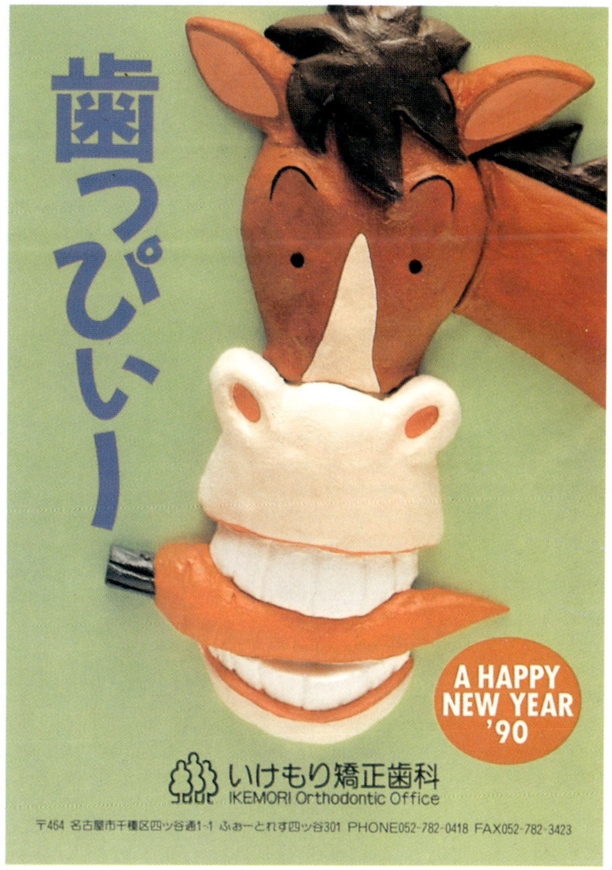

2

3

4

1
リュリュ
年賀状　1989
AD, D, I:松井康浩
CL:いけもり矯正歯科
RYU-RYU
New Year's Card 1989
AD, D, I:Yasuhiro Matsui
CL:Ikemori Orthodontic Office

2
リュリュ
年賀状　1990
AD, D, I:松井康浩
CL:いけもり矯正歯科
RYU-RYU
New Year's Card 1990
AD, D, I:Yasuhiro Matsui
CL:Ikemori Orthodontic Office

3
リュリュ
クリスマスカード　1988
AD, D, I:松井康浩
CL:いけもり矯正歯科
RYU-RYU
Christmas Card 1988
AD, D, I:Yasuhiro Matsui
CL:Ikemori Orthodontic Office

4
リュリュ
クリスマスカード　1989
AD, D, I:松井康浩
CL:いけもり矯正歯科
RYU-RYU
Christmas Card 1989
AD, D, I:Yasuhiro Matsui
CL:Ikemori Orthodontic Office

1

2

3

4

5

6

7

1
吉野修平
年賀状　1987
D, P, I, CW:吉野修平
SHUHEI YOSHINO
New Year's Card 1987
D, P, I, CW:Shuhei Yoshino

2
吉野修平
案内状　1989
AD, D, CW:吉野修平
P:川田吉美
I:山田　茂
DF:ヨシノ・デザイン・オフィス
AG:㈱ミューズ
CL:代々木日大ゼミナール
SHUHEI YOSHINO
Announcement 1989
AD, D, CW:Shuhei Yoshino
P:Yoshimi Kawada
I:Sigeru Yamada
DF:Yoshino Design Office
AG:Muse Co., Ltd.
CL:Yoyogi Nichidai Seminer

3
電広エイジェンシー
個人作品　1989
D:田端昌良
P:石黒幹也
CW:武藤亮一
DENKO AGENCY
Self Promotion 1989
D:Masayoshi Tabata
P:Mikiya Ishiguro
CW:Ryoichi Muto

4
電広エイジェンシー
個人作品　1989
D:田端昌良
P:石黒幹也
CW:武藤亮一
DENKO AGENCY
Self Promotion 1989
D:Masayoshi Tabata
P:Mikiya Ishiguro
CW:Ryoichi Muto

5
電広エイジェンシー
年賀状　1990
D:田端昌良
P:石黒幹也
CW:武藤亮一
DENKO AGENCY
New Year's Card 1990
D:Masayoshi Tabata
P:Mikiya Ishiguro
CW:Ryoichi Muto

6
電広エイジェンシー
クリスマスカード　1989
D:田端昌良
P:石黒幹也
CW:武藤亮一
DENKO AGENCY
Christmas Card 1989
D:Masayoshi Tabata
P:Mikiya Ishiguro
CW:Ryoichi Muto

7
クリエイティブデザインセンス
年賀状　1990
AD:岩村千一
D:江沢幹夫
P:伊勢令康
CREATIVE DESIGN SENSE
New Year's Card 1990
AD:Senichi Iwamura
D:Mikio Ezawa
P:Noriyasu Ise

1
ボールド研究所
年賀状　1990
AD, D, I:広瀬輝明
BOLD INSTITUTE
New Year's Card 1990
AD, D, I:Teruaki Hirose

2
福田敏秀
挨拶状　1990
AD, D:村山直幸
I:ナオユキ パブロ ムラヤマ
CW:福田敏秀
DF:カメレオン
TOSHIHIDE FUKUDA
Greetings 1990
AD, D:Naoyuki Murayama
I:Naoyuki Pabro Murayama
CW:Toshihide Fukuda
DF:Chameleon Inc.

3
友枝康二郎
年賀状　1989
AD, I:友枝康二郎
CL:ヘッケルスポーツ
KOJIRO TOMOEDA
New Year's Card 1989
AD, I:Kojiro Tomoeda
CL:Heckel Sport

4
福田　毅
挨拶状　1989
AD, I:福田　毅
D:村山直幸
DF:カメレオン
TSUYOSHI FUKUDA
Greetings 1989
AD, I:Tsuyoshi Fukuda
D:Naoyuki Murayama
DF:Chameleon Inc.

5
コンテムポラリー・プロダクション
年賀状　1989
AD, D, I, CW:信藤三雄
CONTEMPORARY PRODUCTION
New Year's Card 1989
AD, D, I, CW:Mitsuo Shindo

6
ボビー
年賀状　1990
AD:有ボビー
BOBBY
New Year's Card 1990
AD:Bobby Inc.

7
寺尾真紀
年賀状　1989
AD, D:寺尾真紀
MAKI TERAO
New Year's Card 1989
AD, D:Maki Terao

8
加藤妙子
案内状
CD, I:加藤妙子
AD, D:加藤芳夫
TAEKO KATO
Announcement
CD, I:Taeko Kato
AD, D:Yoshio Kato

9
坂林三由紀
案内状　1989
D:坂林三由紀
CL:オフィスイデア
MIYUKI SAKABAYASHI
Announcement 1989
D:Miyuki Sakabayashi
CL:Office Idea

1

2

3

4

5

6

7

8

9

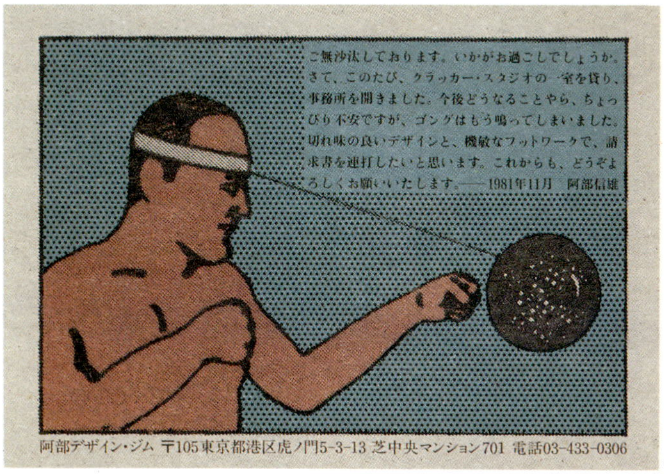

1

2

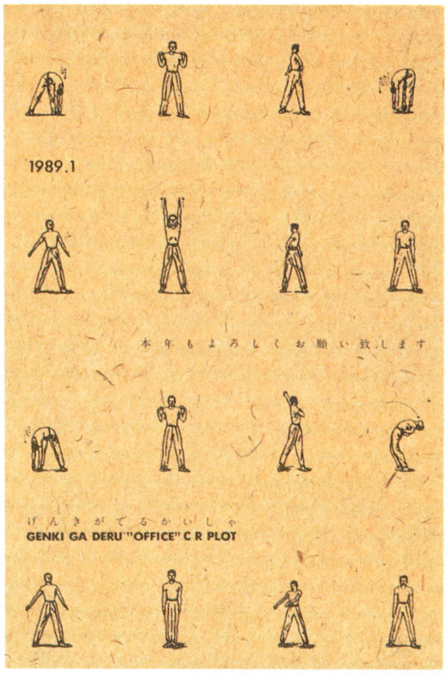

3

4

5

6

1
ゴング
案内状 1981
AD, D:阿部信雄
DF:阿部デザイン・ジム
GONG
Announcement 1981
AD, D:Nobuo Abe
DF:Abe Design Gym.

2
吉野修平
年賀状 1985
D:吉野修平
SHUHEI YOSHINO
New Year's Card 1985
D:Shuhei Yoshino

3
シーアール・プロット
年賀状 1989
AD, D:㈱シーアール・プロット
CR-PLOT
New Year's Card 1989
AD, D:CR-Plot Co., Ltd.

4
F·B·I & S·P. CO.
クリスマスカード 1989
AD:神谷敬久
CL:㈱スーパープランニング
F·B·I & S·P. CO.
Christmas Card 1989
AD:Takahisa Kamiya
CL:Super Planning Co., Ltd.

5
寺尾真紀
年賀状 1988
AD, D:寺尾真紀
MAKI TERAO
New Year's Card 1988
AD, D:Maki Terao

6
工画堂スタジオ
暑中見舞 1989
CD, AD:河内郁子
D:鈴木由紀子
KŌGAĐ STUDIO
Mid-Summer Greetings 1989
CD, AD:Ikuko Kawachi
D:Yukiko Suzuki

1
コンテムポラリー・プロダクション
暑中見舞　1989
AD:信藤三雄
D, I, CW:手塚久美子
CL:雲母社
CONTEMPORARY PRODUCTION
Mid-Summer Greetings 1989
AD:Mitsuo Shindo
D, I, CW:Kumiko Tezuka
CL:Kirarasha

2
青木克憲
展覧会案内状　1989
AD, D, I, CW:青木克憲
KATSUNORI AOKI
Invitation to Exhibition 1989
AD, D, I, CW:Katsunori Aoki

3
平野文子
年賀状　1990
AD, D, I:平野文子
FUMIKO HIRANO
New Year's Card 1990
AD, D, I:Fumiko Hirano

4
桃シルクスクリーン
暑中見舞　1989
I:うすやまみえぽ。
CL:アマンディーヌ
MO² SILK SCREEN
Mid-Summer Greetings 1989
I:Miebo Usuyama
CL:Amandine

5
佐藤　徹
年賀状　1989
AD, D, I:佐藤　徹
DF:エピック・ソニーレコード
TAUL SATO
New Year's Card 1989
AD, D, I:Taul Sato
DF:Epic / Sony Records

6
木原庸佐
個人作品　1990
I:木原庸佐
YOSUKE KIHARA
Self Promotion 1990
I:Yosuke Kihara

7
シュガーポット
年賀状　1990
AD, D, I:久保博義
SUGARPOT
New Year's Card 1990
AD, D, I:Hiroyoshi Kubo

8
鳥山大樹
案内状　1986
AD:鳥山大樹
D:鳥山ひろこ
P:玉置光美
DF:バード・デザインハウス
CL:㈱ラフェース
TAIKI TORIYAMA
Announcement 1986
AD:Taiki Toriyama
D:Hiroko Toriyama
P:Terumi Tamaki
DF:Bird Design House
CL:Laféte Co., Ltd.

1

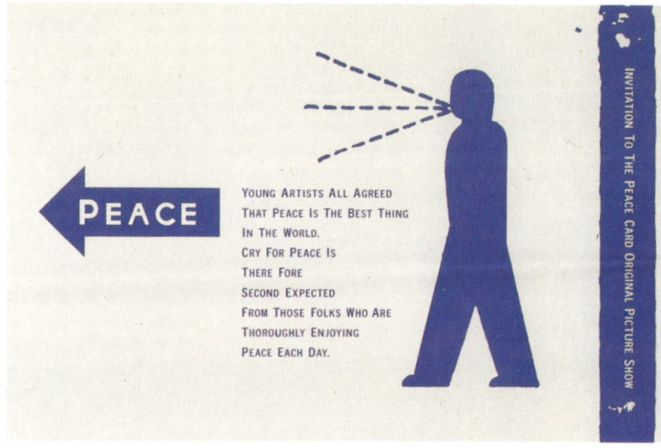

2

3

4

5

6

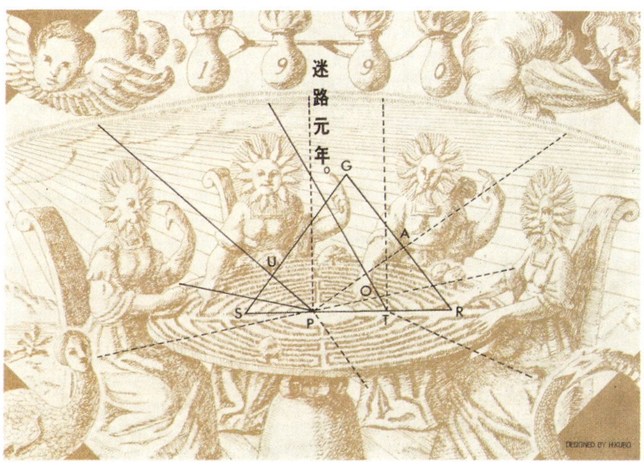

7

8

1

2

1
北岡一浩
個人作品 1989
AD, D:坂口 賢
P:北岡一浩
CL:スタジオホッパー
KAZUHIRO KITAOKA
Self Promotion 1989
AD, D:Ken Sakaguchi
P:Kazuhiro Kitaoka
CL:Studio Hopper

2
坂田栄一郎
個展案内状 1989
AD:戸田正寿
P:坂田栄一郎
EIICHIRO SAKATA
Invitation to Exhibition 1989
AD:Masatoshi Toda
P:Eiichiro Sakata

3

4

3
高木由利子
挨拶状 1987
CD, AD, P:高木由利子
D:佐村憲一
CL:パパラギスタジオ
DF:ナンバーワン・デザイン・オフィス
YURIKO TAKAGI
Greetings 1987
CD, AD, P:Yuriko Takagi
D:Kenichi Samura
CL:Papalagi Studio
DF:Number One Design Office

4
木下 透
個人作品 1989
AD, D:坂口 賢
P:木下 透
CL:シャフト
TORU KINOSHITA
Self Promotion 1989
AD, D:Ken Sakaguchi
P:Toru Kinoshita
CL:Schaft

1

2

3

4

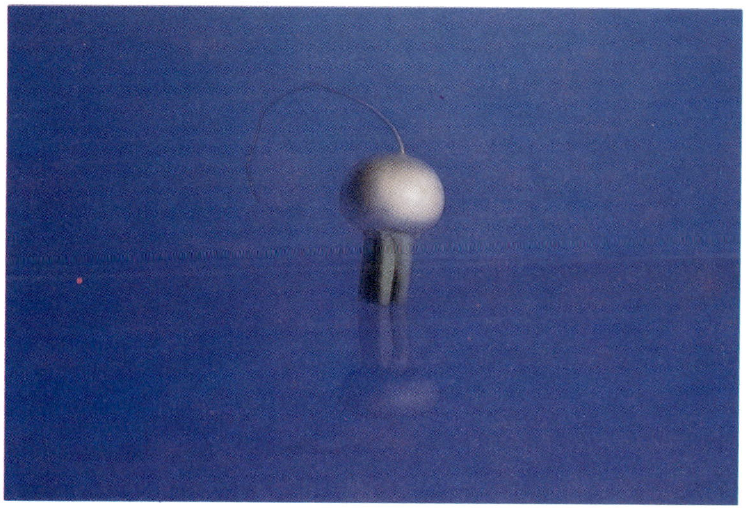
5

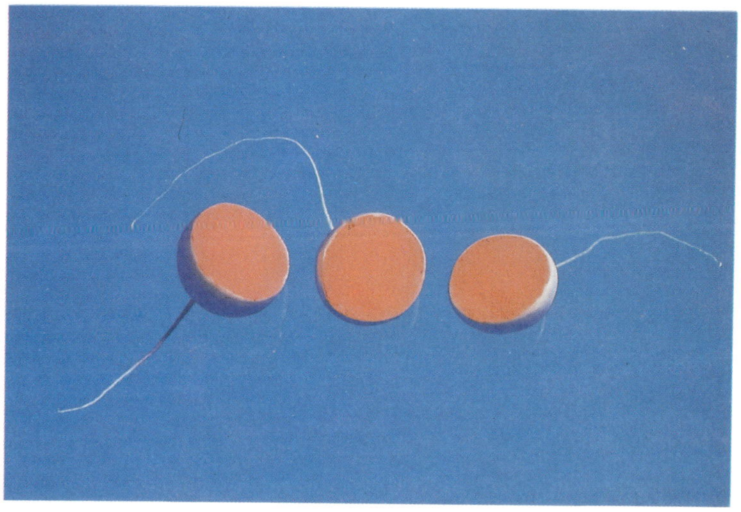
6

1
広川泰士
年賀状　1988
D:駒形克己
P:広川泰士
TAISHI HIROKAWA
New Year's Card 1988
D:Katsumi Komagata
P:Taishi Hirokawa

2
広川泰士
年賀状　1989
D:駒形克己
P:広川泰士
TAISHI HIROKAWA
New Year's Card 1989
D:Katsumi Komagata
P:Taishi Hirokawa

3
山本昌男
個展案内状　1989
P:山本昌男
MASAO YAMAMOTO
Invitation to Exhibition 1989
P:Masao Yamamoto

4
山本昌男
暑中見舞　1987
P:山本昌男
MASAO YAMAMOTO
Mid-Summer Greetings 1987
P:Masao Yamamoto

5, 6
木下　透
個人作品　1987
AD, D:坂口　賢
P:木下　透
CL:SID
TORU KINOSHITA
Self Promotion 1987
AD, D:Ken Sakaguchi
P:Toru Kinoshita
CL:SID

1

2

3

4

5

6

1-6
武藤　慧
市販カード　1989
CD, P:武藤　慧
CD:長尾敦子
AD, D:黒澤邦彦
DF:㈲ユニゾンハウス
KEI MUTO
General Purpose 1989
CD, P:Kei Muto
CD:Atsuko Nagao
AD, D:Kunihiko Kurosawa
DF:Unison House Co., Ltd.

1

2

3

4

1-4
南 信司
市販カード 1990
CD:黒澤邦彦
AD, D:中込由紀
P:南 信司
DF:ティップ シック
CL:㈲ユニゾンハウス
SHINJI MINAMI
General Purpose 1990
CD:Kunihiko Kurosawa
AD, D:Yuki Nakagome
P:Shinji Minami
DF:Type Chic
CL:Unison House Co., Ltd.

1

2

3

5

4

6

7

1, 4, 6
藤田一咲
市販カード　1988
CD, P:藤田一咲
AD, D:黒澤邦彦
DF:㈲ユニゾンハウス
CL:㈱マルゼン商事レイジースーザン事業部
ISSAQUE FOUJITA
General Purpose 1988
CD, P:Issaque Foujita
AD, D:Kunihiko Kurosawa
DF:Unison House Co., Ltd.
CL:Lazy Susan

2, 3
岸野正彦
市販カード　1989
AD:菅原真理
P:岸野正彦
MASAHIKO KISHINO
General Purpose 1989
AD:Mari Sugawara
P:Masahiko Kishino

5, 7
藤田一咲
市販カード　1987
CD, D:黒澤邦彦
P:藤田一咲
DF:㈲ユニゾンハウス
ISSAQUE FOUJITA
General Purpose 1987
CD, D:Kunihiko Kurosawa
P:Issaque Foujita
DF:Unison House Co., Ltd.

1

2

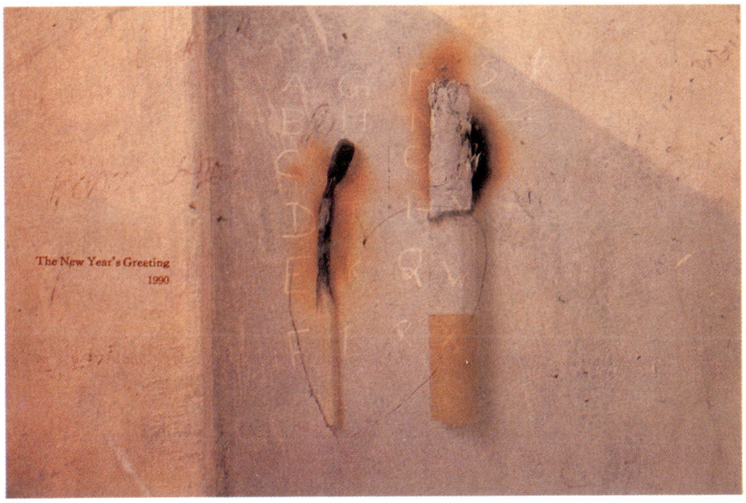

3

4

5

6

1
山本昌男
個展案内状　1986
P:山本昌男
MASAO YAMAMOTO
Invitation to Exhibition 1986
P:Masao Yamamoto

2
山本昌男
個展案内状　1988
Dレッド アンド ブルー
P:山本昌男
MASAO YAMAMOTO
Invitation to Exhibition 1988
D:Red & Blue
P:Masao Yamamoto

3
山本昌男
挨拶状　1990
P:山本昌男
MASAO YAMAMOTO
Greetings 1990
P:Masao Yamamoto

4
山本昌男
個展案内状　1987
P:山本昌男
MASAO YAMAMOTO
Invitation to Exhibition 1987
P:Masao Yamamoto

5
山本昌男
個展案内状　1988
P:山本昌男
MASAO YAMAMOTO
Invitation to Exhibition 1988
P:Masao Yamamoto

6
山本昌男
年賀状　1990
D:レッド アンド ブルー
P:山本昌男
MASAO YAMAMOTO
New Year's Card 1990
D:Red & Blue
P:Masao Yamamoto

1

2

3

4

FILLING STATION
stopping engine and no smoking.

5

1
郷司基晴
個展案内状　1989
D:坂井智明
P:郷司基晴
MOTOHARU GOUSHI
Invitation to Exhibition 1989
D:Tomoaki Sakai
P:Motoharu Goushi

2
後藤浩文
年賀状　1989
AD, D:秋葉勇人
P:後藤浩文
CL:スタジオゴッド
HIROFUMI GOTO
New Year's Card 1989
AD, D:Hayato Akiba
P:Hirofumi Goto
CL:Studio God

3
豊浦正明
市販カード　1990
AD, D:菅原眞理
P:豊浦正明
DF:㈱アートプリントジャパン
MASAAKI TOYOURA
General Purpose 1990
AD, D:Mari Sugawara
P:Masaaki Toyoura
DF:Art Print Japan Co., Ltd.

4
中森泰弘
暑中見舞　1988
AD, D:岸　敬哲
P:中森泰弘
DF:㈲アトリエ ノイ
YASUHIRO NAKAMORI
Mid-Summer Greetings 1988
AD, D:Hironori Kishi
P:Yasuhiro Nakamori
DF:Atelier Neu !! Inc.

5
日置真光
市販カード　1990
AD, D:菅原眞理
P:日置真光
DF:㈱アートプリントジャパン
MASAMI HIOKI
General Purpose 1990
AD, D:Mari Sugawara
P:Masami Hioki
DF:Art Print Japan Co., Ltd.

1

2

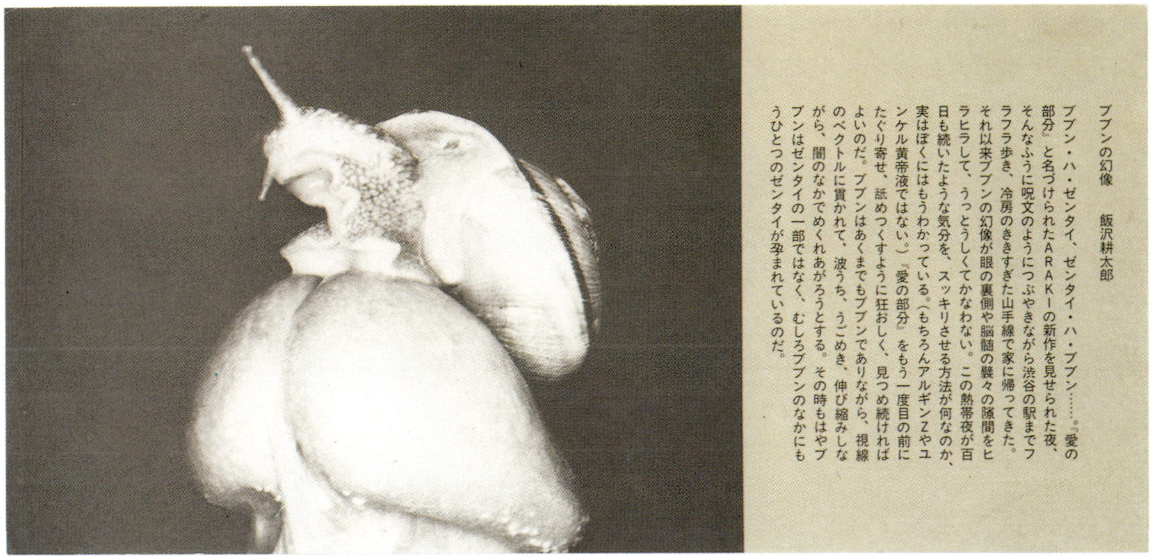

3

4

1
荒木経惟
個展案内状　1990
AD, D:鈴木成一
P:荒木経惟
NOBUYOSHI ARAKI
Invitation to Exhibition 1990
AD, D:Seiichi Suzuki
P:Nobuyoshi Araki

2
荒木経惟
個展案内状　1986
P:荒木経惟
NOBUYOSHI ARAKI
Invitation to Exhibition 1986
P:Nobuyoshi Araki

3
荒木経惟
個展案内状　1987
AD, D:末井　昭
P:荒木経惟
NOBUYOSHI ARAKI
Invitation to Exhibition 1987
AD, D:Akira Suei
P:Nobuyoshi Araki

4
荒木経惟
個人作品　1989
P:荒木経惟
NOBUYOSHI ARAKI
Self Promotion 1989
P:Nobuyoshi Araki

1

2

3

4

5

6

1
古川定房
販促用カード　1989
AD:和代人平
P:古川定房
S:新川今日子
HM:大橋　覚
CL:㈱鈴屋
SADAFUSA FURUKAWA
Sales Promotion 1989
AD:Jinpei Washiro
P:Sadafusa Furukawa
S:Kyoko Shinkawa
HM:Satoru Ohashi
CL:Suzuya Co., Ltd.

2
古川定房
暑中見舞　1989
AD:和代人平
P:古川定房
S:新川今日子
HM:野沢博之
CL:㈱鈴屋
SADAFUSA FURUKAWA
Mid-Summer Greetings 1989
AD:Jinpei Washiro
P:Sadafusa Furukawa
S:Kyoko Shinkawa
HM:Hiroyuki Nozawa
CL:Suzuya Co., Ltd.

3
伊川若子
個人作品　1989
AD, P:伊川若子
D, I:伊川秀雄
WAKAKO IGAWA
Self Promotion 1989
AD, P:Wakako Igawa
D, I:Hideo Igawa

4
大山千賀子
年賀状　1990
CD, AD:仲條正義
D, CW:伊藤ひろみ
P:大山千賀子
CHIKAKO OOYAMA
New Year's Card 1990
CD, AD:Masayoshi Nagajo
D, CW:Hiromi Ito
P:Chikako Ooyama

5, 6
佐藤良平
市販カード　1990
AD, D:菅原眞理
P:佐藤良平
DF:㈱アートプリントジャパン
RYOHEI SATO
General Purpose 1990
AD, D:Mari Sugawara
P:Ryohei Sato
DF:Art Print Japan Co., Ltd.

1

2

3

4

5

1, 3
梶　洋哉
販促用カード　1989
AD:サボア ビブル
P:梶　洋哉
CL:ギャラリーサボア・ビブル
HIROYA KAJI
Sales Promotion 1989
AD:Savoir Vivre
P:Hiroya Kaji
CL:Gallery Savoir Vivre

2
梶　洋哉
年賀状　1990
D, P:梶　洋哉
HIROYA KAJI
New Year's Card 1990
D, P:Hiroya Kaji

4
梶　洋哉
販促用カード　1988
AD:サボア ビブル
P:梶　洋哉
CL:ギャラリーサボア・ビブル
HIROYA KAJI
Sales Promotion 1988
AD:Savoir Vivre
P:Hiroya Kaji
CL:Gallery Savoir Vivre

5
小西海彦
年賀状　1990
D:原　純志
P, CW:小西海彦
UMIHIKO KONISHI
New Year's Card 1990
D:Junshi Hara
P, CW:Umihiko Konishi

1

2

3

4

1-4
植田正治
挨拶状　1989
CD, AD:水谷孝次
D:紅林宏和
P:植田正治
DF:水谷事務所
CL:㈱パルコ
SHOUJI UEDA
Greetings 1989
CD, AD :Koji Mizutani
D:Hirokazu Kurebayashi
P:Shouji Ueda
DF:Mizutani Studio Co., Ltd.
CL:Parco Co., Ltd.

1
タケシマ コウジ
個人作品 1989
I:タケシマ コウジ
DF:ビタミン・スタジオ
KOUJI TAKESHIMA
Self Promotion 1989
I:Kouji Takeshima
DF:Vitamin Studio

2
酒井賢司
年賀状 1990
AD, D, I:酒井賢司
DF:サイモンセッズ
KENJI SAKAI
New Year's Card 1990
AD, D, I:Kenji Sakai
DF:Simon Says

1

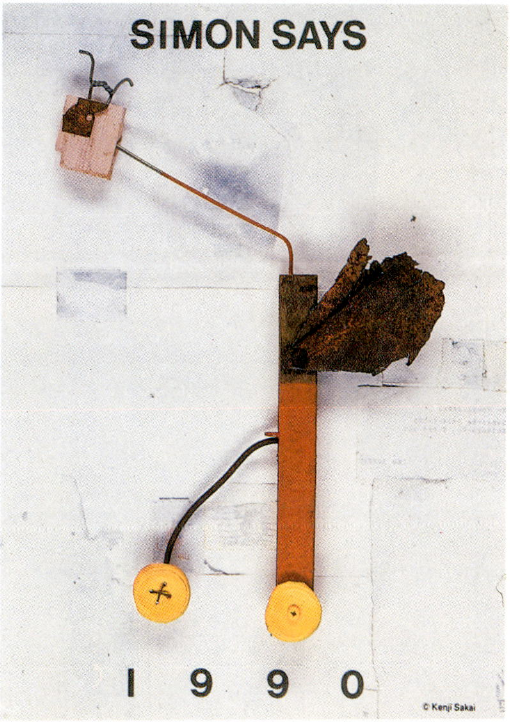

2

3
山城隆一
個展案内状 1985
AD:吉田 臣
D:塚本佳哉樹
A:山城隆一
DF:コミュニケーション・アーツ・R
CL:有楽町西武
RYUICHI YAMASHIRO
Invitation to Exhibition 1985
AD:Shin Yoshida
D:Kayaki Tsukamoto
A:Ryuichi Yamamoto
DF:Communication Arts R
CL:Yurakucho Seibu

4
山城隆一
個展案内状 1989
AD, A:山城隆一
DF:コミュニケーション・アーツ・R
CL:光が丘西武
RYUICHI YAMASHIRO
Invitation to Exhibition 1989
AD, A:Ryuichi Yamamoto
DF:Communication Arts R
CL:Hikarigaoka Seibu

3

4

1

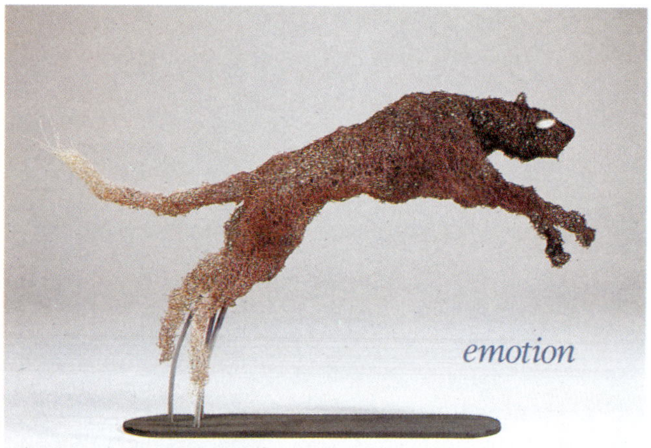

2

3

4

5

6

7

1
北見　隆
個人作品　1988
AD, D, I:北見　隆
P:大滝吉春
TAKASHI KITAMI
Self Promotion 1988
AD, D, I:Takashi Kitami
P:Yoshiharu Otaki

2
信耕ヒロ子
個展案内状　1989
AD:信耕ヒロ子
D:薄葉陽子
P:鳴海宣夫
HIROKO SHINKOU
Invitation to Exhibition 1989
AD:Hiroko Shinkou
D:Yoko Usuba
P:Nobuo Narumi

3
佐藤陽一
個展案内状　1989
P:和田正成
O:佐藤陽一
CL:池袋西武 アトリエ・ヌーボー
YOHICHI SATOH
Invitation to Exhibition 1989
P:Masanori Wada
O:Yohichi Sato
CL:Ikebukuro Seibu
"Atelier Nouveau"

4
秋山　孝
案内状　1987
AD, D:秋山　孝
P:村松裕志
CL:バードカービングクラブ
TAKASHI AKIYAMA
Announcement 1987
AD, D:Takashi Akiyama
P:Hiroshi Muramatsu
CL:Bird Carving Club

5
野崎一人
販促用カード　1989
I:野崎一人
CL:富士通
KAZUHITO NOZAKI
Sales Promotion 1989
I:Kazuhito Nozaki
CL:Fujitsu

6
寺門孝之
販促用カード　1989
AD:世永逸彦
I:寺門孝之
DF:オフィス・ナンバー・ナイン
CL:ぴあミュージックコンプレックス
TAKAYUKI TERAKADO
Sales Promotion 1989
AD:Itsuhiko Yonaga
I:Takayuki Terakado
DF:Office No. 9
CL:Pia Music Complex

7
安座上真紀子
個展案内状　1989
D, I:安座上真紀子
P:谷崎春彦
MAKIKO AZAKAMI
Invitation to Exhibition 1989
D, I:Makiko Azakami
P:Haruhiko Tanizaki

1, 2
宇野亜喜良
個人作品　1989
I:宇野亜喜良
AQUIRAX UNO
Self Promotion 1989
I:Aquirax Uno

3
小野トモコ
個展案内状　1990
CD, I:小野トモコ
AD, D:柳橋治幸
CL:ギャラリーハウスマヤ
TOMOKO ONO
Invitation to Exhibition 1990
CD, I:Tomoko Ono
AD, D:Haluyuki Yanagibashi
CL:Gallery House Maya

4
灘本唯人
年賀状
D, I:灘本唯人
CL:カラカラ亭
TADAHITO NADAMOTO
New Year's Card
D, I:Tadahito Nadamoto
CL:Caracalla-Tei

5
田中ひろみ
挨拶状　1990
I:田中ひろみ
HIROMI TANAKA
Greetings 1990
I:Hiromi Tanaka

6
若尾真一郎
個展案内状　1989
AD:牧野仁輝
D:山田隆志
I:若尾真一郎
CL:㈱大日本印刷
SHINICHIRO WAKAO
Invitation to Exhibition 1989
AD:Masateru Makino
D:Takashi Yamada
I:Shinichiro Wakao
CL:Dai-nippon Printing

7
山口はるみ
年賀状　1990
AD, D, I:山口はるみ
HARUMI YAMAGUCHI
New Year's Card 1990
AD, D, I:Harumi Yamaguchi

8
小渕もも
個展案内用　1989
D:小渕　晋
I:小渕もも
MOMO OBUCHI
Invitation to Exhibition 1989
D:Shinn Obuchi
I:Momo Obuchi

9
ジョセフ ダニエル フィドラー
個人作品　1988
D, I:ジョセフ ダニエル フィドラー
JOSEPH DANIEL FIEDLER
Self Promotion 1988
D, I:Joseph Daniel Fiedler

1

2

3

4

5

6

7

8

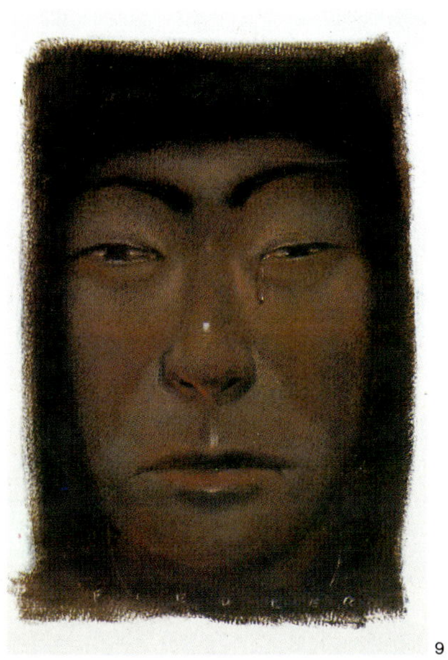
9

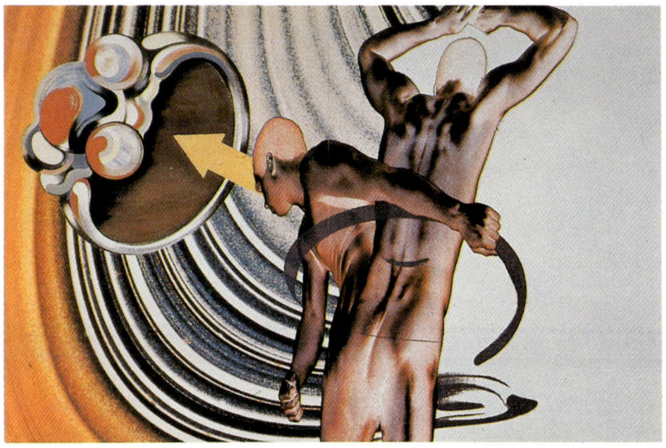

1

2

3

4

5

6

7

8

1
タナカノリユキ
個人作品　1989
AD, D, I:タナカノリユキ
P:漆畑銑治
NORIYUKI TANAKA
Self Promotion 1989
AD, D, I:Noriyuki Tanaka
P:Senji Urushibata

2
タナカノリユキ
販促用カード　1989
CD:小梨　修
AD, D, I:タナカノリユキ
P:漆畑銑治
CL:野村証券
NORIYUKI TANAKA
Sales Promotion 1989
CD:Osamu Konashi
AD, D, I:Noriyuki Tanaka
P:Senji Urushibata
CL:Nomura Securities Co., Ltd.

3
渡部隆志
個展案内状　1990
D, I:渡部隆志
P:倉本義久
TAKASHI WATANABE
Invitation to Exhibition 1990
D, I:Takashi Watanabe
P:Yoshihisa Kuramoto

4
寺門孝之
年賀状　1989
D:太田　孝
I:寺門孝之
TAKAYUKI TERAKADO
New Year's Card 1989
D:Takashi Ota
I:Takayuki Terakado

5
小野トモコ
個人作品　1990
CD, I:小野トモコ
TOMOKO ONO
Self Promotion 1990
CD, I:Tomoko Ono

6
渡辺　伸
個展案内状　1987
D, P, CW:渡辺　伸
SHIN WATANABE
Invitation to Exhibition 1987
D, P, CW:Shin Watanabe

7
奥谷敏彦
個人作品　1988
D:芋田佳子
I:奥谷敏彦
TOSHIHIKO OKUYA
Self Promotion 1988
D:Keiko Imoda
I:Toshihiko Okuya

8
茶谷智子
個展案内状　1989
D, P, I:茶谷智子
CL:プチシャン
TOMOKO CHATANI
Invitation to Exhibition 1989
C, P, I:Tomoko Chatani
CL:Puchi Shan

1

2

3

4

5

7

1
山下秀男
個人作品　1989
CD:稗島光夫
AD, D, I:山下秀男
CL:㈱エドウィン
HIDEO YAMASHITA
Self Promotion 1989
CD:Mitsuo Hiejima
AD, D, I:Hideo Yamashita
CL:Edwin Co., Ltd.

2
小野利明
年賀状　1990
AD, D, I:小野利明
TOSHIAKI ONO
New Year's Card 1990
AD, D, I:Toshiaki Ono

3
若泉さな絵
個人作品　1989
I:若泉さな絵
SANAE WAKAIZUMI
Self Promotion 1989
I:Sanae Wakaizumi

4
木村桂子
個人作品　1990
I:木村桂子
KEIKO KIMURA
Self Promotion 1990
I:Keiko Kimura

5
加藤千香子
個人作品　1989
I:加藤千香子
CHIKAKO KATO
Self Promotion 1989
I:Chikako Kato

6
岡崎勝男
個展案内状　1989
I:岡崎勝男
KATSUO OKAZAKI
Invitation to Exhibition 1989
I:Katsuo Okazaki

1

2

3

4

5

6

7

1
ハルオ宮内
個人作品
I:ハルオ宮内
DF:㈱ハルオインターナショナル
HARUO MIYAUCHI
Self Promotion
I:Haruo Miyauchi
DF:Haruo International Corporation

2
和代人平
年賀状　1990
I:和代人平
JINPEI WASHIRO
New Year's Card 1990
I:Jinpei Washiro

3
寺門孝之
個展案内状　1989
AD, D:大田　孝
I:寺門孝之
TAKAYUKI TERAKADO
Invitation to Exhibition 1989
AD, D:Takashi Ohta
I:Takayuki Terakado

4
あおきひろえ
個人作品　1989
D:長谷川義史
I:あおきひろえ
HIROE AOKI
Self Promotion 1989
D:Yoshifumi Hasegawa
I:Hiroe Aoki

5
石毛恵美子
年賀状　1989
I:石毛恵美子
EMIKO ISHIGE
New Year's Card 1989
I:Emiko Ishige

6
古瀬　稔
展覧会案内状　1989
AD, D:酒井賢司
I:古瀬　稔
CW:赤堀友美
DF:サイモンセッズ
CL:グラフィックステーション
MINORU FURUSE
Invitation to Exhibition 1989
AD, D:Kenji Sakai
I:Minoru Furuse
CW:Tomomi Akahori
DF:Simon Says
CL:Graphic Station

7
城谷斉彦
年賀状　1989
I:城谷斉彦
NALIHICO JOYA
New Year's Card 1989
I:Nalihico Joya

1
須藤　尚
案内状　1987
AD, D, I:須藤　尚
TAKASHI SUDO
Announcement 1987
AD, D, I:Takashi Sudo

2
黒川洋行
案内状　1989
AD:藤田裕信
I:黒川洋行
CL:㈱ワールド
HIROYUKI KUROKAWA
Announcement 1989
AD:Hironobu Fujita
I:Hiroyuki Kurokawa
CL:World Co., Ltd.

3
沢田としき
個人作品　1989
I:沢田としき
TOSHIKI SAWADA
Self Promotion 1989
I:Toshiki Sawada

4
宮城美智子
年賀状　1989
D, I:宮城美智子
MICHIKO MIYAGI
New Year's Card 1989
D, I:Michiko Miyagi

5
高橋キンタロー
市販カード　1989
I:高橋キンタロー
CL:世界文化社
KINTARO TAKAHASHI
General Purpose 1989
I:Kintaro Takahashi
CL:Sekai Bunkasha

6
田中淑恵
クリスマスカード　1987
AD, D, I:田中淑恵
CL:カーメルハウス
YOSHIE TANAKA
Christmas Card 1987
AD, D, I:Yoshie Tanaka
CL:Carmel House

7
伊川英雄
個人作品　1989
AD, D, I:伊川英雄
HIDEO IGAWA
Self Promotion 1989
AD, D, I:Hideo Igawa

1

2

3

4

5

6

7

1

2

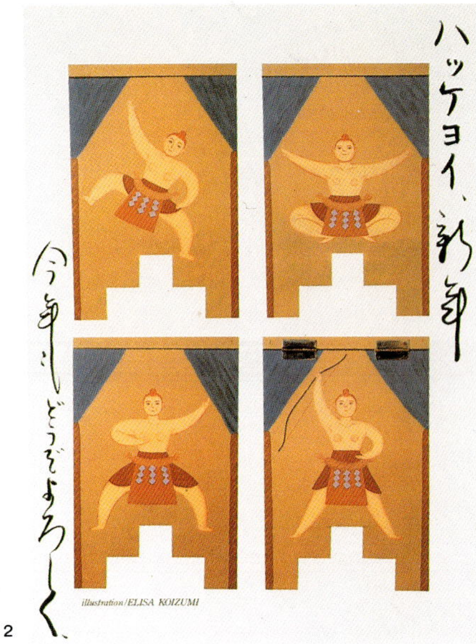

3

4

5

6

7

8

9

1
久里洋二
販促用カード　1984
CD:西寺桂子
D:山下純生
I:久里洋二
CL:日本アップジョン
YOJI KURI
Sales Promotion 1984
CD:Keiko Nishidera
D:Sumio Yamashita
I:Yoji Kuri
CL:Up John Japan

2
林　恭三
挨拶状　1989
D:高井直子
I:林　恭三
DF:ビタミン・スタジオ
CL:㈳日本看護協会
KYOZO HAYASHI
Greetings 1989
D:Naoko Takai
I:Kyozo Hayashi
DF:Vitamin Studio
CL:Japanese Nursing Association

3
小泉英里砂
年賀状　1990
D:岡田奈津子
P:浅井信一
I:小泉英里砂
ELISA KOIZUMI
New Year's Card 1990
D:Natsuko Okada
P:Shinichi Asai
I:Elisa Koizumi

4
石毛恵美子
個展案内状　1989
I:石毛恵美子
EMIKO ISHIGE
Invitation to Exhibition 1989
I:Emiko Ishige

5
村尾　薫
年賀状　1990
AD, D, I:村尾　薫
DF:ズーム
KAORU MURAO
New Year's Card 1990
AD, D, I:Kaoru Murao
DF:Zoom

6
酒井賢司
個人作品　1987
AD, D, I:酒井賢司
CL:ジ エンド クラブ
KENJI SAKAI
Self Promotion 1987
AD, D, I:Kenji Sakai
CL:The End Club

7
酒井賢司
年賀状　1988
AD, D, I:酒井賢司
KENJI SAKAI
New Year's Card 1988
AD, D, I:Kenji Sakai

8
山下ぼっこ
個人作品　1989
D, I:山下ぼっこ
BOKKO YAMASHITA
Self Promotion 1989
D, I:Bokko Yamashita

9
尾谷美幸
市販カード　1988
I:尾谷美幸
CL:㈱学習研究社
MIYUKI OTANI
General Purpose 1988
I:Miyuki Otani
CL:Gakken

1

2

3

4

5

6

1
大須賀理恵
市販カード 1985
I:大須賀理恵
RIE OHSUKA
General Purpose 1985
I:Rie Ohsuka

2
かわぐちせいこ
個人作品 1989
I:かわぐちせいこ
SEIKO KAWAGUCHI
Self Promotion 1989
I:Seiko kawaguchi

3
草野みのる
個人作品 1988
AD, D, I, CW:草野みのる
MINORU KUSANO
Self Promotion 1988
AD, D, I, CW:Minoru kusano

4
ノサキナオコ
個人作品 1990
A:ノサキナオコ
DF:Chips Club
NAOKO NOSAKI
Self Promotion 1990
A:Naoko Nosaki
DF:Chips Club

5
チップス
個人作品 1989
A:チップス
DF:チップスクラブ
CHIPS
Self Promotion 1989
A:Chips
DF:Chips Club

6
難波弘子
個人作品 1988
I:難波弘子
HIROKO NAMBA
Self Promotion 1988
I:Hiroko Namba

1

2

3

4

5

6

7

1
古川タク
クリスマスカード　1988
I:古川タク
TAKU FURUKAWA
Christmas Card 1988
I:Taku Furukawa

2
古川タク
個展案内状　1990
I:古川タク
TAKU FURUKAWA
Invitation to Exhibition 1990
I:Taku Furukawa

3
いわしろいずみ
個人作品　1989
I:いわしろいずみ
IZUMI IWASHIRO
Self Promotion 1989
I:Izumi Iwashiro

4
ツジムラノブヒロ
年賀状　1990
I:ツジムラノブヒロ
NOBUHIRO TSUJIMURA
New Year's Card 1990
I:Nobuhiro Tsujimura

5
谷口広樹
暑中見舞　1989
I:谷口広樹
DF:ビセ
CL:㈱電通アイ
HIROKI TANIGUCHI
Mid-Summer Greetings 1989
I:Hiroki Taniguchi
DF:Bise Inc.
CL:Dentsu Eye

6
手島加江
年賀状　1990
I:手島加江
KAE TEJIMA
New Year's Card 1990
I:Kae Tejima

7
峰岸　達
販促用カード　1989
I:峰岸　達
CL:ボードビル
TORU MINEGISHI
Sales Promotion 1989
I:Toru Minegishi
CL:Vaudeville

1

2

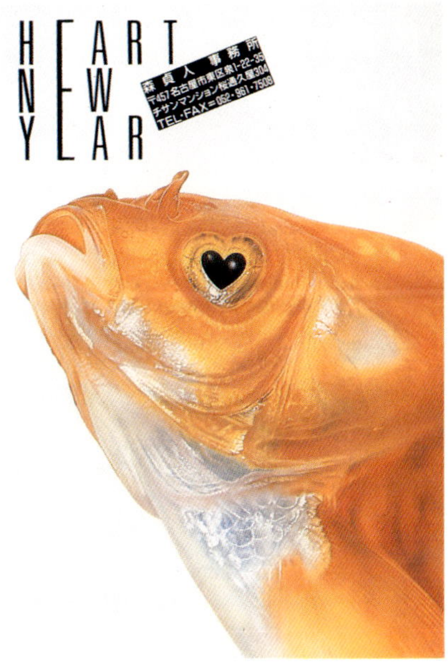

3

4

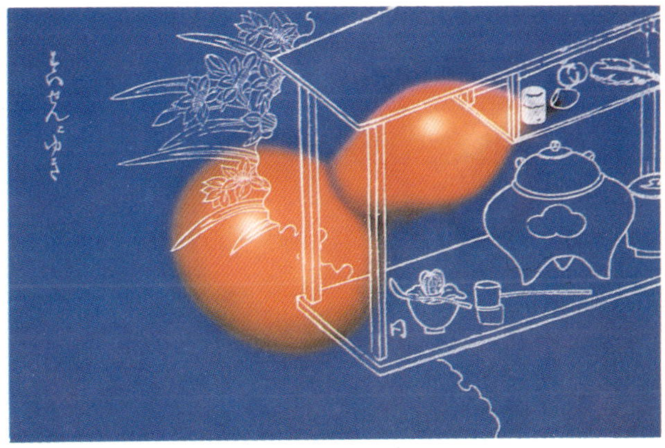

5

6

7

1
大西洋介
年賀状 1990
I:大西洋介
YOSUKE ONISHI
New Year's Card 1990
I:Yosuke Onishi

2
袴田一夫
年賀状 1990
I:袴田一夫
KAZUO HAKAMADA
New Year's Card 1990
I:Kazuo Hakamada

3
森 貞人
個人作品 1989
AD, D, I:森 貞人
SADAHITO MORI
Self Promotion 1989
AD, D, I:Sadahito Mori

4
杖村さえ子
年賀状 1989
I:杖村さえ子
SAEKO TSUEMURA
New Year's Card 1989
I:Saeko Tsuemura

5
石倉ヒロユキ
年賀状 1988
AD, D, I:石倉ヒロユキ
HIROYUKI ISHIKURA
New Year's Card 1988
AD, D, I:Hiroyuki Ishikura

6
星野哲郎
個人作品 1989
I:星野哲郎
DF:ビタミン・スタジオ
TETSURO HOSHINO
Self Promotion 1989
I:Tetsuro Hoshino
DF:Vitamin Studio

7
尾崎真吾
市販カード 1985
I:尾崎真吾
CL:㈱アートプリントジャパン
SHINGO OZAKI
General Purpose 1985
I:Shingo Ozaki
CL:Art Print Jappn Co., Ltd.

1

2

3

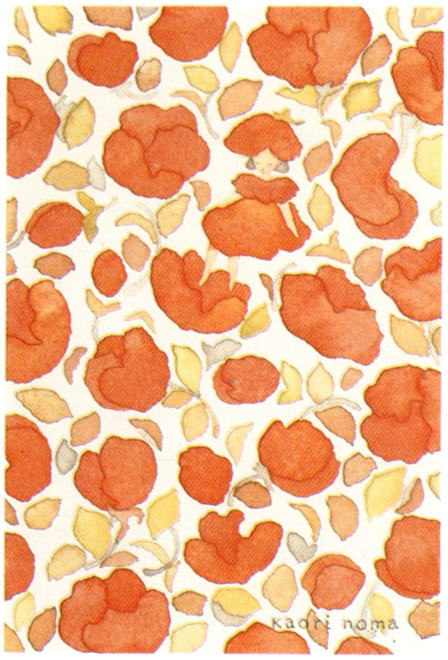

4

5

SEASON'S GREETINGS

1990
T. MATSUMOTO
408-3979

6

7

8

9

1
谷口広樹
挨拶状 1989
I:谷口広樹
DF:ビセ
CL:ウィズワンダーランド
HIROKI TANIGUCHI
Greetings 1989
I:Hiroki Taniguchi
DF:Bise Inc.
CL:Wiz Wonderland

2
谷口広樹
販促用カード 1987
I:谷口広樹
DF:ビセ
CL:㈱ドーム
HIROKI TANIGUCHI
Sales Promotion 1987
I:Hiroki Taniguchi
DF:Bise Inc.
CL:Dome

3
上田ミユキ
市販カード1989
D:菅原眞理
I:上田ミユキ
DF:㈱アートプリントジャパン
MIYUKI UEDA
General Purpose 1989
D:Mari Sugawara
I:Miyuki Ueda
DF:Art Print Japan Co., Ltd.

4
野間佳織
年賀状 1989
D, I:野間佳織
KAORI NOMA
New Year's Card 1989
D, I:Kaori Noma

5
柴田邦子
挨拶状 1989
D:柴田邦子
DF:ビタミン・スタジオ
KUNIKO SHIBATA
Greetings 1989
D:Kuniko Shibata
DF:Vitamin Studio

6
松本孝志
年賀状 1990
AD:俵谷有三
I:松本孝志
TAKASHI MATSUMOTO
New Year's Card 1990
AD:Yuzo Tawaraya
I:Takashi Matsumoto

7
いわしろいずみ
個人作品 1989
I:いわしろいずみ
IZUMI IWASHIRO
Self Promotion 1989
I:Izumi Iwashiro

8
鳥山ひろこ
年賀状 1989
AD:鳥山大樹
I:鳥山ひろこ
DF:バード・デザインハウス
HIROKO TORIYAMA
New Year's Card 1989
AD:Taiki Toriyama
I:Hiroko Toriyama
DF:Bird Design House

9
中村柚美子
個人作品 1989
I:中村柚美子
YUMIKO NAKAMURA
Self Promotion 1989
I:Yumiko Nakamura

1
真鍋太郎
年賀状 1989
AD, I:真鍋太郎
D:関 善之
DF:㈱ピカロ
CL:藤原俊祐
TARO MANABE
New Year's Card 1989
AD, I:Taro Manabe
D:Yoshiyuki Seki
DF:Picaro Co., Ltd.
CL:Shunsuke Fujiwara

2
ハルオ宮内
個人作品
I:ハルオ宮内
DF:㈱ハルオインターナショナル
HARUO MIYAUCHI
Self Promotion
I:Haruo Miyauchi
DF:Haruo International Corporation

3
あおきひろえ
個人作品 1989
I:あおきひろえ
HIROE AOKI
Self Promotion 1989
I:Hiroe Aoki

4
薙野たかひろ
クリスマスカード 1988
AD, D, I:薙野たかひろ
CL:トゥリーズ
TAKAHIRO NAGINO
Christmas Card 1988
AD, D, I:Takahiro Nagino
CL:Trees Inc.

5
尾谷美幸
市販カード 1988
I:尾谷美幸
CL:㈱学習研究社
MIYUKI OTANI
General Purpose 1988
I:Miyuki Otani
CL:Gakken

6
阿部真理子
個展案内状 1989
AD, I:阿部真理子
D:河野泰子
DF:スタッフ
MARIKO ABE
Invitation to Exhibition 1989
AD, I:Mariko Abe
D:Hiroko Kawano
DF:Staff

7
秋山 孝
販促用カード 1989
AD, D, I:秋山 孝
CL:ワンパク王国
TAKASHI AKIYAMA
Sales Promotion 1989
AD, D, I:Takashi Akiyama
CL:Wanpaku Kids Kingdom

1

2

3

4

5

6

1

2

3

4

5

6

7

8

9

1
田代　卓
年賀状　1988
I:田代　卓
TAKU TASHIRO
New Year's Card 1988
I:Taku Tashiro

2
田代　卓
年賀状　1989
AD:伊藤公也
I:田代　卓
DF:㈱アイベックス
CL:日清
TAKU TASHIRO
New Year's Card 1989
AD:Kimiya Ito
I:Taku Tashiro
DF:Ibex Inc.
CL:Nissin

3
伊藤正道
個人作品　1989
I:伊藤正道
MASA ITO
Self Promotion 1989
I:Masa Ito

4
福田武比呂
年賀状　1989
I:福田武比呂
TAKEHIRO FUKUDA
New Year's Card 1989
I:Takehiro Fukuda

5
上田三根子
個人作品　1989
AD, I:上田三根子
MINEKO UEDA
Self Promotion 1989
AD, I:Mineko Ueda

6
酒井賢司
クリスマスカード　1986
AD, D, I:酒井賢司
CL:ジ エンド クラブ
KENJI SAKAI
Christmas Card 1986
AD, D, I:Kenji Sakai
CL:The End Club

7
イザベル デルボー
挨拶状　1990
I:イザベル デルボー
CL:㈱丸井
ISABELLE DERVAUX
Greetings 1990
I:Isabelle Dervaux
CL:Marui Dept. Store

8, 9
イザベル デルボー
販促用カード　1990
AD:間嶋龍臣
I:イザベル デルボー
CL:㈱ガリバー
ISABELLE DERVAUX
Sales Promotion 1990
AD:Tatsuomi Majima
I:Isabelle Dervaux
CL:Gulliver Inc.

1
茶谷智子
個人作品　1987
D, I:茶谷智子
DF:楽々商店
TOMOKO CHATANI
Self Promotion 1987
D, I:Tomoko Chatani
DF:Raku Raku-Shoten

2
茶谷智子
個展案内状　1987
D, I:茶谷智子
TOMOKO CHATANI
Invitation to Exhibition 1987
D, I:Tomoko Chatani

3
スージィ甘金
暑中見舞　1989
AD, D:マイク スミス
I:スージィ甘金
CL:㈱ミスターミュージック
SUZY AMAKANE
Mid-Summer
Greetings 1989
AD, D:Mike Smith
I:Suzy Amakane
CL:Mr. Music Inc.

4
スージィ甘金
クリスマスカード　1988
AD, D:マイク スミス
I:スージィ甘金
CL:㈱ミスターミュージック
SUZY AMAKANE
Christmas Card 1988
AD, D:Mike Smith
I:Suzy Amakane
CL:Mr. Music Inc.

5
ミヤケシゲル
個人作品　1988
I:ミヤケシゲル
SHIGERU MIYAKE
Self Promotion 1988
I:Shigeru Miyake

6
ミヤケシゲル
個人作品　1988
I:ミヤケシゲル
SHIGERU MIYAKE
Self Promotion 1988
I:Shigeru Miyake

7
須藤　尚
年賀状　1987
AD, D, I:須藤　尚
CW:須藤亜子
TAKASHI SUDO
New Year's Card 1987
AD, D, I:Takashi Sudo
CW:Ako Sudo

8
末続あけみ
年賀状　1990
I:末続あけみ
AKEMI SUETSUGU
New Year's Card 1990
I:Akemi Suetsugu

1

2

3

4

5

6

7

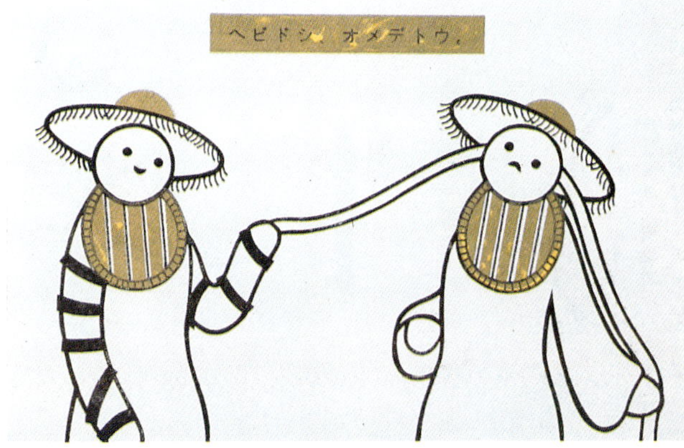

8

1

2

3

4

5

6

7

8

1
いわしろいずみ
個人作品 1989
I:いわしろいずみ
IZUMI IWASHIRO
Self Promotion 1989
I:Izumi Iwashiro

2
山下直子
市販カード 1989
I:山下直子
NAOKO YAMASHITA
General Purpose 1989
I:Naoko Yamashita

3
伊東宣哉
個人作品 1989
AD, I:伊東宣哉
NOBUYA ITO
Self Promotion 1989
AD, I:Nobuya Ito

4
おさないまこと
市販カード 1989
D, I:おさないまこと
MAKOTO OSANAI
General Purpose 1989
D, I:Makoto Osanai

5
山口マサル
個人作品 1989
AD, I:山口マサル
MASARU YAMAGUCHI
Self Promotion 1989
AD, I:Masaru Yamaguchi

6
矢野貴子
年賀状 1990
D:矢野雅幸
I:矢野貴子
TAKAKO YANO
New Year's Card 1990
D:Masayuki Yano
I:Takako Yano

7
末正 香
年賀状 1990
I:末正 香
KAORI SUEMASA
New Year's Card 1990
I:Kaori Suemasa

8
池田耕治
個展案内状 1987
D, I, CW:池田耕治
DF:もぐら庵
CL:日本郷土玩具館
KOJI IKEDA
Invitation to Exhibition 1987
D, I, CW:Koji Ikeda
DF:Mogura Ann
CL:Nihon Kyodo Gangukan

1

2

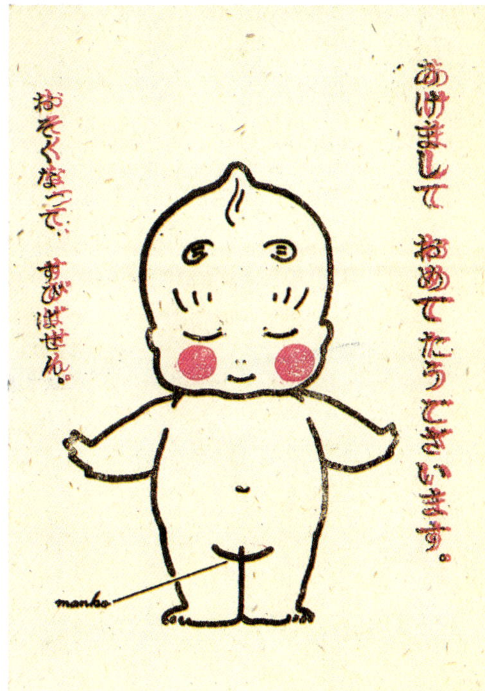

3

4

5

6

1
喜多見 康
市販カード 1989
I:喜多見 康
YASUSHI KITAMI
General Purpose 1989
I:Yasushi Kitami

2
岡崎京子
年賀状 1989
D, I:岡崎京子
KYOKO OKAZAKI
New Year's Card 1989
D, I:Kyoko Okazaki

3
原 律子
年賀状 1987
I:原 律子
RITSUKO HARA
New Year's Card 1987
I:Ritsuko Hara

4
高橋えり子
年賀状 1984
AD, D, I:高橋えり子
ERIKO TAKAHASHI
New Year's Card 1984
AD, D, I:Eriko Takahashi

5
福田奈奮美
年賀状 1989
AD, D, I, CW:福田奈奮美
NAHOMI FUKUDA
New Year's Card 1989
AD, D, I, CW:Nahomi Fukuda

6
上野よしみ
年賀状 1989
I:上野よしみ
YOSHIMI UENO
New Year's Card 1989
I:Yoshimi Ueno

1

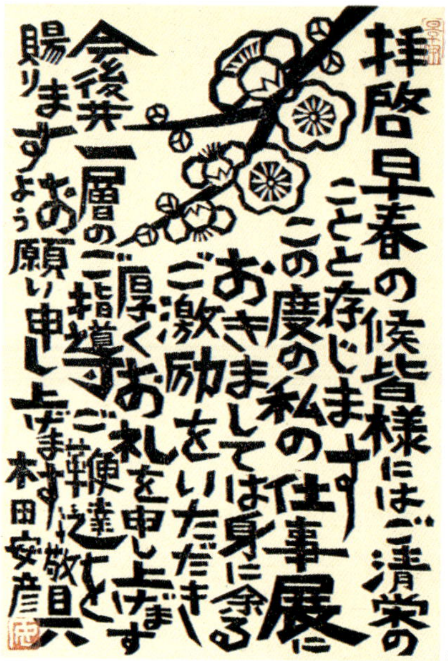

2

3

4

5

6

7

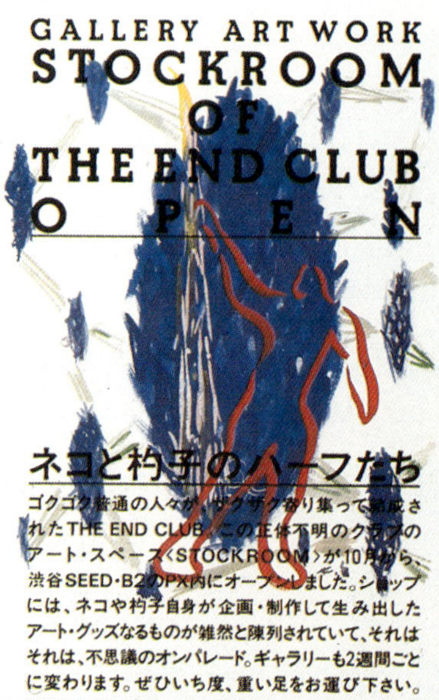

8

1
福田利之
年賀状 1989
AD:村山利幸
D:藤井絵麻
P:福田匡伸
I:福田利之
CL:㈱ブッシュマン
TOSHIYUKI FUKUDA
New Year's Card 1989
AD:Toshiyuki Murayama
D:Ema Fujii
P:Masanobu Fukuda
I:Toshiyuki Fukuda
CL:Bushman Co., Ltd.

2
木田安彦
挨拶状 1983
AD, I:木田安彦
YASUHIKO KIDA
Greetings 1983
AD, I:Yasuhiko Kida

3
木田安彦
年賀状 1990
I:木田安彦
YASUHIKO KIDA
New Year's Card 1990
I:Yasuhiko Kida

4
市川興一
市販カード 1988
I:市川興一
CL:斉藤日出男デザインスタジオ
KOICHI ICHIKAWA
General Purpose 1988
I:Koichi Ichikawa
CL:Hideo Saitoh Desigh Studio

5
福田利之
個展案内状 1989
D:東 学
I:福田利之
TOSHIYUKI FUKUDA
Invitation to Exhibition 1989
D:Gaku Azuma
I:Toshiyuki Fukuda

6
タカカク
販促用カード 1989
CD:本田 實
AD, D, I:タカカク
CW:奥村喜和
DF:㈱ズームMD企画室
CL:ピラニア・スチューディオ
TAKAKAKU
Sales Promotion 1989
CD:Minoru Honda
AD, D, I:Takakaku
CW:Yoshikazu Okumura
DF:Zoom Merchandizing & Design Planing Room Co., Inc.
CL:Pi-Rania Studio

7
石丸千里
展覧会案内状 1988
CD, AD, I:石丸千里
CL:アートワッズ
CHISATO ISHIMARU
Invitation to Exhibition 1988
CD, AD, I:Chisato Ishimaru
CL:Art Wad's

8
渋谷和良
展覧会案内状 1986
AD, D:酒井賢司
I:渋谷和良
CW:松倉妙子
CL:ジ エンド クラブ
KAZUYOSHI SHIBUYA
Invitation to Exhibition 1986
AD, D:Kenji Sakai
I:Kazuyoshi Shibuya
CW:Taeko Matsukura
CL:The End Club

STAMP
HERE
POST CARD
Déesse dé
Fall and Winter
Collection
AUGUST 22-24
AM10:00 - PM6:00
Déesse dé
YODA BLDG. 3F 1-46-4 TOMIGAYA SHIBUYA-KU TOKYO
DISTINCTION MEN'S BIGI
STYLED by
YUJI IMANISHI
4-5 J&H BLDG. SARUGAKU-CHO, SHIBUYA-KU,
TOKYO, JAPAN. Tel.03 770 8558
POST CARD
place
stamp
here
Atsuki Onishi Sleeping
PRODUCT by NISHIKAWA SANGYO CO., LTD.
LAFORET MUSEUM IIGURA 800
Faire la bise par MIKIO KUSABUKA
Faire la bise
LAFORET MUSEUM 飯倉800
We'll be
1989 SPRING & SUMMER COLLECTION
Yubin hagaki
年賀
大阪北郵便局
料金別納
郵便

S.P.A.
POST CARD
post card
PLACE STAMP HERE
POST CARD
SPRING AND SUMMER COLLECTION 1988
STAMP HERE
SPADA
QUATTRO BY PARCO 3F 32-13, UTAGAWA-CHO, SHIBUYA-KU, TOKYO. PHONE 03-477-8738
POST CARD
TENTH
POST CARD
AUTUMU & WINTER COLLECTION '89
mezzo piano
Post Card
Love Christmas to You
Place Stamp Here
POST CARD
THIS SPACE FOR THE ADDRESS
place stamp here
Post Card
Stamp Here!
秋冬物の商品が入荷いたしました。
ぜひ御来店ください。お待ちしております。
Sale Start at
1/10 wed.~
MOVING BLUE
Shinjuku-MYROAD 3F 1-1-3. Nishi Shinjuku Shinjuku-ku Tokyo

POSH BOY
POST CARD
FINE CLOTHES
Posh Boy
PLACE
STAMP
HERE
POST CARD
STUDIOV
SEASON FAIR
1989 AUTUMN FLOWERS
9·15(Fri)~9·24(Sun)
STUDIOV
1-8-13 Jinnan Shibuya-ku Tokyo. Tel.03-461-2544
AM12:00~PM8:00
MEN'S BIGI
C MENS BIGI CO.LTD
POST CARD
SB
MAISON FONDEE
MITCHELL BEAZLEY
EN 1969
DISTINCTION
MEN'S BIGI DISTINCTION STYLED BY YUJI IMANISHI
4-5, J&H BLDG., SARUGAKU-CHO, SHIBUYA-KU, TOKYO, JAPAN. TEL.03 770 8558
POST CARD
PHOTOGRAPH BY ALASTAIR THA

POST CARD
a peace of mail
ON PAPER GALLERY
Communication For Peace
POST CARD
暑中お見舞い申し上げます。
株式会社 ダンデリオン
office 〒106 東京都港区六本木6-4-12-10
phone:408-0971 Fax:408-1762
shop 〒250 神奈川県小田原市栄町14-9-5
phone. Fax:0465-23-4799
PEACE POST CARD
残暑御見舞申し上げます。
今年もまた、PEACE CARDの季節が巡って参りました。
これは「8月15日は平和の旬。
この日に若く平和の年賀状を作って出そう!」という企画です。
今年も、若いイラストレーターたちが感じ、考えた、
ピース感あふれるカードでいっぱいです。
参加者全員のカードが見れる原画展を昨年と同じく、
渋谷、宇田川町のART WAD'Sの御協力を得て、
今年も開催することになりました。
期間は8月17日(水)~22日(火)ぜひ、お寄り下さい。
PEACE
DESIGN KATSUNORI AOKI 1989
SEIKO KAWAGUCHI
POST CARD
POST CARD
年賀
明けましておめでとうございます。1990元旦
新年は1月8日(月)より活動を開始します。
sugarpot inc.
株式会社シュガーポット 〒107 東京都港区北青山3-6-17 池田ビル
TEL03(400)1996 FAX03(498)1060
STEREO STUDIO INC.
601 NO.2 FUKUTOMI BLD
2-2-6 SHINJUKU SHINJUKU-KU TOKYO JAPAN ZIP160
PHONE 03-341-8091 FAX 03-341-8180
株式会社 ステレオ・スタジオ
POST CARD
POST • CARD FOR ADDRESS ONLY
FOR CORRESPONDENCE
STAMP HERE
残暑お見舞申しあげます
暑中お見舞い申し上げます。
Hi-Fi Company Ltd.
グリップの社歌ができました

1990
A Happy New Year
坂井智明
POST CARD
坂井智明 Tomoaki Sakai
POST CARD
年
賀
あけましておめでとうございます。
吉野修平デザイン室
POST
ŌNO Inc.
株式会社 ウーノ
Phone: 03-5565-9536 Fax: 03-5565-9537
2 BERNA HEIGHTS 5-4-11, HIROO SHIBUYA-KU TOKYO 150 03-446-3848 Fax 03-448-0496
POST CARD
年 賀
TUNE
GUITAR TECHNOLOGY
テューンギターテクノロジー株式会社
561大阪府豊中市勝部3丁目3番8号
勝部ビル5F
TEL.06-857-8288 FAX.06-857-8289
あけましておめでとうございます
grip,
INFORMATION
POST CARD
STAMP

HAPPY NEW YEAR 1989
POST CARD
Hi-Fi company
年賀
アケマシテオメデトウゴザイマス
旧年中は大変お世話になりました。
言い変えれば今年のオモチを買うことができたという事です。嗚呼、人間とはナンと贅沢な生き物でしょう。衣・食・住、とりあえず足りれば次の欲望が芽吹きます。さて、それは何かと思惟するに、はっきり言ってブンカです。一九九〇年、ぼつぼつ世紀末りたおそうと思っとります。
〒168 東京都杉並区和泉二－九－八
富田
HIROKO IENAGA
家永浩子
KINEMA MOON
NEW YEAR DAY
POST CARD
POST CARD
長島弘幸
相良理恵子
FORUS
THE EXHIBITION OF FORUS GALLERY PRISM
FORUS GALLERY INFORMATION
OSAMU SUZUKI
SATOSHI HATAKEYAMA
KAZUO MIYANO
Post Card
HAVE A GOOD TIME CHRISTMAS WITH EVERYBODY
年賀
1 January, 1990

〒202 東京都保谷市東町1-10-25
BISE Inc. 882 Bersona-heights 5-4-11 Hiroo Shibuya-ku Tokyo, JAPAN 150
KM DESIGN
KINEMA MOON
701, 1-6-20, KITAHORIE, NISHI-KU, OSAKA 550 JAPAN.
TELEPHONE 06-532-7280, FACSIMILE 06-532-7285
TOKYO PHONE FACS:03-409-3084
POST CARD
1988
MAY THE CUBE BE WITH YOU EVER AFTER
Look Over there
What a Marvelous Sight! It is!
Yes, that's a Miracle
Don't You Think so?
Visit a New Planet
POST CARD
CUBE
PHONE 496 4268
120円切手を貼ってご投函下さい。
Painting by Ryuichi Yamashiro/ Lettering by Taizo Kuroda/ Produce by Keisuke Nagatomo
post card
flower coordinator
Mami Yoshikawa
304, Nishin-Bldg. 1-6-4, Nishi-Tenma, Kita-ku,
Osaka, Japan, Zip 530
Phone 06-361-5948
NEW YEARS CARD
スタジオ イデア
STUDIO IDEA
KITA-KU OSAKA
ZIP 530 JAPAN
TEL・FAX : 06-352-8672

INDEX

PRODUCERS

FASHION HOUSES

アイ・エス　12
ア・ストア・ロボット　16
アッパーイースト　60
アツキオオニシ スリーピング　31
アニエス ベー　38
アバハウスインターナショナル　51, 62
アルジャン　34
アン・クライン　44, 47
アンジェロタルラッチ　46
イーストボーイ　52
イッセイミヤケ　10
イッセイミヤケインターナショナル　62
イネス　44
イル ド ブルー　42
イン・アウト　42
インアンドヤン　62
インゲボルグ　13
インスパイア　66
インセンス　62
ヴァンミニ　68
ヴィヴィアン・ウエストウッド　20
ヴェリ・ヴォモ　50
ヴェロモーダ　53
エームズバリー　59
エクストラップ　53
エスト　26, 29
エゼエコ　45
ゑみ子　47, 50
エミリーテンプル　68
エルブライアン　51
オン・ブ　23, 34
カーメロ・ポモドーロ　47
カールヘルム　13
カインドウェア　56
カンサイヤマモト　14
ガールガール　28
キッドブルー　21
キッドラボ　69
キャスト　46
キャンツゥー　22
クリスチャン アーダ　45
クロード レマ　47, 51
グラスメンズ　59
グランパス クロス　66
ケー・ショップ　42
ケス・ケラ　21
ケンショー　16, 18
ケンショーオム　18, 50
ケンゾーアンファン　51, 67
ケンゾーオム　50, 61
ケント　60
ゲインズブール　61
コーシン サトー　63
コロナ　45
サムシング　62
サンエオリジン　49
ザンパ　28
シェルアン　43
ジャストビギ　66
シャビー ジェンティール　23
シャロンティナ　45
シャワー　14
シュガー　27
シンホソカワ　58
ジージークラブ　28
ジ・マーゴ　59
ジャケットスタジオ　60
16区　47
ジュンココシノ ベルウォモ　55
ジュンコシマダ パート2　15
スール　28
スクープ　23
スクープボーイズ　53
スタジオヴィ　19
スパーダ・スパ　54, 66
セ・ブレ　46
ゾーイ　46
タケオキクチ　50, 54
タケゾー　47
タップス　30
チ・チ・チック　67
チャイルドウーマン　24, 26
TSUMORI CHISATO　11
テーィパーツ ティーパターン　34
ティモシー　24
テンス　41
ティーズ・ティ　29
ティアブル　69
ティグレース　25
ディスティンクション メンズビギ　65
ディッシィ　48
デュプレックス　54, 66
豊田紡織　24
ナイスクラップ　29, 51
ニボヴィーテ　42
ヌヌシュ　52
ネジュアン　43
ノーブルグー　46
ノコ・オーノ　47
ハニーハウス　26
バッソー　16, 23
バリーズ・ユー　52
パシュ　58
パシュ クリップ　58
パブ　68, 69
パンツコレクション　59
ヒステリックグラマー　32
ヒロコ オム　50
ヒロココシノ　14
ヒロミチナカノ　16
ビー・クラブ　26, 29
ビームス　56
ビア・ヴェンテ　35, 42
ビス, イネス　35
ビバユー　27
ビリドゥーエ　50, 61
ピサーノ　43, 45
ピルグリム&マカフィー　36
ピンクハウス　13
フィッチェ　54
フィヨデュベベ　68
フェール・ラ・ビーズ　35
45RPMスタジオ　24
49AVジュンコシマダ　15
フランドル　33, 51
フランドルクラブ　33
ブルーインターナショナル　37
ブルーノピアッテリ　55
ブレインズ　55, 60
プールスタジオ　44
プラクティス オブ サイレンス　62
ブランキッシュフランドル　33
ベティーズブルー　16, 17
ベベ　68
ベルナールペリス　47
ページボーイ　13
ボールジィ　36, 51
ボブズ・テーラー　52
ポーシャル　46
ボッシュボーイ　33
マカフィー　36
マドモアゼルカミングスーン　16
マビム　25
ミキハウス　68, 69
ミスタージュンコ　55
ミスタービィ　56
ミニK　69
ミニパツ　67
ミルク　20
ミルクボーイ　59
ムービングブルー　21, 50
メゾピアノ　68, 69
メレンゲ・バイ・ソシアル　56
メンズビギ　64
メンズフランドル　53
ヨシユキコニシ　63
ライトメニュー　25
ラブレア　18
リオ横山　69
レフィル　28
ローズ イズ ア ローズ　23
ロッカーズカンパニー　67
ワイズ　39
ワイズ フォーメン　57
ワイズベッドアンドバス／ワイズフォーリビング　40

FASHION ACCESSORIES

インウイ　70
イントロ　73
エルメス　74
キサ　73
クシュカ　72
ケー・ビジュー　71
セ パズル　72
マリークワント　71
ラビドール・ジュエリー　71

ETCETERA

R&Bハウスコットトア　82
アフタヌーンティー　80
エピック・ソニー レコード　79, 83, 84
エフエムジャパン　81
FMサウンド千葉　81
キリン・シーグラム　75
グラフィックステーション　76
コンテナエムズ　80
ササビー　80
CBS・ソニー レコード　78, 84
スチューデンツ コミュニティー　77
ゾナルト　76
ハニー　77
フォーエヴァーレコード　82
ポリスターレコード　82

MARKETERS

RETAILERS

池袋東武　93
伊勢丹　95
イングス阪急　93
ウイ　88
ウイ アンド キス　88
梅田阪急　91, 92, 93, 94, 96
エリア・ドゥ　89
大阪紅屋　98
小田急新宿　93, 94
川崎岡田屋モアーズ　96
キス　88
キャスパ　96
キャラムーン　99
錦糸町西武　92
京王聖蹟桜ケ岡　94
ザ・ギンザ　86
ザップ　94
四条河原町阪急　93
静岡西武　95
静岡伊勢丹　94
SHIBUYA 109　97
新宿ミロード　95
西武百貨店　90, 91, 92
そごう神戸　92
ソニープラザ　87

テニスグッズ ノブ　98
東急　91
日本橋三越　91
ニューメルサ　94
パナマボーイ　98
阪急百貨店　95
パレピアンカ　93
ビーティーシステム　98
ビプレ　89
ビプレ21　89
ビージェイ　97
プランタン銀座　87
プランタンなんば　87
丸井　89
メリーヒルズ ジェーン アリス　99
メリーヒルズ　99
有楽町阪急　92, 94
横浜岡田屋モアーズ　95, 96
ラフォーレ原宿　88

FASHION

オセアノ　101
銀座レックス　100
グローブ　101
サラ中村　100
シャルトル　101
スピック アンド スパン　100
ラブ アネックス　100

FASHION ACCESSORIES

アトリエ モトキ　103
インテリジェンテ・アルフラズ　103
ケサランパサラン　104
コール・ハーン　103
サッシュ　104
ジュエリー オーハシ　102
ジンジン　102
スタージュエリー　102, 103
ドンファン　102

HAIR & MAKEUP

ウラヤ フォー ヘアー　108
沖佐々木範幸　107
ゴロー　108
T.Kイッツヘアー　106
バザラ　106
ピーク・ア・ブー　108
プロダクションインターナショナル　106
ヘアー&メイクアップ・クリップ　105
メーキャップルーム　107, 108
モッズ・ヘア　105

FURNISHINGS

イデー　109
チェアーズ　109
デザインマトリックス　109

TABLEWARE

キップス　110
キャトル・セゾン　110
工房ポミワンネ　110
ますど　110
私の部屋 ギフ　110

ANTIQUES

スーパーフリークス　111

CURIOSITY SHOPS

オフィスK.Y　112
キネティクス　114
現代衣学　113
上海タイムズ　112
ゾナルト　114
ニューニュー　113
ハッピードア　113
バースデー　113
パジャマヤ　112
FORDS　113

OUT & ABOUT

イースターハウス　116
うかむ瀬　117
オペラ　117
カフェテラス・マドンナ　117
クラブD　116
ゴールド　115
すぎ篤　117
セーフティゾーン　115
TVジャンクション　115
テニスクラブ　116
バー トロンメル　115
ビストロカンパニャール　115
ブルーノート　115
マーベラスカフェ・パシェ　116
村上スッポン本舗　117
ラウンジ山ざき　117
ラ・マルミット　115

GALLERIES

アートスペースKEIHO　124
アクシス ギャラリー　125
朝日ギャラリー　121
MROホール　120
大月真珠　124
ギャラリー玄海　124
ギャラリー白　120
ギャラリーマニン　118, 119
ギャラリー 間　122, 125
ギンザ・グラフィック・ギャラリー　120
ショーイングスペース "X" クロス　120
ジーエー・ギャラリー　121
東京デザイナーズスペース　118, 120, 121, 124
パルコ クリフォード・ギャラリー　126
松屋銀座ギャラリー　123
名鉄丸越クラフトギャラリー　124
有楽町西武アート・フォーラム　120, 122, 125
ワコール アートセンター　125

CREATORS

GRAPHIC DESIGNERS

アーム　149
アイ・エフ・プランニング　149
アイサム・デザイン　175
アイデザイン　129, 159, 169
青木克憲　167, 187
秋月 繁　136
秋田 寛　155, 156
アクシス　134
浅葉克己　138
東 学　132
アトリエ ノイ　169
阿部 博　172
アマゾン デザイン　157, 166
粟津 潔　141
粟辻 博　165
イエス　147, 166, 171
家永浩子　171
イクスース・アゴラ　131
生駒由起夫　182
石井孝人　131
イシダ・チヒロ・オフィス　162
伊藤勝一　165
伊藤晴康　171
伊藤賦樹デザイン室　173
ウイール　170
植草庄治　136
植田啓治　177
海嶋達也　151
瓜本悟士　170
エイトプラン　162, 170
江藤浩二　136
エヌ・スチューディオ　160
榎戸文彦　129
F.B.I & S.P.CO.　186
遠藤 享　139
大橋清一　168, 179
大橋敏彦　159
岡崎和昭　176
岡橋秀則　149, 179
鬼丸トシヒロ　178
海外企画　165
梶谷デザイン室　163, 165
勝井三雄　137
加藤周三　177
加藤妙子　185
加藤靖隆　159, 162
金子正剛　156
狩野 順　167
キネマムーン　146, 148
木原庸佐　187
木村 勝　140
木村経典　132
キャップ・アソシエイツ　171
キューブ　164
クラスメディア エージェンシー　136
クリエイティブデザインセンス　184
グラフィックス・インターナショナル　132, 152
グリップ　180
ケイ オフ　151
K_2　141
工画堂スタジオ　186
広告共和国　172
広告丸　129, 130, 135
コミュニケーション・アーツ・R　153
小森三二　130
コンテムポラリー・プロダクション　185, 187
コンパス・ポイント　155
ゴング　147, 164, 186
斎藤倫世　182
坂井智明　173
坂口 賢　160, 173
坂林三由紀　185
笹川昭夫　162
佐藤晃一　128
佐藤淳デザイン事務所　131, 150
佐藤 徹　187
佐藤 浩　170
佐野純二　181
沢木啓子　150
サン・アド　152
シーアール・プロット　150, 169, 186
Cカンパニー　177
シーダッシュ　136
下岡 茂　140
シュガーポット　187
ジーエーカンパニー　173
JMSインターナショナル　144
ジック　153
ジャパングラフィックス　152
じょな じょい　131, 134
スーパープランニング　169, 180
菅谷貞雄　140
杉崎真之助　174
鈴木 汀　148
スタジオ・イックス　155, 158
スタジオ・コム　176, 181
スタジオスーパーコンパス　151
ステレオ・スタジオ　143
ズーム　171, 182
瀬口デザイン事務所　129, 130

節事務所 156
タイム・スペース・アート 133
高野倉善教 130
高原 宏 151
高林 巖 179
田中 晋 137
田辺勝正 160, 164
辻森茂和 159, 181
土谷浩史 154
ティーデザイン 149
寺尾真紀 168, 185, 186
ディレクターズインク 136
出口登士希 144, 147
デザイニングオフィス インテックス 136
デザイン・オフィース・ケイ 130
電広エイジェンシー 184
富樫英樹 168
富田 勉 157
友枝雄策事務所 134
友枝康二朗 166, 185
鳥山大樹 187
ドーモカンパニー 144
中谷匡児デザイン室 130, 131, 134, 145
中村 実 130
中村政久 143
永井一正 140
永井辰雄 131
ナンバーワン・デザイン・オフィス 157, 162, 163, 165, 180
南部俊安 134, 144, 181
西崎セツコ 135
ニックスアドバタイジング 132
日本ブレーンセンター 153
日本ペリエールアートセンター 157
ネプチューン 135, 136, 158
野上周一 164
野村和久 129
ハイファイカンパニー 178, 179
畠山敏デザイン事務所 144
服部慶之輔 161
花崎年秀 147
ハンズ・プロジェクト 175
バルデザイングループ 131, 136, 155, 160
パイナップルスタジオ・グラフィック 161
パウダー・スノー 148
平野一二三 159
平野文子 187
広瀬輝明 166
ビセ 138, 158
ビタミン・スタジオ 175
フォルマ 144, 152
福島 博 132, 133
福田 毅 185
福田敏秀 185
フラミンゴスタジオ 161
フレンズ 163
ブレックファースト 175
プランニング&デザイン ノース・ヒル 151
プロップ1 135
ホットファッジ 168
ボーダー 150
ボールド研究所 181, 185
ボディ 160
ボビー 185
ボブキャットハウス 148
前田隆史 160, 181
マグマ 164
マサミヤ 173
マザー 168, 171
益山航士 180
真鍋嘉浩 153
松永 真 134, 139
マドラ 168
三木 健 160
三木朋子 170
ミスター88 130
水谷事務所 155, 156
ムーンラビット 150
桃組 160, 177
桃シルクスクリーン 187
森島スタジオ 133
八島克也 168
矢吹 恵 160
山田明広 155, 156
油谷勝海 154
横尾忠則 142
吉田 誠 181
吉野修平 158, 166, 184, 186
吉松デザイン室 151
米島比呂也 129
ライズデザインオフィス 132
李 寛 149
リュリュ 183
レイ・コーポレーション 129
ワークス 174
脇田デザイン事務所 135, 162

PHOTOGRAPHERS

荒木経惟 195
伊川若子 196
植田正治 198
大山千賀子 196
梶 洋哉 197
岸野正彦 192
北岡一浩 188
木下 透 188, 189
小西海彦 197
郷司基晴 194
後藤浩文 194
坂田栄一朗 188
佐藤良平 196
高木由利子 188
豊浦正明 194
中森泰弘 194
日置真光 194
広川泰士 189
藤田一咲 192
古川定房 196
南 信司 191
武藤 慧 190
山本昌男 189, 193

ILLUSTRATORS

あおきひろえ 204, 211
秋山 孝 200, 211
安座上真紀子 200
阿部真理子 211
伊川英雄 205
池田耕治 214
イザベル デルボー 212
石倉ヒロユキ 209
石毛恵美子 204, 206
石丸千里 216
市川興一 216
伊藤宣哉 214
伊藤正道 212
いわしろいずみ 208, 210, 214
上田ミユキ 210
上田三根子 212
上野よしみ 215
宇野亜喜良 201
大須賀理恵 207
大西洋介 209
岡崎京子 215
岡崎勝男 203
奥谷敏彦 202
おさないまこと 214
尾崎真吾 209
尾谷美幸 206, 211
小野利明 203
小野トモコ 201, 202
小渕もも 201
加藤千香子 203
かわぐちせいこ 207
北見 隆 200
喜多見 康 215
木田安彦 216
木村桂子 203
草野みのる 150, 163, 207
久里洋二 206
黒川洋行 205
小泉英里砂 206
酒井賢司 199, 206, 212
佐藤陽一 200
沢田としき 205
柴田邦子 210
渋谷和良 216
信耕ヒロ子 200
城谷斉彦 204
ジョセフ ダニエル フィドラー 201
スージィ甘金 213
末続あけみ 213
末正 香 214
須藤 尚 205, 213
タカカク 216
高橋えり子 215
高橋キンタロー 205
タケシマコウジ 199
田代 卓 212
タナカノリユキ 202
田中ひろみ 201
田中淑恵 205
谷口広樹 208, 210
チップス 207
茶谷智子 202, 213
杖村さえ子 209
ツジムラノブヒロ 208
手島加江 208
寺門孝之 200, 202, 204
鳥山ひろこ 210
中村柚美子 210
薙野たかひろ 211
灘本唯人 201
難波弘子 207
ノサキナオコ 207
野崎一人 200
野間佳織 210
袴田一夫 209
林 恭三 206
原 律子 215
ハルオ宮内 204, 211
福田武比呂 212
福田利之 216
福田奈誉美 215
古川タク 208
古瀬 稔 204
星野哲朗 209
松本孝志 210
真鍋太郎 211
峰岸 達 208
宮城美智子 205
ミヤケシゲル 213
村尾 薫 206
森 貞人 209
矢野貴子 214
山口マサル 214
山口はるみ 201
山下直子 214
山下秀男 203
山下ほっこ 206
山城隆一 199
若泉さな絵 203
若尾真一郎 201
和代人平 204
渡辺 伸 202
渡部隆志 202

INDEX

PRODUCERS

FASHION HOUSES

A Store Robot 16
Abahouse International 51, 62
Agnès B. 38
Amesbury 59
Angelo Tarlazzi 46
Anne Klein 44, 47
Argent 34
Atsuki Onishi Sleeping 31
Balise U 52
Ballsey 36, 51
Basso 16, 23
Beams 56
Bebe 68
Bernard Perris 47
Betty's Blue 16, 17
Biglidue 50, 61
Bis, Inés 35
Blue International 37
Bob's Tailor 52
Brains 55, 60
Bruno Piattelli 55
C'est Vrai 46
Cantwo 22
Carmelo Pomodoro 47
Chi'Chi Chick 67
Child Woman 24, 26
Christian Ada 45
Ciel-Un 43
Claude Lema 47, 51
Corona 45
Déesse Dé 29
Dgrace 25
Diable 69
D'ici 48
Distinction Men's Bigi 65
Dupleix 54, 66
Eastboy 52
Ellebrian 51
Emico 47, 50
Emily Temple 68
Extrap 53
Ezeeko 45
Faire La Bise 35
Ficce 54
Fillot De Bébé 68
Flandre 33, 51
Flandre Club 33
45RPM-Studio 24
49AV Junko Shimada 15
G/G Club 28
Gains Bour 61
Girl Girl 28
Grandpa's Cloth Co., 66
Grass Men's 59
Hiroko Homme 50
Hiroko Koshino 14
Hiromichi Nakano 16
Honey House 26
Hysteric Glamour 32
Île de Bleu 42
I.S. 12
Ignès 44
In And Out 42
Incense 62
Ingeborg 13
Inspire 66
Issey Miyake 10
Issey Miyake International 62
J-Mago 59
Jacket Studio 60
Junko Koshino Per Uomo 55
Junko Shimada Part2 15
16-Ku 47
Just Bigi 66
K.Shop 42
Kansai Yamamoto 14
Karl Helmut 13
Kensho 16, 18
Kensho Homme 18, 50
Kent 60
Kenzo Enfant 51, 67
Kenzo Homme 50, 61
Kid Blue 21
Kid's Labo 69
Kind Wear 56
Kohshin Satoh 63
L'est 26, 29
La-Brea 18
Le-Fluy 28
Light Menu 25
Macphee 36
Mapym 25
Men's Bigi 64
Men's Flandre 53
Merengue By Social 56
Mezzo Piano 68, 69
Miki House 68, 69
Milk 20
Milk Boy 20, 59
Mini Ba-tsu 67
Mini-K 69
Mlle.Comin'Soon 16
Moving Blue 21, 50
Mr.B 56
Mr.Junko 55
Nejuin 43
Nibo Vitae 42
Nice Claup 29, 51
Noblegoût 46
Noko Ohno 47
Nounouche 52
On Peut 23, 34
Page Boy 13
Pants Collection 59
Papp 68, 69
Pashu 58
Pashu Clip 58
Pilgrim&Macphee 36
Pink House 13
Pisano 43, 45
Pool Studio 44
Push Boy 33
Poushal 46
Practice Of Silence 62
Prankish Flandre 33
Qu'est-Ce Qu'elle A ? 21
Rio Yokoyama 69
Rockers Company 67
Rose Is A Rose 23
Sabby Genteel 23
San e Origin 49
Scoop 23
Scoop Boys 53
Shalon Tina 45
Shin Hosokawa 58
Shower 14
Soeur 28
Something 62
Spada S.P.A 54, 66
Studio V 19
Sugar 27
T Parts T Pattern 34
Takéo Kikuchi 50, 54
Takezo 47
Tenth 41
The Cast 46
Timothy 24
Toyoda Boshoku 24
Tsumori Chisato 11
Upper East 60
Van Mini 68
Vero Moda 53
Verriuomo 50
Via Vénti 35, 42
Viva You 27
Vivienne Westwood 20
Y's 39
Y's Bed+Bath/Y's For Living 40
Y's For Men 57
Yin & Yang 62
Yoshiyuki Konishi 63
Zampa 28
Zoy 46

FASHION ACCESSORIES

Ces Puzzles 72
Cushka 72
Hermes 74
Inoui 70
Intro 73
K.Bijoux 71
Kissa 73
Labidole Jewerly 71
Mary Quant 71

ETCETERA

Afternoon Tea 80
CBS/Sony Records 78, 84
Contena-Ems 80
EPIC/Sony Records 79, 83, 84
FM Sound Chiba 81
FM-Japan 81
Forever Record 82
Graphic Station 76
Honey 77
Kirin-Seagram 75
Polystar 82
R&B House God Door 82
Sazaby 80
Students Community 77
Zonart 76

MARKETERS

RETAILERS

Area Deux 09
BT System 98
Cara-Moon 99
Caspa 96
Hankyu Department Store 95
Ikebukuro Tobu 93
Ings Hankyu 93
Isetan 95
Kawasaki Okadaya More's 96
Keio Seiseki-sakuragaoka 94
Kinshicho Seibu 92
Kiss 88
Laforet Harajuku 88
Marui 89
Merry Hills 99
Merry Hills Jane Aris 99
New Melsa 94
Nihonbashi Mitsukoshi 91
Odakyu Shinjuku 93 ,94
Osaka Beniya 98
PJ 97
Palais Bianca 93
Panama Boy 98
Printemps Ginza 87
Printemps Namba 87
SHIBUYA 109 97
Shijo-Kawaramachi Hankyu 93

Shinjuku Mylord 95
Shizuoka Isetan 94
Shizuoka Seibu 95
Sogo Kobe 92
Sony Plaza 87
Tennis Goods Novu 98
The Ginza 86
The Seibu Depertment Stores 90, 91, 92
Tokyu 91
Umeda Hankyu 91, 92, 93, 94, 96
Vivre 21 89
Vivre 89
We & Kiss 88
We 88
Yokohama Okadaya Mores 95, 96
Yurakucho Hankyu 92, 94
Zap 94

FASHION

Chartres 101
Ginza Rex 100
Grove 101
Love Annex 100
Oceano 101
Sala Nakamura 100
Spick And Span 100

FASHION ACCESSORIES

Atelier Motoki 103
Cole • Haan 103
Don Juan 102
Intelligente Alphlus 103
Jewerly Ohashi 102
Jin Jin 102
Kesalan Patharan 104
Sashu 104
Star Jewerly 102, 103

HAIR & MAKEUP

Goro 108
Hair & Make-Up Clip 105
Make-Up Room 107, 108
Mod's Hair 105
Noriyuki Okisasaki 107
Peek-A-Boo 108
Production International 106
T.K It's Hair 106
Uraya For Hair 108
Vazara 106

FURNISHINGS

Chairs 109
Idée 109
Design Matrix 109

TABLEWARE

4 Saison 110
Kip's 110
Masudo 110
Pomiwanne 110
Watashi No Heya Gifu 110

ANTIQUES

Super-Freaks 111

CURIOSITY SHOPS

Birthday 113
Fords 113
Gendaiigaku 113
Happy Door 113
Kinetics 114
New New 113
Office K.Y 112
Pajamaya 112
Shanhai Times 112
Zonart 114

OUT & ABOUT

Bar Trommel 115
Bistrot Campagnard 115
Blue Note 115
Cafe Terrace Madonna 117
Club-D 116
Easter House 116
Gold 115
La Marmitte 115
Lornge Yamazaki 117
Marvelous café Pacha 116
Murakami Suppon Honpo 117
Opera 117
Safty Zone 115
Sugiman 117
TV Junction 115
Tennis Club 116
Ukamuse 117

GALLERIES

Art Space Keiho 124
Asahi Gallery 121
Axis Gallery 125
GA Gallerly 121
Gallery Genkai 124
Gallery Haku 120
Gallery Ma 122, 125
Gallery Manin 118, 119
Ginza Graphic Gallery 120
MRO Hall 120
Matsuya Ginza Gallery 123
Meitetsu Marukoshi Craft Gallery 124
Ohtsuki Pearl 124
Parco Clifford Gallery 126
Showing Space "X" Cross 120
Tokyo Designers Space 118, 120, 121, 124
Wacoal Art Center 125
Yurakucho Seibu Art Forum 120, 122, 125

CREATORS

GRAPHIC DESIGNERS

Ai Design 129, 159, 169
Akihiro Yamada 155, 156
Akio Sasagawa 162
Amazon Design Office 157, 166
Arm 149
Atelier Neu!! 169
Axis 134
B. Club 26, 29
Ben Tomita 157
Bise 138, 158
Bob Cat House 148
Bobby 185
Body 160
Bold Institute 181, 185
Border 150
Breakfast 175
C Company 177
C'[si:dæʃ] 136
CR-Plot 150, 169, 186
Cap Associate 171
Class Media Agency 136
Communication Arts R 153
Compass Point 155
Contemporary Production 185, 187
Cousi Masuyama 180
Creative Design Sense 184
Cube 164
Denko Agency 184
Design Office K 130
Designing Office Intex 136
Directors Inc. 136
Domo Company 144
Eight Plan 162, 170
Eye-Some Design 175
F.B.I & S.P.CO. 186
Flamingo Studio 161
Forma 144, 152
Friends 163
Fuki Ito Design Studio 173
Fumihiko Enokido 129
Fumiko Hirano 187
GA Company 173
Gaku Azuma 132
Gan Takabayashi 179
Gong 147, 164, 186
Grafix International 132, 152
Grip 180
Hands Project 175
Haruyasu Ito 171
Hi-Fi Company 178, 179
Hideki Togashi 168
Hidenori Okahashi 149, 179
Hifumi Hirano 159
Hirofumi Tsuchitani 154
Hiroko Ienaga 171
Hiroshi Abe 172
Hiroshi Awatsuji 165
Hiroshi Fukushima 132, 133
Hiroshi Lee 149
Hiroshi Sato 170
Hiroshi Takahara 151
Hiroya Yoneshima 129
Hot Fudge 168
I.F.Planning 149
Ikusūsu Agora 131
Ishida Chihiro Office 162
JMS International 144
Japan Bélier Art Center 157
Japan Graphics 152
Jic 153
Jona Joy 131, 134
Jun Kano 167
Jun Sato Design 131, 150
Junji Sano 181
K-Off 151
K_2 141
Kaigai Kikaku 165
Kajitani Design Room 163, 165
Kan Akita 155, 156
Katsu Kimura 140
Katsuichi Ito 165
Katsumasa Tanabe 160, 164
Katsumi Asaba 138
Katsumi Yutani 154
Katsunori Aoki 167, 187
Katsuya Yashima 168
Kazuaki Okazaki 176
Kazuhisa Nomura 129
Kazumasa Nagai 140
Keiji Uyeda 177
Keiko Sawaki 150
Keinosuke Hattori 161
Keisuke Kimura 132
Ken Miki 160
Ken Sakaguchi 160, 173
Kinema Moon 146, 148
Kiyoshi Awazu 141
Kogado Studio 186
Koichi Sato 128
Koji Eto 136
Kojiro Tomoeda 166, 185

Kokokukyowakoku 172
Koukokumaru 129, 130, 135
Kyoji Nakatani Design Office 130, 131, 134, 145
Madra 168
Magma 164
Maki Terao 168, 185, 186
Makoto Yoshida 181
Masahisa Nakamura 143
Masamiya 173
Megumi Yabuki 160
Michiyo Saito 182
Minoru Nakamura 130
Mitsuo Katsui 137
Miyuki Sakabayashi 185
Mizutani Studio 155, 156
Mo^2 Silk Screen 187
Moon Rabbit 150
Morishima Studio 133
Mother 168, 171
Mr.88 130
Neptune 135, 136, 158
Nippon Brain Center 153
Nix Advertising 132
Number One Design Office 157, 162, 163, 165, 180
N • Studio 160
Peach & Company 160, 177
Pineapple's Studio Graphic 161
Planning & Design North Hill 151
Powder Snow 148
Prop.1 135
Rei Corporation 129
Ry's Design Office 132
Ryu-Ryu 183
Sadao Sugaya 140
Sanji Komori 130
Satoshi Hatakeyama Design Office 144
Satoshi Urimoto 170
Seguchi Design Office 129, 130
Seichi Ohashi 168, 179
Seigo Kaneko 156
Setsu Office 156
Setsuko Nishizaki 135
Shigekazu Tsujimori 159, 181
Shigeru Akizuki 136
Shin Matsunaga 134, 139
Shin Tanaka 137
Shinnosuke Sugisaki 174
Shoji Uekusa 136
Shuhei Yoshino 158, 166, 184, 186
Shuichi Nogami 164
Shuzo Kato 177
Sigel Shimo'oka 140
Stereo Studio 143
Studio Com 176, 181
Studio Ikks 155, 158
Studio Super Compass 151
Sugarpot 187
Sun-Ad 152
Super Planning 169, 180
Susumu Endo 139
T, Design 149
Tadanori Yokoo 142
Taeko Kato 185
Taiki Toriyama 187
Takahumi Maeda 160, 181
Takato Ishii 131
Tatsuo Nagai 131
Tatsuya Umijima 151
Taul Sato 187
Tei Suzuki 148
Teruaki Hirose 166
Time-Space-Art 133
Tomoaki Sakai 173
Tomoeda Yusaku Design Office 134
Tomoko Miki 170
Toshihide Fukuda 185
Toshihide Hanazaki 147
Toshihiko Ohashi 159
Toshihiro Onimaru 178
Toshiki Deguchi 144, 147
Toshiyasu Nanbu 134, 144, 181
Tsuyoshi Fukuda 185
Val Design Group 131, 136, 155, 160
Vitamin Studio 175
Wakita Design Office 135, 162
We'll 170
Works 174
Yasutaka Kato 159, 162
Yes 147, 166, 171
Yoshihiro Madachi 153
Yoshimatsu Design Office 151
Yoshinori Takanokura 130
Yosuke Kihara 187
Yukio Ikoma 182
Zoom 171, 182

PHOTOGRAPHERS

Chikako Ooyama 196
Eiichiro Sakata 188
Hirofumi Goto 194
Hiroya Kaji 197
Issaque Foujita 192
Kazuhiro Kitaoka 188
Kei Muto 190
Masaaki Toyoura 194
Masahiko Kishino 192
Masami Hioki 194
Masao Yamamoto 189, 193
Motoharu Goushi 194
Nobuyoshi Araki 195
Ryohei Sato 196
Sadafusa Furukawa 196
Shinji Minami 191
Shouji Ueda 198
Taishi Hirokawa 189
Toru Kinoshita 188, 189
Umihiko Konishi 197
Wakako Igawa 196
Yasuhiro Nakamori 194
Yuriko Takagi 188

ILLUSTRATORS

Akemi Suetsugu 213
Aquirax Uno 201
Bokko Yamashita 206
Chikako Kato 200
Chips 207
Chisato Ishimaru 216
Elisa Koizumi 206
Emiko Ishige 204, 206
Eriko Takahashi 215
Harumi Yamaguchi 201
Haruo Miyauchi 204, 211
Hideo Igawa 205
Hideo Yamashita 203
Hiroe Aoki 204, 211
Hiroki Taniguchi 208, 210
Hiroko Namba 207
Hiroko Shinkou 200
Hiroko Toriyama 210
Hiromi Tanaka 201
Hiroyuki Ishikura 209
Hiroyuki Kurokawa 205
Isabelle Dervaux 212
Izumi Iwashiro 208, 210, 214
Jinpei Washiro 204
Joseph Daniel Fiedler 201
Kae Tejima 208
Kaori Noma 210
Kaori Suemasa 214
Kaoru Murao 206
Katsuo Okazaki 203
Kazuhito Nozaki 200
Kazuo Hakamada 209
Kazuyoshi Shibuya 216
Keiko Kimura 203
Kenji Sakai 199, 206, 212
Kintaro Takahashi 205
Koichi Ichikawa 216
Koji Ikeda 214
Kouji Takeshima 199
Kuniko Shibata 210
Kyoko Okazaki 215
Kyozo Hayashi 206
Makiko Azakami 200
Makoto Osanai 214
Mariko Abe 211
Masa Ito 212
Masaru Yamaguchi 214
Michiko Miyagi 205
Mineko Ueda 212
Minoru Furuse 204
Minoru Kusano 150, 163, 207
Miyuki Otani 206, 211
Miyuki Ueda 210
Momo Obuchi 201
Nahomi Fukuda 215
Nalihico Joya 204
Naoko Nosaki 207
Naoko Yamashita 214
Nobuhiro Tsujimura 208
Nobuya Ito 214
Noriyuki Tanaka 202
Rie Ohsuka 207
Ritsuko Hara 215
Ryuichi Yamashiro 199
Sadahito Mori 209
Saeko Tsuemura 209
Sanae Wakaizumi 203
Seiko Kawaguchi 207
Shigeru Miyake 213
Shin Watanabe 202
Shingo Ozaki 209
Shinichiro Wakao 201
Suzy Amakane 213
Tadahito Nadamoto 201
Takahiro Nagino 211
Takakaku 216
Takako Yano 214
Takashi Akiyama 200, 211
Takashi Kitami 200
Takashi Matsumoto 210
Takashi Sudo 205, 213
Takashi Watanabe 202
Takayuki Terakado 200, 202, 204
Takehiro Fukuda 212
Taku Furukawa 208
Taku Tashiro 212
Taro Manabe 211
Tetsuro Hoshino 209
Tomoko Chatani 202, 213
Tomoko Ono 201, 202
Toru Minegishi 208
Toshiaki Ono 203
Toshihiko Okuya 202
Toshiki Sawada 205
Toshiyuki Fukuda 216
Yasuhiko Kida 216
Yasushi Kitami 215
Yohichi Satoh 200
Yoji Kuri 206
Yoshie Tanaka 205
Yoshimi Ueno 215
Yosuke Onishi 209
Yumiko Nakamura 210

出品者住所録 (五十音順)

㈱アーストンボラージュ　〒106　東京都港区六本木7-3-25　TEL03-479-8151
㈱アースネットワーク　〒150　東京都渋谷区鶯谷町19-19 ソフィアハウス2A　TEL03-461-6331
㈱アートプリントジャパン　〒177　東京都練馬区谷原5-13-30　TEL03-904-3561
㈱アーム　〒150　東京都渋谷区南平台2-12 渋谷南平台久保ビル3F　TEL03-770-0181
㈱アイ・エフ・プランニング　〒541　大阪府大阪市中央区北浜1-1-18　TEL06-231-8282
アイサム・デザイン　〒107　東京都港区北青山2-7-26 メゾン青山1001　TEL03-475-5455
アイ デザイン　〒760　香川県高松市西宝町3-11-8　TEL0878-34-9345
㈱アイム／生駒由起夫　〒150　東京都渋谷区南平台町13-4-308　TEL03-770-5961
㈱アイランド　〒810　福岡県福岡市中央区大名1-14-45 福岡鴻池ビル3F　TEL092-761-1126
青木克憲　〒103　東京都中央区日本橋本石町4-4-17　TEL03-241-3979
あおきひろえ　〒540　大阪府大阪市中央区釣鐘町2-3-17　TEL06-943-1166
秋月　繁　〒154　東京都世田谷区池尻4-27-32-815　TEL03-412-1371
秋田　寛　〒168　東京都杉並区永福1-22-15-102　TEL03-323-7931
秋山　孝　〒171　東京都豊島区西池袋2-21-12 目白ガーデンハイツ301　TEL03-988-1490
㈱アクシス　〒106　東京都港区六本木5-17-1　TEL03-587-2781
浅葉克己デザイン室　〒107　東京都港区南青山3-9-2　TEL03-479-0471
安座上真紀子　〒150　東京都渋谷区広尾4-1-14 J-1103
ア・ストア・ロボット　〒150　東京都渋谷区恵比寿西2-17-16 代官山TKビル2F　TEL03-780-5825
東　学　〒570　大阪府守口市南寺方南通3-63-1 レジデンス橋403　TEL06-992-3403
㈲アトリエ ノイ　〒166　東京都杉並区梅里2-9-11 小池ビル303　TEL03-5377-4992
㈱アドアーツ　〒060　北海道札幌市中央区北7条西22丁目250-77　TEL011-643-8631
㈱アドス　〒160　東京都新宿区新宿1-10-4 新宿1丁目ビル7・8F　TEL03-354-5541
㈱アドス静岡支社　〒420　静岡県静岡市両替町1-4-5 川村第1ビル2F　TEL0542-55-5857
㈱アニエス ベー サンライズ　〒140　東京都品川区東品川2-2-43　TEL03-450-6611
㈱アバハウスインターナショナル　〒150　東京都渋谷区神宮前6-23-6 浅井ビル4F　TEL03-486-6534
アフター アワーズ スタジオ　〒206　東京都多摩市貝取1-28-6-101　TEL0423-71-0493
阿部博デザイン事務所　〒106　東京都港区西麻布2-13-15 パールハイツ横芝703　TEL03-498-9351
天晶事務所㈱　〒150　東京都渋谷区神宮前3-7-11　TEL03-402-0702
アマゾンデザイン　〒106　東京都港区麻布台3-3-27 麻布台フラット1F　TEL03-588-9177
荒木経惟　〒162　東京都新宿区早稲田鶴巻町533 大恵ビルB1アートルーム　TEL03-203-8509
㈱アリシア　〒150　東京都渋谷区神宮前4-9-3 清原ビル1F　TEL03-475-0751
㈱アルジャン　〒150　東京都渋谷区東4-12-2　TEL03-407-1077
粟津　潔　〒214　神奈川県川崎市多摩区南生田1-5-24　TEL044-966-4185
アンサー㈱　〒530　大阪府大阪市北区天満4-4-1 アクシスビル　TEL06-356-1706
㈱アンビデックス　〒151　東京都渋谷区代々木5-67-5 ベルデパルキラードビルB1F　TEL03-481-8121
㈱イースターハウス　〒460　愛知県名古屋市中区錦3-15-31　TEL052-961-3996
㈱イエス　〒107　東京都港区北青山2-7-24 有磯ビル5F　TEL03-408-5329
伊川英雄／伊川若子　〒158　東京都世田谷区奥沢5-31-17 アルボス3A　TEL03-722-6479
㈲イクスース・アゴラ　〒108　東京都港区白金台3-18-5 NKビル3F　TEL03-444-0240
イザベル デルボー　〒161　東京都新宿区中落合4-24-7-204 c/o Junko Wong-Agent　TEL03-565-0906
石井孝人　〒188　東京都田無市芝久保3-19-61　TEL0424-64-8410
石黒ヒロユキ　〒150　東京都渋谷区神宮前6-35 コープオリンピア612　TEL03-498-5084
石毛恵美子　〒104　東京都中央区銀座2-11-6 竹田ビル601 ㈱金森広告事務所　TEL03-545-5840
㈱イシダ・チヒロ・オフィス　〒106　東京都港区六本木7-8-5-401　TEL03-405-6975
㈱イックス　〒150　東京都渋谷区渋谷2-6-8 ST青山501　TEL03-409-5546
㈱イッセイ ミヤケ インターナショナル　〒102　東京都千代田区五番町14-1 国際中正ビル　TEL03-265-0651
伊藤勝一デザイン室　〒106　東京都港区西麻布3-20-9 ハイネス麻布606　TEL03-408-5560
伊東宣哉　〒151　東京都渋谷区本町4-15-7-302　TEL03-370-0897
伊藤晴康　〒158　東京都世田谷区玉川4-30-5　TEL03-700-2503
伊藤賦樹デザイン室　〒107　東京都港区南青山5-15-9 フラット青山401　TEL03-400-7820
伊藤正道　〒151　東京都渋谷区富ヶ谷1-41-3 セー・フー・ソー2F　TEL03-460-9080
いわしろ いずみ　〒151　東京都渋谷区西原3-13-15-B302　TEL03-466-3470
岩村千一　〒194　東京都町田市南つくし野4-2-2　TEL03-708-5443
インアンドヤン プレスルーム　〒150　東京都渋谷区猿楽町3-9 アベニューサイド代官山3F　TEL03-496-2119
㈱イングセブン　〒150　東京都渋谷区神宮前4-5-4　TEL03-5474-1751
㈱インタレスト　〒150　東京都渋谷区猿楽町10-14 パシフィックマンションS-A　TEL03-463-2815
㈱ウーノ／辻森茂和　〒104　東京都中央区明石町5-13 シャルマン明石町703　TEL03-5565-9536
㈱ウイール　〒155　東京都世田谷区北沢1-23-14 マノシティー302　TEL03-485-7222
ウエーブ クリエーション　〒107　東京都港区赤坂6-19-28 檜坂マンション401　TEL03-586-1911
植草庄治　〒102　東京都千代田区九段北1-8-3 カサイビルII-5F・CAT内　TEL03-237-8537
上田三根子事務所　〒157　東京都世田谷区砧2-4-9-202　TEL03-417-4726
上野よしみ　〒154　東京都世田谷区世田谷1-33-10 ライオンズマンション世田谷108　TEL03-428-7331
宇野亜喜良　〒106　東京都港区六本木5-12-18 ドミ麻布103　TEL03-582-0056
海嶋達也　〒560　大阪府豊中市向丘2-171-1 エクセルコート向丘401　TEL06-858-1721
瓜本悟士　〒579　大阪府東大阪市東石切町4-3-18　TEL0729-82-6413
㈱ヴィヴィド スタジオV事業部　〒150　東京都渋谷区神南1-8-13　TEL03-461-2544
㈱エージー　〒104　東京都中央区銀座1-4-9 第一田村ビル　TEL03-562-1591
㈱エイトプラン　〒372　群馬県伊勢崎市今泉町1-1292-1　TEL0270-23-5321
㈱エスディルーム　〒150　東京都渋谷区猿楽町10-14 代官山パシフィックマンション505　TEL03-464-3600
㈱エドウイン商事　〒116　東京都荒川区東日暮里3-27-6　TEL03-803-6628
エヌ・ステューディオ　〒980　宮城県仙台市若林区荒町146 コーポアラマチ7-A　TEL022-267-2704
榎戸文彦　〒410-12　静岡県裾野市須山十里木高原10-69　TEL0559-98-1108
EPIC・ソニーレコード　〒107　東京都港区南青山1-1-1 新青山ビル西8F CR　TEL03-475-2600
㈱ゑみ子　〒150　東京都渋谷区神宮前6-34-20　TEL03-498-7611
㈱エム アンドエー　〒104　東京都中央区銀座3丁目 第一生命ビル5F　TEL03-567-6871
遠藤　享　〒150　東京都渋谷区神宮前3-13-3　TEL03-478-1577
大賀㈱ ミスタージュンコ事業部　〒150　東京都渋谷区鉢山町13-16　TEL03-496-0161
大須賀理恵　〒228　神奈川県相模原市新磯野4-8-2-308 築地方　TEL0462-52-0526
大西洋介　〒106　東京都港区西麻布1-14-15 ユーキフラット3B　TEL03-408-0841
大橋敏彦　〒201　東京都狛江市岩戸南1-4-9-301　TEL03-488-1027
大山千賀子　〒107　東京都港区南青山4-17-35 デンマークハウス4E　TEL03-402-2151
岡崎和昭　〒542　大阪府大阪市中央区南船場1-8-11-805　TEL06-264-2057
岡崎勝男　〒186　東京都国立市東2-9-9 コーポ桜井201　TEL0425-77-1459

岡崎京子　〒155　東京都世田谷区代田5-33-10　TEL03-411-4407
岡橋秀則　〒634　奈良県橿原市内膳町2-5-6　TEL07442-3-2633
岡部隆信　〒108　東京都港区高輪2-16-52 パラシオン高輪408　TEL03-442-5985
沖佐々木範幸　〒107　東京都港区赤坂9-6-28 アルベルゴ乃木坂1205　TEL03-423-1940
奥谷敏彦　〒154　東京都世田谷区世田谷1-23-21 上町台ハイツ701　TEL03-439-4193
おさない まこと　〒651　兵庫県神戸市中央区浜辺通4-1-23-911　TEL078-242-1830
尾崎真吾　〒203　東京都東久留米市本町1-10-21　TEL0424-75-3053
㈱オゾンコミュニティ（ヒステリック グラマー）　〒151　東京都渋谷区千駄ヶ谷3-12-6　TEL03-478-8471
尾谷美幸　〒154　東京都世田谷区太子堂3-15-3 ロイヤルハイツ201　TEL03-795-1093
㈱小田急百貨店　〒160-01　東京都新宿区西新宿1-1-3　TEL03-342-1111
鬼丸トシヒロ　〒108　東京都港区白金台1-2-43-202　TEL03-447-3842
小野利明　〒106　東京都港区南麻布3-6-16 フジパレス2F　TEL03-441-6029
小野トモコ　〒135　東京都江東区富岡2-6-1 第5芙蓉ハイツ302　TEL03-820-3724
㈱オフィスマーレ　〒542　大阪府大阪市中央区東心斎橋1-20-9 吉川ビル4F　TEL06-245-8219
小渕もも　〒231　神奈川県川崎市宮前区小台1-10-20-401　TEL044-865-9903
㈱海外企画　〒102　東京都千代田区麹町5-5 共立麹町ビル202　TEL03-263-6685
㈱カインドウェア　〒101　東京都千代田区東神田2-2-5　TEL03-864-2941
梶谷デザイン室　〒160　東京都新宿区大京町25 キングダム御苑503　TEL03-358-1722
梶　洋哉　〒151　東京都渋谷区代々木4-41-12 代々木テラス201　TEL03-299-0424
勝井デザイン事務所／勝井三雄　〒107　東京都港区南青山5-1-10 南青山第一マンション907　TEL03-407-0801
㈱加藤周三デザインプロダクト　〒500　岐阜県岐阜市金園町2-3　TEL0582-63-4047
加藤妙子デザイン事務所　〒569　大阪府高槻市宮田町3-15-1-608　TEL0726-93-9664
加藤千香子　〒464　愛知県名古屋市千種区覚王山通り8-46 シャトー杉301　TEL052-761-4915
加藤靖隆　〒162　東京都新宿区市ヶ谷田町1-4 ㈱CBS／ソニーレコード CR室　TEL03-266-5070
金子正剛　〒150　東京都渋谷区渋谷2-6-8 ST青山501 スタジオ・イックス　TEL03-409-5546
カメダクリエイション　〒154　東京都世田谷区野沢4-21-17 菱田コンドミニアム301　TEL03-795-6267
かわぐちせいこ　〒150　東京都渋谷区恵比寿南1-11-12-301　TEL03-791-4625
㈱カンサイ・カンパニー　〒150　東京都渋谷区神宮前4-3-15-515　TEL03-478-2531
㈱ガッシュ　〒150　東京都渋谷区神宮前6-23-11 パークサイドハイツ401　TEL03-407-8954
㈱ガリバー　〒223　神奈川県横浜市港北区新吉田町2933　TEL045-541-1341
㈱キサ　〒107　東京都港区南青山3-2-6 モリヤサンライト201　TEL03-403-9597
北見　隆　〒169　東京都新宿区高田馬場3-39-12　TEL03-371-4824
喜多見　康　〒108　東京都港区高輪4-8-25 品川マンション404　TEL03-445-6475
木田安彦　〒604　京都府京都市中京区高倉道錦小路上ル 四条高倉スカイハイツ1103　TEL075-223-1847
キネマムーン デザインスタジオ　〒550　大阪府大阪市西区北堀江1-6-20-701　TEL06-532-7280
木原庸佐　〒180　東京都武蔵野市吉祥寺本町2-28-7 パークハイム吉祥寺本町206　TEL0422-21-0927
木村桂子　〒165　東京都中野区江原町1-47-7-204　TEL03-954-6941
木村経典　〒657　兵庫県神戸市灘区岩屋北町1-5-12　TEL078-881-7237
㈱キャップ・アソシエイツ　〒107　東京都港区赤坂7-9-15 赤坂Qビル　TEL03-586-3541
キャン ツゥー　〒151　東京都渋谷区千駄ヶ谷3-60-2　TEL03-404-8511
キューブ　〒150　東京都渋谷区桜丘15-8 高木SKビル315　TEL03-496-4268
ギャラリーマニン　〒150　東京都渋谷区神宮前2-24-4 里見ビル1F　TEL03-478-3633
㈱銀座マギー　〒158　東京都世田谷区東玉川2-37-11　TEL03-727-7511
草野みのる　〒108　東京都港区白金台3-11-3-208　TEL03-473-1360
久保和正　〒104　東京都中央区新富1-7-8 タカラビル6F ㈱ニックスアドバタイジング　TEL03-551-5221
粂田貴子　〒108　東京都港区芝浦3-13-3 SECビル　TEL03-798-4401
㈱クラスメディア エージェンシー　〒108　東京都港区白金台5-6-8　TEL03-442-3201
クラッカー・デザイン　〒150　東京都渋谷区神宮前4-7-12 エーデル青山2B　TEL03-423-3931
久里洋二　〒102　東京都千代田区一番町21-3 ルミナス一番町202　TEL03-265-3032
黒川洋行　〒157　東京都世田谷区砧4-30-9-304　TEL03-417-3073
黒崎貿易㈱　〒107　東京都港区南青山5-4-44　TEL03-409-7080
㈱グラスメンズ　〒106　東京都港区六本木5-12-11　TEL03-587-0221
㈱グラフィックス インターナショナル　〒108　東京都港区白金台5-11-2　TEL03-442-1091
㈱グリップ　〒106　東京都港区西麻布1-14-2 疋田ビル201　TEL03-5474-1161
㈱K$_2$　〒106　東京都港区六本木7-18-7 内海ビル4F　TEL03-401-9266
㈱ケイハウス　〒160　東京都新宿区坂町26　TEL03-359-4411
㈱ケス・ケラ？　〒150　東京都渋谷区神南1-8-17 横山ビル1F　TEL03-476-5020
㈱玄海　〒160　東京都新宿区新宿5-5-1　TEL03-352-3101
小泉英里砂　〒223　神奈川県横浜市港北区綱島西2-7-18-307　TEL045-531-6621
㈱工画堂スタジオ　〒162　東京都新宿区住吉町8-20 四谷チンゴビル3F　TEL03-353-3077
広告共和国　〒460　愛知県名古屋市中区新栄2-2-7 東和マンション903　TEL052-261-4573
㈱広告丸／高橋善丸　〒530　大阪府大阪市北区西天満6-3-11 梅田ベイスワン4F　TEL06-315-1659
㈲コガネ虫スタジオ　〒160　東京都新宿区新宿6-27-48 アイビービル304　TEL03-207-9101
小西海彦　〒150　東京都渋谷区代官山町2-7 シャトレ代官山903　TEL03-770-4554
コミュニケーション・アーツ・R　〒150　東京都港区六本木5-1-4 六和ビル5F　TEL03-405-0270
㈱コムプライム　〒542　大阪府大阪市中央区安土町1-6-19 銭屋第1ビル　TEL06-264-1724
小森三二　39, Christine Ave., Ryde, 2112 N.S.W. Australia　TEL02-8882329
㈱コングスタジオ　〒150　東京都渋谷区恵比寿西1-32-8 小竿ビル5-C　TEL03-780-5425
コンテムポラリー・プロダクション　〒153　東京都目黒区上目黒1-6-5 森ビル2F　TEL03-791-7199
㈱コンパス・ポイント　〒321　栃木県宇都宮市東簗瀬1-13-2　TEL0286-36-3833
後藤浩文　〒160　東京都新宿区内藤町1-2 田林ビル1F
㈱ゴング　〒106　東京都港区西麻布3-21-20 霞町コーポ409　TEL03-423-4455
斎藤日出男デザインスタジオ　〒309-15　茨城県笠間市福原2257　TEL0296-74-3769
酒井賢司　〒104　東京都中央区築地2-1-2-810 サイモンセッズ　TEL03-543-8350
坂井智明　〒180　東京都武蔵野市吉祥寺東町 リーハウス吉祥寺2-C　TEL0422-22-9196
坂口　賢　〒100　東京都千代田区丸の内1-1-2 NKKビル ㈱リクルート　TEL03-575-1111
坂田栄一郎　〒150　東京都渋谷区恵比寿西1-33-33 代官山フラッツ201　TEL03-780-0329
坂林三由紀　〒466　愛知県名古屋市昭和区福江1-7-1 三洋ビル4F ㈱マサミヤ　TEL052-882-2505
㈱サザビー　〒140　東京都品川区東品川2-2-43　TEL03-450-5511
㈲サッシュ　〒153　東京都目黒区駒場4-3-25-102　TEL03-485-7971
佐藤晃一　〒113　東京都文京区本郷1-35-28-504　TEL03-815-6630
佐藤淳デザイン室　〒530　大阪府大阪市北区鶴野町1-5 メタボ阪急13A　TEL06-372-5317
佐藤　浩　〒107　東京都港区赤坂8-12-8-209　TEL03-479-5993

佐藤陽一　〒940-11　新潟県長岡市三和3-4-1　TEL0258-34-0543
佐野純二　〒108　東京都港区白金台5-11-2 グラフィックスインターナショナル　TEL03-442-1091
沢田としき　〒155　東京都世田谷区代田3-13-12 カーサ・ベルデ1F　TEL03-414-1769
㈱サン・アド　〒100　東京都千代田区丸の内1-1-1 パレスビル9F　TEL03-274-5021
サンヱオリジン㈱　〒170　東京都豊島区東池袋2-45-7　TEL03-988-7101
㈱ザ・ギンザ　〒104　東京都中央区銀座7-4-12 行政ビル5F　TEL03-572-2121
ザ・ナカヤマ・カンパニー　〒150　東京都渋谷区渋谷3-3-10 秀和青山レジデンス302　TEL03-407-0857
ザ・ロックンロールエイズプロダクション　〒650　兵庫県中央区北野町2-13-25 北野ハウス16　TEL078-251-6697
㈱シーアール・プロット　〒150　東京都目黒区青葉台2-21-13 トーア青葉台803　TEL03-5704-0641
㈱C・カンパニー　〒150　東京都渋谷区東3-25-10 T&Tビル6F　TEL03-486-8311
シーダッシュ　〒107　東京都港区南青山6-7-5 ドミール南青山605　TEL03-5485-2751
㈱CBS・ソニーグループ　〒162　東京都新宿区市ヶ谷田町1-4　TEL03-266-5995
㈱シェルター&グラフィック・アソシエイツ　〒150　東京都渋谷区東1-10-10 サアラ・グラッチャ103　TEL03-498-5102
㈱シゲ デザインオフィス　〒150　東京都渋谷区渋谷4-2-27 ヴォルテックス青山1F　TEL03-498-7689
㈱資生堂　〒104-10　東京都中央区銀座7-5-5　TEL03-572-5111
㈱シャーリーテンプル　〒150　東京都渋谷区神宮前3-28-10　TEL03-401-7911
㈱シュガーポット　〒107　東京都港区北青山3-6-17　TEL03-400-1996
㈱シュガー　〒180　東京都渋谷区恵比寿南2-12-15　TEL03-791-8111
㈲真之助事務所　〒530　大阪府大阪市北区西天満5-16-13 NF高橋ビル5F　TEL06-361-9691
㈲ジーエー カンパニー　〒108　東京都港区三田3-4-18 二葉ビル901　TEL03-5476-4037
ジーエー・ギャラリー　〒151　東京都渋谷区千駄ヶ谷3-12-14　TEL03-403-1581
JMSインターナショナル㈱　〒170　東京都港区南青山2-18-2 竹中IIIビル401　TEL03-479-6036
㈱ジック　〒532　大阪府大阪市淀川区西中島4-13-12 新大阪北田ビル5F　TEL06-300-1537
㈱ジャパングラフィックス　〒104　東京都中央区築地3-16-9 アーバンメイツ6F　TEL03-543-6841
城谷斉彦　〒221　神奈川県横浜市神奈川区旭ヶ丘68　TEL045-481-5601
ジョセフ・ダニエル・フィドラー　107445, South Braddock Avenue Apt. 1, Pittsburgh, PA 15221, USA　TEL412-243-0720
じょな じょい　〒107　東京都港区南青山6-2-11　TEL03-400-8577
スーパーイエロープロジェクト　〒106　東京都港区六本木5-13-9 ライオンズM六本木503　TEL03-584-4029
スーパーフリークス　〒153　東京都目黒区上目黒1-24-4　TEL03-791-9984
㈱スーパープランニング　〒430　静岡県浜松市瓜内町1937　TEL0534-41-7721
末続あけみ　〒124　東京都葛飾区堀切2-34-7　TEL03-694-9418
末正　香　〒194　東京都町田市高ヶ坂1428-1　TEL0427-29-1985
菅谷貞雄　〒168　東京都杉並区永福2-4-13　TEL03-323-6337
杉山佳男　〒107　東京都港区南青山6-13-2 ブルジョン南青山304 ㈱ヘアーアンドメイクアップ クリップ　TEL03-499-4671
㈱スクープ　〒150　東京都渋谷区神宮前2-32-5 フェイスビル　TEL03-404-7511
鈴木　汀　〒110　東京都台東区入谷2-8-6　TEL03-873-5885
スタジオ・イデア　〒530　大阪府大阪市北区紅梅町2-16 つたや第3ビル402　TEL06-352-8672
㈱スタジオ・コム　〒107　東京都港区赤坂6-6-4 赤坂栄ビル205　TEL03-584-4258
㈱スタジオ スーパーコンパス　〒150　東京都渋谷区神宮前6-28-5 宮崎ビル501　TEL03-486-7692
㈲スタジオ・ユニ　〒160　東京都新宿区新宿2-8-1 新宿セブンビル3F　TEL03-341-0141
スタッフ／阿部真理子　〒530　大阪府大阪市北区西天満2-9-2 真和ビル4F48　TEL06-363-4963
㈱ステレオ スタジオ　〒160　東京都新宿区新宿2-2-6 第2福富ビル601　TEL03-341-8091
須藤　尚　〒213　神奈川県川崎市宮前区野川930-1-201　TEL044-752-1706
スペース・ユイ　〒107　東京都港区南青山3-4-11 ハヤカワビル1F　TEL03-479-5889
ズー デザイン ラボ　〒543　大阪府大阪市天王寺区上本町7-2-23 メゾングリーンマーベル7F-B1　TEL06-772-1027
㈱ズーム　〒550　大阪府大阪市西区南堀江4-20-11 アロービルディング　TEL06-538-0461
㈱瀬口デザイン事務所　〒615　京都府京都市右京区西京極東池田町39 アフリー太田103　TEL075-315-0812
㈲節事務所　〒106　東京都港区西麻布3-17-36 霞町マンションA4　TEL03-408-4913
㈱宣研　〒103　東京都中央区日本橋3-8-3 通ビル3F　TEL03-275-0831
1000里プロダクション／石丸千里　〒615　京都府京都市西京区桂芝ノ下町19-10　TEL075-392-6260
㈱ソニープラザ　〒104　東京都中央区銀座6-8-5 小松アネックスビル6F　TEL03-575-2511
タイム・スペース・アート㈱　〒106　東京都港区南麻布3-17-14 カーザ・デル・アルティジャーノ　TEL03-440-0444
タカカク　〒551　大阪府大阪市大正区泉尾1-34-11 角田孝志方　TEL06-553-1321
高野倉善教　〒160　東京都新宿区四谷2-2 佐藤ビル603 ㈱アドマルク　TEL03-359-0909
高橋えり子　〒171　東京都豊島区池袋2-56-1-308　TEL03-987-6208
高橋キンタロー　〒150　東京都渋谷区猿楽町12-35 シャトレブランシェ代官山103　TEL03-476-2314
高原　宏デザイン事務所　〒107　東京都港区南青山1-15-22 ヴィラ乃木坂305　TEL03-404-9963
㈱タクシー　〒106　東京都港区六本木5-16-5-304　TEL03-585-8870
田代　卓　〒112　東京都文京区音羽1-17-11-605　TEL03-946-3109
田中一光デザイン室　〒107　東京都港区北青山3-2-2 AYビル7F　TEL03-470-2611
田中　晋　〒156　東京都世田谷区松原6-5-20-402　TEL03-324-0873
タナカノリユキ　〒151　東京都渋谷区恵比寿3-29-12 マカッサルマンション4-D　TEL03-444-7496
田中ひろみ　〒166　東京都杉並区阿佐ヶ谷北1-13-12 横川ハイツ202　TEL03-336-8047
田中淑恵　〒166　東京都千代田区神田小川町3-11-2-407　TEL03-293-7021
田辺勝正　〒181　東京都三鷹市井の頭1-22-6-203　TEL0422-48-1093
大和工芸企画　〒537　大阪府大阪市北区西天満3-6-8 笹屋ビル1F　TEL06-364-2039
チェアーズ　〒106　東京都港区六本木5-17-1 AXISビル413　TEL03-587-2580
チップス　〒231　神奈川県横浜市中区新山下1-15-13 アイビスハイツ山下公園601　TEL045-624-2654
㈱チョーギン パブ事業部　〒103　東京都中央区日本橋掘留町1-3-19　TEL03-665-8555
杖村さえ子　〒169　東京都新宿区北新宿1-30-15-101　TEL03-366-2024
ツジムラ ノブヒロ　〒541　大阪府大阪市中央区南久宝寺町3-6-9 メッセージビル3F　TEL06-253-1540
筒井良太郎　〒150　東京都渋谷区渋谷1-12-12 東豊エステート701 Spoon内　TEL03-406-1310
㈱ティー・エム・ディー　〒150　東京都渋谷区道玄坂2-29-1　TEL03-477-5109
ティー，デザイン　〒279　千葉県浦安市今川3-9-33 レクス今川A-106　TEL0473-51-9040
㈲テイスト　〒540　大阪府大阪市中央区常盤町2-4-9 第6天祥ビル301　TEL06-947-5815
手島加江　〒153　東京都目黒区五本木1-24-16　TEL03-712-5232
寺門孝之　〒150　東京都渋谷区恵比寿西1-31-16 アルス代官山301　TEL03-462-1393
㈱テンス　〒169　東京都新宿区高田馬場2-5-24　TEL03-232-0420
㈱ディーズ ディー　〒151　東京都渋谷区富ヶ谷1-46-4 依田ビル3F　TEL03-466-8051
㈱ディレクターズ インク　〒650　兵庫県神戸市中央区下山手通2-13-13 クロワッサンビル4F　TEL078-321-2370
出口登士希　〒601-13　京都府京都市伏見区石田森南町34 石田団地20-701　TEL075-571-9644
デザイニング オフィス インテックス　〒227　東京都目黒区中目黒1-4-17 マートルコート第2中目黒401　TEL03-711-9351
デザイン・オフィース・ケイ　〒151　東京都渋谷区千駄ヶ谷3-53-14 サンローズ原宿202　TEL03-746-3480

デザインスタジオ ウオーターズ　〒155　東京都世田谷区代田1-34-13 信濃屋ビル301　TEL03-411-1451
㈱電広エイジェンシー　〒461　愛知県名古屋市東区葵3-15-31 住友生命千種第2ビル3F　TEL052-937-7881
㈱電通　〒104　東京都中央区築地1-11　TEL03-544-5111
㈱トゥモローランド　〒150　東京都渋谷区広尾2-13-15　TEL03-486-8801
㈱東急エージェンシー　〒150　東京都渋谷区道玄坂2-29-19 関口ビル7F　TEL03-477-3272
㈱東武百貨店　〒171　東京都豊島区西池袋1-1-25　TEL03-981-2211
富樫英樹　〒162　東京都新宿区赤城下町83　TEL03-269-8567
富田　勉　〒168　東京都杉並区和泉2-9-8　TEL03-322-5887
友枝康二郎　〒143　東京都大田区中央6-20-3　TEL03-751-5650
友枝雄策事務所　〒860　熊本県熊本市上通町5-20 セントラルハイツ801　TEL096-322-6167
鳥山大樹／鳥山ひろこ　〒530　大阪府大阪市北区与力町6-6-205　TEL06-354-1797
㈲ドーモカンパニー　〒151　東京都渋谷区千駄ヶ谷3-3-16 秀和神宮レジデンス703　TEL03-479-6106
㈱ナイスクラップ　〒151　東京都渋谷区富ヶ谷1-9-15　TEL03-466-6411
㈲ナインハーフ　〒500　岐阜県岐阜市清707-1 森島ビル1F　TEL0582-76-3637
中島デザイン事務所　〒810　福岡県福岡市中央区薬院2-4-27 ABITA-Ⅱ302　TEL092-752-0771
中谷匡児デザイン室　〒151　東京都渋谷区千駄ヶ谷3-16-3 メイゾン原宿401　TEL03-402-2549
中村政久　〒150　東京都渋谷区広尾4-1-14-1307　TEL03-797-6137
中村柚美子　〒133　東京都江戸川区北小岩8-8-2　TEL03-658-5633
永井一正　〒104　東京都中央区銀座1-13-13 日本デザインセンター　TEL03-567-3231
㈱ナガイ デザイン スタジオ　〒104　東京都中央区京橋2-5-7 高井ビル3F　TEL03-567-5888
薙野たかひろ　〒151　東京都渋谷区千駄ヶ谷2-3-4-401　TEL03-479-6975
灘本唯人　〒151　東京都渋谷区千駄ヶ谷3-16-3 メゾン原宿601　TEL03-402-1765
㈱ナルミヤ　〒150　東京都渋谷区神宮前3-35-19　TEL03-404-0151
ナンバーワン・デザイン・オフィス　〒151　東京都渋谷区代々木5-67-2 前田ビル4F　TEL03-468-2521
難波弘子　〒153　東京都目黒区上目黒2-30-18-202　TEL03-711-7654
西川産業㈱　〒103　東京都中央区日本橋富沢町8-8　TEL03-664-8161
㈱日本ブレーンセンター　〒542　大阪府大阪市中央区南船場2-11-9-304　TEL06-245-1831
㈱日本ベリエールアートセンター　〒104　東京都中央区銀座5-13-14 銀座オリオルビル　TEL03-5565-5641
ニューニュー　〒166　東京都杉並区梅里2-25-18 高円寺ハイツ501　TEL03-315-8214
㈱ヌヌシュ　〒150　東京都渋谷区代官山町14-24 YMビル2F　TEL03-496-8744
㈱ネプチューン　〒860　熊本県熊本市草葉町2-28-1201　TEL096-322-7371
㈱ネプチューンアール　〒860　熊本県熊本市草葉町2-28-1104　TEL096-322-7394
㈱ノーヴス　〒810　福岡県福岡市中央区大名1-14-45 福岡鴻池ビル7F　TEL092-761-1616
野上周一　〒532　大阪府大阪市淀川区木川東4-17-9 ライオンズマンション新大阪第6-716　TEL06-302-6763
ノサキナオコ　〒231　神奈川県横浜市中区新山下1-15-13 アイビスハイツ山下公園601　TEL045-624-2654
野崎一人　〒150　東京都渋谷区神宮前5-30-3 ニューアートビル7F　TEL03-400-5123
野間佳織　〒260　千葉県千葉市椿森1-23-10　TEL0472-55-3966
野村デザイン室　〒192　東京都八王子市子安町1-45-10 ロイヤルハイツクレイン405　TEL0426-42-7488
㈲ハイファイカンパニー　〒530　大阪府大阪市北区天満橋1-3-21 タカセビル4F　TEL06-357-5173
袴田一夫　〒176　東京都練馬区豊玉北6-13-15-406　TEL03-5999-2383
畠山　敏デザイン事務所　〒980　宮城県仙台市青葉区大町2-3-22 エチゴビル2F　TEL022-262-1648
服部慶之輔　〒192　東京都八王子市543-6　TEL03-442-1091
花崎年秀　〒120　東京都足立区綾瀬4-22-10-301　TEL03-628-5081
㈱ハニー　〒150　東京都渋谷区恵比寿南1-1-1 スヤマビル6F　TEL03-715-8200
㈱ハニーハウス　〒150　東京都渋谷区恵比寿南3-3-3　TEL03-711-8282
原　律子　〒151　東京都渋谷区＊＊＊
㈱ハルオインターナショナル　〒460　愛知県名古屋市中区大須4-11-17 日比野ユーハウスビル8F　TEL052-263-4866
㈱阪急百貨店　〒570　大阪府大阪市北区角田町8-7　TEL06-361-1381
㈱ハンズ・プロジェクト　〒541　大阪府大阪市中央区南久宝寺町3-6-9 メッセージビル501　TEL06-253-2603
㈱バッソー　〒151　東京都渋谷区上原2-30-1　TEL03-485-8711
㈱バツ　〒150　東京都渋谷区神宮前5-6-17　TEL03-499-5353
㈱バルデザイングループ　〒920-11　石川県金沢市鈴見台3-19-25　TEL0762-22-2231
パイナップルスタジオグラフィックス　〒150　東京都渋谷区恵比寿西1-17-2-207　TEL03-770-8615
㈱パウダー・スノー　〒150　東京都渋谷区神宮前5-50-6 伊波ビル3F　TEL03-498-3868
㈱パッケージングディレクション　〒106　東京都港区西麻布4-15-15-101　TEL03-407-1719
パナマボーイ　〒150　東京都渋谷区神宮前1-16-6　TEL03-402-2425
パルコ クリフォード・ギャラリー　〒150　東京都渋谷区宇田川町15-1　TEL03-477-5740
平野一二三　〒154　東京都世田谷区三軒茶屋2-15-14 ABCビル410　TEL03-410-2334
広川泰士　〒151　東京都渋谷区代々木5-67-2 前田ビル3F　TEL03-485-2020
㈱ヒロココシノ デザインオフィス　〒151　東京都渋谷区千駄ヶ谷3-12-1 パレロイヤル原宿502　TEL03-5474-3032
広瀬輝明　〒158　東京都世田谷区上野毛3-16-2-101　TEL03-704-6102
㈱BBKK　〒108　東京都港区海岸3-5-1　TEL03-5476-6911
㈱ビームス クリエイティブ　〒150　東京都渋谷区神宮前3-21-8　TEL03-470-2455
㈱ビギ　〒150　東京都渋谷区鉢山町9-6　TEL03-464-1661
ビセ　〒150　東京都渋谷区広尾5-4-11 ベルナハイツ8B2　TEL03-446-3848
ビタミン・スタジオ　〒150　東京都渋谷区神宮前6-34-14 黒川ビル201　TEL03-486-7803
ピーク・ア・ブー　〒150　東京都渋谷区神宮前5-2-5 ロバリアビル3F　TEL03-400-3503
㈱ピカロ　〒151　東京都渋谷区富ヶ谷1-44-4 泉マンション406　TEL03-469-5588
㈱ピンクハウス　〒150　東京都渋谷区猿楽町30-2 ヒルサイドテラスアネックスB　TEL03-464-2861
45RPM・スタジオ㈱　〒107　東京都港区南青山7-2-1 青康ビル3F　TEL03-498-2245
㈱フォルマ／栗林孝之　〒150　東京都渋谷区猿楽町9-8 代官山パークサイドビレッジ206　TEL03-477-5231
福島　敬　〒213　神奈川県川崎市宮前区宮崎2-12-6-601　TEL044-888-7513
福島　博　〒350-03　埼玉県比企郡鳩山町楓ヶ丘1-13-3　TEL0492-96-2539
福田敏秀　〒107　東京都港区南青山1-19-13-302　TEL03-366-4697
福田　毅　〒107　東京都港区南青山1-19-13-302　TEL03-478-1990
福田奈鶯美　〒631　奈良県奈良市秋篠三和町1-8-23　TEL0742-46-3763
フラッシュ　〒150　東京都渋谷区代官山4-1 代官山マンション207　TEL03-476-2316
㈱フラミンゴ スタジオ　〒160　東京都新宿区新宿6-3-11　TEL03-350-9717
㈱フランドル　〒150　東京都渋谷区神宮前2-30-32 パークレーンプラザ1F　TEL03-408-2611
古川定房　〒150　東京都渋谷区神宮前6-2-6 原宿あかねビル502　TEL03-407-0482
古川タク　〒107　東京都港区南青山7-1-12 南青山高樹町ハイツ701　TEL03-499-5645
㈲フレンズ　〒150　東京都渋谷区神宮前1-21-10 新清マンション33　TEL03-408-8269
㈱ブルーインターナショナル　〒150　東京都渋谷区猿楽町14-23　TEL03-496-3771

㈲ブレックファースト　〒107　東京都港区赤坂7-6-7 赤坂パークマンション204　TEL03-586-7181
㈱プラクティスオブサイレンス　〒106　東京都港区東麻布3-3-2, 2F　TEL03-505-6477
㈱プランタン銀座　〒104　東京都中央区銀座3-2-1　TEL03-567-0077
プランタンなんば　〒542　大阪府大阪市中央区千日前2-10-1　TEL06-633-0077
㈱プランニング カオス　〒460　愛知県名古屋市中区新栄1-38-21 荘苑ひがし栄20B　TEL052-261-2608
プランニング&デザイン ノース・ヒル　〒530　大阪府大阪市天満橋1-3-6 美馬ビル2F　TEL06-358-9160
プロップ 1　〒464　愛知県名古屋市千種区東山通3-27 小池ビル2F　TEL052-781-2621
碧雲商事㈱　〒690　島根県松江市浜乃木1-13-29　TEL0852-22-3622
㈱べべ　〒650　兵庫県神戸市港島中町6-2-5　TEL078-303-1616
ペルシャハウス 〒100 東京都千代田区内幸町1-1-1 帝国ホテル インペリアルプラザ4F　TEL03-501-1022
㈱ホットファッジ　〒150　東京都渋谷区東2-20-13 シャトレー渋谷309　TEL03-406-8796
㈱ボーダー　〒107　東京都港区赤坂9-6-30 ル・イマーブル乃木坂108　TEL03-403-2884
㈱ボールド研究所　〒106　東京都港区六本木3-4-27 かすがマンション301, 401　TEL03-586-5561
㈱ボクサー／下岡　茂　〒107　東京都港区赤坂7-6-55-502　TEL03-405-7775
㈱ボディ　〒530　大阪府大阪市北区与力町7-11 グランドメゾン与力町801　TEL06-358-7234
㈲ボビー　〒152　東京都目黒区碑文谷5-28-16　TEL03-724-8735
㈱ボブキャットハウス　〒150　東京都渋谷区猿楽町30-8 ツインビル代官山B701　TEL03-770-8371
㈱ポイントアップ　〒107　東京都港区北青山3-5-6 青朋ビル3F　TEL03-5474-6680
㈲マグマ　〒464　愛知県名古屋市千種区城木町3-26　TEL052-762-6025
㈱マサミヤ　〒466　愛知県名古屋市昭和区福江1-7-1 三洋ビル3F, 4F　TEL052-882-2505
マザー㈱　〒464　愛知県名古屋市千種区四谷通1-7 ヴィレッジ四谷4B　TEL052-782-1903
益山航士　〒153　東京都目黒区東山1-1-5 東山A・Tビル102　TEL03-5704-1539
㈱松永　真デザイン事務所　〒107　東京都港区南青山7-3-1 石橋興業ビル8F　TEL03-499-0291
松本孝志　〒150　東京都渋谷区神宮前3-15-19 神宮前マンション301　TEL03-408-3979
マドモアゼル カミングスーン　〒151　東京都渋谷区千駄ヶ谷2-6-10　TEL03-408-7581
㈱マドラ　〒102　東京都千代田区紀尾井町3-31　TEL03-265-7181
㈱丸井　〒164-01　東京都中野区中野3-7-18　TEL03-384-0101
三木　健デザイン事務所　〒530　大阪府大阪市北区天神橋1-3-4 中之島フラッツ602　TEL06-358-5270
㈱ミキハウス　〒581　大阪府八尾市大窪936　TEL0729-41-3225
㈱ミスター88　〒107　東京都港区南青山5-4-35 辰村マンション608　TEL03-499-2703
水谷事務所　〒106　東京都港区六本木6-3-15 泰地六本木マンション1201　TEL03-478-1931
峰岸　達　〒168　東京都杉並区高井戸東1-17-11　TEL03-329-1531
宮城美智子　〒151　東京都渋谷区本町6-9-6-106　TEL03-377-7116
ミヤケシゲル　〒150　東京都渋谷区広尾1-1-5-202　TEL03-498-0054
㈲ミルク　〒150　東京都渋谷区神宮前6-28-3　TEL03-407-9192
㈲ムーンラビット　〒150　東京都渋谷区恵比寿西1-33-15 EN代官山1201　TEL03-496-5941
村山利幸　〒542　大阪府大阪市中央区釣鐘町2-3-17 ベルハウス4F　TEL06-943-0193
㈱メルサ　〒104　東京都中央区銀座5-7-10　TEL03-573-5511
㈱メンズ ビギ　〒153　東京都目黒区青葉台3-1-2　TEL03-461-2671
もぐら庵　〒630-02　奈良県生駒市松美台44-141　TEL07437-4-0181
モッズ ヘア ジャポン㈱　〒107　東京都港区南青山3-14-13 ツイン南青山1F　TEL03-470-0307
㈲桃組　〒107　東京都港区南青山3-15-19 フラット竹田301　TEL03-404-1023
桃シルクスクリーン　〒546　大阪府大阪市東住吉区今川4-13-14　TEL06-704-0126
森　貞人事務所　〒461　愛知県名古屋市東区泉1-22-35 チサンマンション桜通久屋304　TEL052-961-7508
八木健夫　〒150　東京都渋谷区渋谷1-3-18 ビラモデルナA406　TEL03-406-0191
矢野貴子　〒157　東京都世田谷区成城2-6-11　TEL03-416-4877
矢吹　恵　〒124　東京都葛飾区西新小岩4-26-5　TEL03-696-3575
山口はるみ　〒150　東京都渋谷区渋谷1-20-17-302　TEL03-499-5225
山口マサル　〒143　東京都大田区大森本町1-8-12 大森海岸パークハウスE406　TEL03-764-9797
山下直子　〒168　東京都杉並区浜田山1-33-20 メゾン伊吹木102　TEL03-290-4565
山下秀男デザイン事務所　〒107　東京都港区南青山4-21-5 シャトー青山第2-305　TEL03-405-8036
山下ぼっこ　〒150　東京都渋谷区神宮前6-25-8 神宮前コーポラス708 犀内　TEL03-5485-1917
山田明広　〒501-62　岐阜県羽島市小熊町島86　TEL0582-92-1890
山本昌男　〒108　東京都港区高輪2-17-3 東洋ビル4F　TEL03-441-6603
有楽町 阪急百貨店　〒100　東京都千代田区有楽町2-5-1　TEL03-575-2233
油谷勝海　〒104　東京都中央区築地2-1-2-407　TEL03-544-5753
㈲ユニゾンハウス　〒153　東京都目黒区大橋1-5-4 本橋ビル4F　TEL03-496-5362
横尾忠則アトリエ　〒157　東京都世田谷区成城4-19-7　TEL03-482-2826
吉田　誠　〒108　東京都港区三田2-14-4 三田慶応ビジデンス506　TEL03-456-1621
ヨシノ・デザイン・オフィス　〒153　東京都目黒区目黒3-33-7　TEL03-791-0008
吉松デザイン室　〒107　東京都港区南青山2-9-25-202　TEL03-403-1913
米島比呂也　〒288　神奈川県横須賀市佐野町4-26　TEL0468-27-1821
㈲ライズデザインオフィス　〒231　神奈川県横浜市中区山手町9-3 山手町マンション503　TEL045-681-3409
㈱ラ・エスト　〒150　東京都渋谷区神宮前4-5-12　TEL03-404-1281
楽々商店／茶谷智子　〒544　大阪府大阪市生野区田島4-4-10　TEL06-757-1425
㈱ラフォーレ原宿　〒150　東京都渋谷区神宮前1-11-6　TEL03-475-0411
リック商事㈱　〒532　大阪府大阪市淀川区西中島6-6-17 RICファースト3F　TEL06-304-2881
㈱リュリュ　〒659　兵庫県芦屋市茶屋之町1-12　TEL0797-32-5161
㈱ルシアン ザ スペース　〒150　東京都渋谷区恵比寿西2-17-12 エナ代官山　TEL03-477-7251
㈱レイ・コーポレーション　〒150　東京都渋谷区猿楽町24-7 代官山プラザ・アネックス406　TEL03-463-4801
㈱レガロブレインズ オーガニック・ファーム　〒108　東京都港区高輪1-2-17 高輪梶ビル5・6F　TEL03-473-6775
㈱レマン／大橋清一　〒150　東京都渋谷区渋谷1-19-25　TEL03-407-1603
㈱レモン（ベティーズ・ブルー）　〒150　東京都渋谷区千駄ヶ谷3-25-7 大谷ビル　TEL03-470-3181
㈱ワークス　〒530　大阪府大阪市北区堂山町15-17 ACTIII917　TEL06-361-1121
若泉さな絵　〒150　東京都渋谷区広尾1-1-5-202　TEL03-498-0054
若尾真一郎　〒151　東京都渋谷区笹塚1-59-9-605　TEL03-377-4771
脇田デザイン事務所　〒810　福岡県福岡市中央区舞鶴1-9-3 朝日プラザ天神513　TEL092-781-0902
和代人平 〒150 東京都渋谷区神宮前6-2-6 原宿あかねビル501　TEL03-5485-2169
渡辺　伸　〒362　埼玉県北足立郡伊奈町栄1-61-2　TEL048-721-6901
渡辺隆志　〒650　京都府京都市東山区本町15-388　TEL075-541-8355

Contributors' Addresses

A Store Robot 2F, 2-17-16, Ebisu-Nishi, Shibuya-ku, Tokyo 150 TEL03-780-5825
AZ Inc.Advertising 1-4-9, Ginza, Chuo-ku, Tokyo 104 TEL03-562-1591
Abahouse International Company 4F, 6-23-6, Jingumae, Shibuya-ku, Tokyo 150 TEL03-486-6534
Abe Hiroshi Design Office #703, 2-13-15, Nishi-Azabu, Minato-ku, Tokyo 106 TEL03-498-9351
Adarts Co., Ltd. 250-77, Nishi-22, Kita-7, Chuo-ku, Sapporo, Hokkaido 060 TEL011-643-8631
Ads Co., Ltd. 7•8F, 1-10-4, Shinjuku, Shinjuku-ku, Tokyo 160 TEL03-354-5541
Ads Co., Ltd.Shizuoka 2F, 1-4-5, Ryogae-cho, Shizuoka-shi, Shizuoka 420 TEL0542-55-5857
After Hours Studio #101, 1-28-6, Kaidori, Tama-shi, Tokyo 206 TEL0423-71-0493
Ai Design 3-11-8, Saihocho, Takamatsu-shi, Kagawa 760 TEL0878-34-9345
Akemi Suetsugu 2-34-7, Horikiri, Katsushika-ku, Tokyo 124 TEL03-694-9418
Akihiro Yamada 86, Shima, Oguma-cho, Hashima-shi, Gifu 501-62 TEL0582-92-1890
Akira Uno #103, 5-12-18, Roppongi, Minato-ku, Tokyo 106 TEL03-582-0056
Alicia Co., Ltd. 1F, 4-9-3, Jingumae, Shibuya-ku, Tokyo 150 TEL03-475-0751
Amaaki Office And Univers 3-7-11, Jingumae, Shibuya-ku, Tokyo 150 TEL03-402-0702
Amazon Design Office 1F, 3-3-27, Azabu-dai, Minato-ku, Tokyo 106 TEL03-588-9177
Ambidex Co., Ltd. B1F, 5-67-5, Yoyogi, Shibuya-ku, Tokyo 151 TEL03-481-8121
Agnès B. Sunrise 2-2-43, Higashi-Shinagawa, Shinagawa-ku, Tokyo 140 TEL03-450-6611
Answer Co., Ltd. 4-4-1, Tenma, Kita-ku, Osaka-shi, Osaka 530 TEL06-356-1706
Argent Inc. 4-12-2, Higashi, Shibuya-ku, Tokyo 150 TEL03-407-1077
Arm Co., Ltd. 3F, 2-12, Nanpeidai, Shibuya-ku, Tokyo 150 TEL03-770-0181
Arrston Volaju Co., Ltd. 7-3-25, Roppongi, Minato-ku, Tokyo 106 TEL03-479-8151
Art Print Japan Co., Ltd. 5-13-30, Yahara, Nerima-ku, Tokyo 177 TEL03-904-3561
Atelier NEU!! Inc. #303, 2-9-11, Umesato, Suginami-ku, Tokyo 166 TEL03-5377-4992
Axis Incorporated 5-17-1, Roppongi, Minato-ku, Tokyo 106 TEL03-587-2781
BBKK Co., Ltd. 3-5-1, Kaigan, Minato-ku, Tokyo 108 TEL03-5476-6911
Ba-tsu Co., Ltd 5-6-17, Jingumae, Shibuya-ku, Tokyo 105 TEL03-499-5353
Basso Co., Ltd. 2-30-1, Uehara, Shibuya-ku, Tokyo 151 TEL03-485-8711
Beams Creative Inc. 3-21-8, Jingumae, Shibuya-ka, Tokyo 150 TEL03-470-2455
Bebe Co., Ltd. 6-2-5, Minatojima-Nakamachi, Chuo-ku, Kobe-shi, Hyogo 650 TEL078-303-1616
Ben Tomita 2-9-8, Izumi, Suginami-ku, Tokyo 168 TEL03-322-5887
Bigi Co., Ltd. 9-6, Hachiyama-cho, Shobuya-ku, Tokyo 150 TEL03-464-1661
Bise Inc. #8B2, 5-4-11, Hiroo, Shibuya-ku, Tokyo 150 TEL03-446-3848
Blue International Company 14-23, Sarugaku-cho, Shibuya-ku, Tokyo 150 TEL03-496-3771
Bob Cat House Co., Ltd. #B701, 30-8, Sarugaku-cho, Shibuya-ku, Tokyo 150 TEL03-770-8371
Bobby Inc. 5-28-16, Himonya, Meguro-ku, Tokyo 152 TEL03-724-8735
Body Inc. #801, 7-11, Yoriki-cho, Kita-ku, Osaka-shi, Osaka 530 TEL06-358-7234
Bokko Yamashita c/o Sai, #708, 6-25-8, Jingumae, Shibuya-ku, Tokyo 150 TEL03-5485-1917
Bold Institute Inc. #301, 401, 3-4-27, Roppongi, Minato-ku, Tokyo 106 TEL03-586-5561
Border Inc. #108, 9-6-30, Akasaka, Minato-ku, Tokyo 107 TEL03-403-2884
Box'er Associates #502, 7-6-55, Akasaka, Minato-ku, Tokyo 107 TEL03-405-7775
Breakfast Co., Ltd. #204, 7-6-7, Akasaka, Minato-ku, Tokyo 107 TEL03-586-7181
C Company Limited 6F, 3-25-10, Higashi, Shibuya-ku, Tokyo 150 TEL03-486-8311
C'[si:dæʃ] #605, 6-7-5, Minami-Aoyama, Minato-ku, Tokyo 107 TEL03-5485-2751
CBS/Sony Group 1-4, Tamachi, Ichigaya, Shinjuku-ku, Tokyo 162 TEL03-266-5995
CR-Plot Co., Ltd. #803, 2-21-13, Aobadai, Meguro-ku, Tokyo 150 TEL03-5704-0641
Can Two 3-60-2, Sendagaya, Shibuya-ku, Tokyo 151 TEL03-404-8511
Cap Associate 7-9-15, Akasaka, Minato-ku, Tokyo 107 TEL03-586-3541
Chairs #413, 5-17-1, Roppongi, Minato-ku, Tokyo 106 TEL03-587-2580
Chikako Kato #301, 8-46, Kakuozan-dori, Chikusa-ku, Nagoya-shi, Aichi 464 TEL052-761-4915
Chikako Oyama #4E, 4-17-35, Minami-Aoyama, Minato-ku, Tokyo 107 TEL03-402-2151
Chips #601, 1-15-13, Shin-Yamashita, Naka-ku, Yokohama-shi, Kanagawa 231 TEL045-624-2654
Chogin Co., Ltd.Papp.Div. 1-3-19, Horidome-cho, Nihonbashi, Chuo-ku, Tokyo 103 TEL03-665-8555
Class Media Agency, Inc. 5-6-8, Shirokanedai, Minato-ku, Tokyo 108 TEL03-442-3201
Communication Arts R 5F, 5-1-4, Roppongi, Minato-ku, Tokyo 150 TEL03-405-0270
Compass Point Co., Ltd. 1-13-2, Higashi-Yanaze, Utsunomiya-shi, Tochigi 321 TEL0286-36-3833
Comprime Inc. 1-6-19, Azuchi-machi, Chuo-ku, Osaka-shi, Osaka 542 TEL06-264-1724
Contemporary Production 2F, 1-6-5, Kami-Meguro, Meguro-ku, Tokyo 153 TEL03-791-7199
Cousi Masuyama #102, 1-1-5, Higashiyama, Meguro-ku, Tokyo 153 TEL03-5704-1539
Cracker Design #2B, 4-7-12, Jingumae, Shibuya-ku, Tokyo 150 TEL03-423-3931
Cube #315, 15-8, Sakuragaoka, Shibuya-ku, Tokyo 150 TEL03-496-4268
Daiwa Kogei Kikaku 1F, 3-6-8, Nishi-Tenma, Kita-ku, Osaka-shi, Osaka 537 TEL06-364-2039
Déese dé Co., Ltd. 3F, 1-46-4, Tomigaya, Shibuya-ku, Tokyo 151 TEL03-466-8051
Denko Agency 3F, 3-15-31, Aoi, Higashi-ku, Nagoya-shi, Aichi 461 TEL052-937-7881
Dentsu Ltd. 1-11, Tsukiji, Chuo-ku, Tokyo 104 TEL03-544-5111
Design Office K #202, 3-53-14, Sendagaya, Shibuya-ku, Tokyo 151 TEL03-746-3480
Design Studio Waters #301, 1-34-13, Yoda, Setagaya-ku, Tokyo 155 TEL03-411-1451
Designing Office Intex #401, 1-4-17, Naka-Meguro, Meguro-ku, Tokyo 227 TEL03-711-9351
Directors Inc. 4F, 2-13-13, Shimo-Yamate-dori, Chuo-ku, Kobe-shi, Hyogo 650 TEL078-321-2370
Dōmo Company Co., Ltd. #703, 3-3-16, Sendagaya, Shibuya-ku, Tokyo 151 TEL03-479-6106
Earth Network Co., Ltd. #2A, 19-19, Uguisudani-cho, Shibuya-ku, Tokyo 150 TEL03-461-6831
Easter House Co., Ltd. 3-15-31, Nishiki, Naka-ku, Nagoya-shi, Aichi 460 TEL052-961-3996
Edwin Co., Ltd. 3-27-6, Higashi-Nippori, Arakawa-ku, Tokyo 116 TEL03-803-6628
Eight Plan Inc. 1-1292-1, Imaizumi-cho, Isezaki-shi, Gunma 372 TEL0270-23-5321
Eiichiro Sakata #201, 1-33-33, Ebisu-Nishi, Shibuya-ku, Tokyo 150 TEL03-780-0329
Elisa Koizumi #307, 2-7-18, Tsunashima-Nishi, Kohoku-ku, Yokohama-shi, Kanagawa 223 TEL045-531-6621
Emiko Co., Ltd. 6-34-20, Jingumae, Shibuya-ku, Tokyo 150 TEL03-498-7611
Emiko Ishige Kanamori Advertising Office, #601, 2-11-6, Ginza, Chuo-ku, Tokyo 104 TEL03-545-5840
Epic/Sony Records CR, Nishi-8F, 1-1-1, Minami-Aoyama, Minato-ku, Tokyo 107 TEL03-475-2600
Eriko Takahashi #308, 2-56-1, Ikebukuro, Toshima-ku, Tokyo 171 TEL03-987-6208
Eye-Some Design Limited #1001, 2-7-26, Kita-Aoyama, Minato-ku, Tokyo 107 TEL03-475-5455
Eyeland Co., Ltd. 3F, 1-14-45, Daimyo, Chuo-ku, Fukuoka-shi, Fukuoka 810 TEL092-761-1126
Flamingo Studio Inc. 6-3-11, Shinjuku, Shinjuku-ku, Tokyo 160 TEL03-350-9717
Flandre Co., Ltd. 1F, 2-30-32, Jingumae, Shibuya-ku, Tokyo 150 TEL03-408-2611

Flash Inc. #207, 4-1, Daikanyama, Shibuya-ku, Tokyo 150 TEL03-476-2316
Forma Inc./Takayuki Kuribayashi #206, 9-8, Sarugaku-cho, Shibuya-ku, Tokyo 150 TEL03-477-5231
45RPM·Studio 3F, 7-2-1, Minami-Aoyama, Minato-ku, Tokyo 107 TEL03-498-2245
Friends #33, 1-21-10, Jingumae, Shibuya-ku, Tokyo 150 TEL03-408-8269
Fuki Ito Design Studio #401, 5-15-9, Minami-Aoyama, Minato-ku, Tokyo 107 TEL03-400-7820
Fumihiko Enokido 10-69, Jyurige-Kogen, Suyama, Susono-shi, Shizuoka 410-12 TEL0559-98-1108
GA Company, Ltd. #901, 3-4-18, Mita, Minato-ku, Tokyo 108 TEL03-5476-4037
GA Gallery 3-12-14, Sendagaya, Shibuya-ku, Tokyo 151 TEL03-403-1581
Gaku Azuma #403, Minami-dori, Minami-Terakata, Moriguchi-shi, Osaka 570 TEL06-992-3403
Gallery Manin 1F, 2-24-4, Jingumae, Shibuya-ku, Tokyo 150 TEL03-478-3633
Genkai Co., Ltd. 5-5-1, Shinjuku, Shinjuku-ku, Tokyo 160 TEL03-352-3101
Gic Corporation 5F, 4-13-12, Nishi-Nakajima, Yodogawa-ku, Osaka-shi, Osaka 532 TEL06-300-1537
Ginza Maggy Co., Ltd. 2-37-11, Higashi-Tamagawa, Setagaya-ku, Tokyo 158 TEL03-727-7511
Gong Inc. #409, 3-21-20, Nishi-Azabu, Minato-ku, Tokyo 106 TEL03-423-4455
Gouache Co., Ltd. #401, 6-23-11, Jingumae, Shibuya-ku, Tokyo 150 TEL03-407-8954
Grafix International Inc. 5-11-2, Shirokanedai, Minato-ku, Tokyo 108 TEL03-442-1091
Grass Men's Co., Ltd. 5-12-11, Roppongi, Minato-ku, Tokyo 106 TEL03-587-0221
Grip, Inc. #201, 1-14-2, Nishi-Azabu, Minato-ku, Tokyo 106 TEL03-5474-1161
Gulliver Inc. 2933, Shiyoshida-cho, Kohoku-ku, Yokohama-shi, Kanagawa 223 TEL045-541-1341
Hands Project Inc. #501, 3-6-9, Minami-Kyuhoji-machi, Chuo-ku, Osaka-shi, Osaka 541 TEL06-253-2603
Hankyu Department Store Inc. 2-5-1, Yuraku-cho, Chiyoda-ku, Tokyo 100 TEL03-575-2233
Hankyu Department Store Co., Ltd 8-7, Kakuta-cho, Kita-ku, Osaka-shi, Osaka 570 TEL06-361-1381
Harumi Yamaguchi #302, 1-20-17, Shibuya, Shibuya-ku, Tokyo 150 TEL03-499-5225
Haruo International Corporation 8F, 4-11-17, Osu, Naka-ku, Nagoya-shi, Aichi 460 TEL052-263-4866
Haruyasu Ito 4-30-5, Tamagawa, Setagaya-ku, Tokyo 158 TEL03-700-2503
Hekiun Shoji Co., Ltd. 1-13-29, Hamanogi, Matsue-shi, Shimane 690 TEL0852-22-3622
Hi-Fi Company Ltd. 4F, 1-3-21, Tenmabashi, Kita-ku, Osaka-shi, Osaka 530 TEL06-357-5173
Hideki Togashi 83, Akagishita-machi, Shinjuku-ku, Tokyo 162 TEL03-269-8567
Hidenori Okahashi 2-5-6, Naizen-cho, Kashihara-shi, Nara 634 TEL07442-3-2633
Hideo Igawa/Wakako Igawa #3A, 5-31-17, Okusawa, Setagaya-ku, Tokyo 158 TEL03-722-6479
Hideo Saitoh Design Studio 2257, Fukuhara, Kasama-shi, Ibaragi TEL0296-74-3769
Hifumi Hirano #410, 2-15-14, Sangenjaya, Setagaya-ku, Tokyo 154 TEL03-410-2334
Hiroe Aoki 2-3-17, Tsurigane-cho, Chuo-ku, Osaka-shi, Osaka 540 TEL06-943-1166
Hirofumi Goto 1F, 1-2, Naito-cho, Shinjuku-ku, Tokyo 160
Hiroko Koshino Design Office #502, 3-12-1, Sendagaya, Shibuya-ku, Tokyo 151 TEL03-5474-2932
Hiroko Nanba #202, 2-30-18, Kami-Meguro, Meguro-ku, Tokyo 153 TEL03-711-7654
Hiromi Tanaka #202, 1-13-12, Asagaya-Kita, Suginami-ku, Tokyo 166 TEL03-336-8047
Hiroshi Fukushima 1-13-3, Kaedegaoka, Hatoyama-machi, Hiki-gun, Saitama 350-03 TEL0492-96-2539
Hiroshi Sato #209, 8-12-8, Akasaka, Minato-ku, Tokyo 107 TEL03-479-5993
Hiroya Kaji #201, 4-41-12, Yoyogi, Shibuya-ku, Tokyo 151 TEL03-299-0424
Hiroya Yoneshima 4-26, Sano-machi, Yokosuka-shi, Kanagawa 288 TEL0468-27-1821
Hiroyuki Ishikura #612, 6-35, Jingumae, Shibuya-ku, Tokyo 150 TEL03-498-5084
Hiroyuki Kurokawa #304, 4-30-9, Kinuta, Setagaya-ku, Tokyo 157 TEL03-417-3073
Honey Co., Ltd. 6F, 1-1-1, Ebisu-Minami, Shibuya-ku, Tokyo 150 TEL03-715-8200
Honey House Co., Ltd. 3-3-3, Ebisu-Minami, Shibuya-ku, Tokyo 150 TEL03-711-8282
Hot Fudge #309, 2-20-13, Higashi, Shibuya-ku, Tokyo 150 TEL03-406-8796
I'm Co., ltd./Yukio Ikoma 13-4-308, Nanpeidai-cho, Shibuyaku, Tokyo 150, TEL 03-770-5961 TEL03-770-5961
I.F Planning Inc. 1-1-18, Kitahama, Chuo-ku, Osaka-shi, Osaka 541 TEL06-231-8282
Ikko Tanaka Design Studio 7F, 3-2-2, Kita-Aoyama, Minato-ku, Tokyo 107 TEL03-470-2611
Ikks, Inc. #501, 2-6-8, Shibuya, Shibuya-ku, Tokyo 150 TEL03-409-5546
Ikusūsu Agora Co., Ltd. 3F, 3-18-5, Shiroganedai, Minato-ku, Tokyo 108 TEL03-444-0240
Ing Seven Co., Ltd. 4-5-4, Jingumae, Shibuya-ku, Tokyo 150 TEL03-5474-1751
Interest Incorporated #S-A, 10-14, Sarugaku-cho, Shibuya-ku, Tokyo 150 TEL03-463-2815
Isabelle Dervaux c/o Junko Wong-Agent, #204, 4-24-7, Naka-Ochiai, Shinjuku-ku, Tokyo 161 TEL03-565-0906
Ishida Chihiro Office Co., Ltd. #401, 7-8-5, Roppongi, Minato-ku, Tokyo 106 TEL03-405-6975
Issey Miyake International Inc. 14-1, 5ban-cho, Chiyoda-ku, Tokyo 102 TEL03-265-0651
Izumi Iwashiro #B302, 3-13-15, Nishihara, Shibuya-ku, Tokyo 151 TEL03-466-3470
JMS International Inc. #401, 2-18-2, Minami-Aoyama, Minato-ku, Tokyo 170 TEL03-479-6036
Japan Bélier Art Center Co. 5-13-14, Ginza, Chuo-ku, Tokyo 104 TEL03-5565-5641
Japan Graphics Corporation 6F, 3-16-9, Tsukiji, Chuo-ku, Tokyo 104 TEL03-543-6841
Jinpei Washiro #501, 6-2-6, Jingumae, Shibuya-ku, Tokyo TEL03-5485-2169
Jona Joy 6-2-11, Minami-Aoyama, Minato-ku, Tokyo 107 TEL03-400-8577
Joseph Daniel Fiedler 445, South Braddock Avenue Apt.1, Pittsburgh, PA 15221, USA TEL412-243-0720
Jun Sato Design #13A, 1-5, Tsuruno-cho, Kita-ku, Osaka-shi, Osaka 530 TEL06-372-5317
Junji Sano 5-11-2, Shirokanedai, Minato-ku, Tokyo 108 TEL03-442-1091
K.House Inc. 26, Saka-machi, Shinjuku-ku, Tokyo 160 TEL03-359-4411
K_2 Co., Ltd. 4F, 7-18-7, Roppongi, Minato-ku, Tokyo 106 TEL03-401-9266
KIyoshi Awazu 1-5-24, Minami-Ikuta, Tama-ku, Kawasaki-shi, Kanagawa 214 TEL044-966-4185
Kae Tejima 1-24-16, Gohongi, Meguro-ku, Tokyo 153 TEL03-712-5232
Kaigai Kikaku, Ltd. #202, 5-5, Koji-machi, Chiyoda-ku, Tokyo 102 TEL03-263-6685
Kajitani Design Room #503, 25, Daikyo-cho, Shinjuku-ku, Tokyo 160 TEL03-358-1722
Kameda Creation #301, 4-21-17, Nozawa, Setagaya-ku, Tokyo 154 TEL03-795-6267
Kan Akita #102, 1-22-15, Eifuku, Suginami-ku, Tokyo 168 TEL03-323-7931
Kansai Company Corp. #515, 4-3-15, Jingumae, Shibuya-ku, Tokyo 150 TEL03-478-2531
Kaori Noma 1-23-10, Tsubakimori, Chiba-shi, Chiba 260 TEL0472-55-3966
Kaori Suemasa 1428-1, Kougasaka, Machida-shi, Tokyo 194 TEL0427-29-1985
Kato Shuzo Design Product Co., Ltd. 2-3, Kanazono-cho, Gifu-shi, Gifu 500 TEL0582-63-4047
Katsuichi Design Office #606, 3-20-9, Nishi-Azabu, Minato-ku, Tokyo 106 TEL03-408-5560
Katsumasa Tanabe #203, 1-22-6, Inokashira, Mitaka-shi, Tokyo 181 TEL0422-48-1093
Katsumi Asaba Design Office 3-9-2, Minami-Aoyama, Minato-ku, Tokyo 107 TEL03-479-0471
Katsumi Yutani #407, 2-1-2, Tsukiji, Chuo-ku, Tokyo 104 TEL03-544-5753
Katsunori Aoki 4-4-17, Hongoku-cho, Nihonbashi, Chuo-ku, Tokyo 103 TEL03-241-3979
Katuo Okazaki #201, 2-9-9, Higashi, Kunitachi-shi, Tokyo 186 TEL0425-77-1459

Kazuaki Okazaki #805, 1-8-11, Minami-Senba, Chuo-ku, Osaka-shi, Osaka 542 TEL06-264-2057
Kazuhito Nozaki 7F, 5-30-3, Jingumae, Shibuya-ku, Tokyo 150 TEL03-400-5123
Kazumasa Kubo 6F, 1-7-8, Shintomi, Chuo-ku, Tokyo 104 TEL03-551-5221
Kazumasa Nagai 1-13-13, Ginza, Chuo-ku, Tokyo 104 TEL03-567-3231
Kazuo Hakamada #406, 6-13-15, Toyotama-Kita, Nerima-ku, Tokyo 176 TEL03-5999-2383
Kei Fukushima #601, 2-12-6, Miyazaki, Miyamae-ku, Kawasaki-shi, Kanagawa 213 TEL044-888-7513
Keiko Kimura #204, 1-47-7, Ehara-cho, Nakano-ku, Tokyo 165 TEL03-954-6941
Keinosuke Hattori 543-6, Hachioji-shi, Tokyo 192 TEL03-442-1091
Keisuke Kimura 1-5-12, Iwata-Kitamachi, Nada-ku, Kobe-shi, Hyogo 657 TEL078-881-7237
Ken Miki & Associates #602, 1-3-4, Tenjinbashi, Kita-ku, Osaka-shi, Osaka 530 TEL06-358-5270
Ken Sakaguchi Recruit Co., Ltd. 1-1-2, Marunouchi, Chiyoda-ku, Tokyo 100 TEL03-575-1111
Kenji Sakai Saimon Says, #810, 2-1-2, Tsukiji, Chuo-ku, Tokyo 104 TEL03-543-8350
Kind Wear Corp. 2-2-5, Higashi-Kanda, Chiyoda-ku, Tokyo 101 TEL03-864-2941
Kinema Moon Design Studio #701, 1-6-20, Kita-Horie, Nishi-ku, Osaka-shi, Osaka 550 TEL06-532-7280
Kintaro Takahashi #103, 12-35, Sarugaku-cho, Shibuya-ku, Tokyo 150 TEL03-476-2314
Kissa Co., Ltd. #201, 3-2-6, Minami-Aoyama, Minato-ku, Tokyo 107 TEL03-403-9597
Kogado Studio Co., Ltd. 3F, 8-20, Sumiyoshi-cho, Shinjuku-ku, Tokyo 162 TEL03-353-3077
Koganemushi Studio #304, 6-27-48, Shinjuku, Shinjuku-ku, Tokyo 160 TEL03-207-9101
Koichi Sato #504, 1-35-28, Hongo, Bunkyo-ku, Tokyo 113 TEL03-815-6630
Kokoku-kyowakoku #903, 2-2-7, Shin-Sakae, Naka-ku, Nagoya-shi, Aichi 460 TEL052-261-4573
Kong Studio Co., Ltd. #5-C, 1-32-8, Ebisu-Nishi, Shibuya-ku, Tokyo 150 TEL03-780-5425
KouKokumaru Inc./Yoshimaru Takahashi 4F, 6-3-11, Nishi-Tenma, Kita-ku, Osaka-shi, Osaka 530 TEL06-315-1659
Koujiro Tomoeda 6-20-3, Chuo, Ota-ku, Tokyo 143 TEL03-751-5650
Kurosaki Trading Co., Ltd. 5-4-44, Minami-Aoyama, Minato-ku, Tokyo 107 TEL03-409-7080
Kyoji Nakatani Design Office #401, 3-16-3, Sendagaya, Shibuya-ku, Tokyo 151 TEL03-402-2549
Kyoko Okazaki 5-33-10, Daita Setagaya-ku, Tokyo 151 TEL03-411-4407
L'est Co., Ltd. 4-5-12, Jingumae, Shibuya-ku, Tokyo 150 TEL03-404-1281
Laforet Harajuku Co., Ltd. 1-11-6, Jingumae, Shibuya-ku, Tokyo 150 TEL03-475-0411
Lecien The Space Corporation 2-17-12, Ebisu-Nishi, Shibuya-ku, Tokyo 150 TEL03-477-7251
Lei Corporation Co., Ltd. #406, 24-7, Sarugaku-cho, Shibuya-ku, Tokyo 150 TEL03-463-4801
Lemon Co., Ltd. (Betty's Blue) 3-25-7, Sendagaya, Shibuya-ku, Tokyo 150 TEL03-470-3181
Les Mains Inc. Seichi Ohashi 1-19-25, Shibuya, Shibuya-ku, Tokyo 150 TEL03-407-1603
M&A Co., Ltd 5F, 3, Ginza, Chuo-ku, Tokyo 104 TEL03-567-6871
Madra Inc. 3-31, Kioi-cho, Chiyoda-ku, Tokyo 102 TEL03-265-7181
Magma Inc. 3-26, Shiroki-cho, Chikusa-ku, Nagoya-shi, Aichi 464 TEL052-762-6025
Makiko Azakami #J-1103, 4-1-14, Hiroo, Shibuya-ku, Tokyo 150 TEL
Makoto Osanai #911, 4-1-23, Hamabe-dori, Chuo-ku, Kobe-shi, Hyogo 651 TEL078-242-1830
Makoto Yoshida #506, 2-14-4, Mita, Minato-ku, Tokyo 108 TEL03-456-1621
Marui Co., Ltd. 3-7-18, Nakano, Nakano-ku, Tokyo 164-01 TEL03-384-0101
Masahisa Nakamura #1307, 4-1-14, Hiroo, Shibuya-ku, Tokyo 150 TEL03-797-6137
Masamichi Ito 2F, 1-41-3, Tomigaya, Shibuya-ku, Tokyo 151 TEL03-460-9080
Masamiya Co., Ltd. 3F, 4F, 1-7-1, Fukue, Showa-ku, Nagoya-shi, Aichi 466 TEL052-882-2505
Masao Yamamoto 4F, 2-17-3, Takanawa, Minato-ku, Tokyo 108 TEL03-441-6603
Masaru Yamaguchi #E406, 1-8-12, Omori-Honcho, Ota-ku, Tokyo 143 TEL03-764-9797
Megumi Yabuki 4-26-5, Nishi-Shinkoiwa, Katsushika-ku, Tokyo 124 TEL03-696-3575
Melsa Co., Ltd. 5-7-10, Ginza, Chuo-ku, Tokyo 104 TEL03-573-5511
Men's Bigi Co., Ltd. 3-1-2, Aobadai, Meguro-ku, Tokyo 153 TEL03-461-2671
Michiko Miyagi #106, 6-9-6, Hon-cho, Shibuya-ku, Tokyo 151 TEL03-377-7116
Miki House Co., Ltd. 936, Okubo, Yao-shi, Osaka 581 TEL0729-41-3225
Milk Inc., 6-28-3, Jingumae, Shibuya-ku, Tokyo 150 TEL03-407-9192
Mineko Ueda Office #202, 2-4-9, Kinuta, Setagaya-ku, Tokyo 157 TEL03-417-4726
Minoru Kusano #208, 3-11-3, Shiroganedai, Minato-ku, Tokyo 108 TEL03-473-1360
Mituo Katui #907, 5-1-10, Minami-Aoyama, Minato-ku, Tokyo 107 TEL03-407-0801
Miyuki Otani #201, 3-15-3, Taishido, Setagaya-ku, Tokyo 154 TEL03-795-1093
Miyuki Sakabayashi 4F, 1-7-1, Fukue, Showa-ku, Nagoya-shi, Aichi 466 TEL052-882-2505
Mizutani Office #1201, 6-3-15, Roppongi, Minato-ku, Tokyo 106 TEL03-478-1931
Mlle. Comin' Soon 2-6-10, Sendagaya, Shibuya-ku, Tokyo 151 TEL03-408-7581
Mo^2 Silk Screen 4-13-14, Imagawa, Higashi-Sumiyoshi-ku, Osaka-shi, Osaka 546 TEL06-704-0126
Mod's Hair Japon Co., Ltd. 1F, 3-14-13, Minami-Aoyama, Minato-ku, Tokyo 107 TEL03-470-0307
Mogura Ann 44-141, Matsumidai, Ikoma-shi, Nara 630-02 TEL07437-4-0181
Momo Obuchi #401, 1-10-20, Kodai, Miyamae-ku, Kawasaki-shi, Kanagawa 231 TEL044-865-9903
Moon Rabbit Ltd., #1201, 1-33-15, Ebisu-Nishi, Shibuya-ku, Tokyo 150 TEL03-496-5941
Mother Inc. #4B, 1-7, Yotsuya-dori, Chikusa-ku, Nagoya-shi, Aichi 464 TEL052-782-1903
Mr.88 Co., Ltd. #608, 5-4-35, Minami-Aoyama, Minato-ku, Tokyo 107 TEL03-499-2703
Nagai Design Studio Co., Ltd. 3F, 2-5-7, Kyobashi, Chuo-ku, Tokyo 104 TEL03-567-5888
Nahomi Fukuda 1-8-23, Sanwa-cho, Akishino, Nara-shi, Nara 631 TEL0742-46-3763
Nakajima Design Office #302, 2-4-27, Yakuin, Chuo-ku, Fukuoka-shi, Fukuoka 810 TEL092-752-0771
Nalihico Joya 68, Asahigaoka, Kanagawa-ku, Yokohama-shi, Kanagawa 221 TEL045-481-5601
Naoko Nosaki #601, 1-15-13, Shin-Yamashita, Naka-ku, Yokohama-shi, Kanagawa 231 TEL045-624-2654
Naoko Yamashita #102, 1-33-20, Hamadayama, Suginami-ku, Tokyo 168 TEL03-290-4565
Narumiya Co., Ltd. 3-35-19, Jingumae, Shibuya-ku, Tokyo 150 TEL03-404-0151
Neptune Corporation 2-28-1201, Kusaba-cho, Kumamoto-shi, Kumamoto 860 TEL096-322-7371
Neptune Corporation 2-28-1104, Kusaba-cho, Kumamoto-shi, Kumamoto 860 TEL096-322-7394
New New #501, 2-25-18, Umesato, Suginami-ku, Tokyo 166 TEL03-315-8214
Nice Claup Co., Ltd. 1-9-15, Tomigaya, Shibuya-ku, Tokyo 151 TEL03-466-6411
Nine Half Inc. 1F, 707-1, Sei, Gifu-shi, Gifu 500 TEL0582-76-3637
Nippon Brain Center Inc. #304, 2-11-9, Minami-Senba, Chuo-ku, Osaka-shi, Osaka 542 TEL06-245-1831
Nishikawa Sangyo Co., Ltd. 8-8, Tomizawa-cho, Nihonbashi, Chuo-ku, Tokyo 103 TEL03-664-8161
Nobuhiro Tsujimura 3F, 3-6-9, Minami-Kyuhoji-cho, Chuo-ku, Osaka-shi, Osaka 541 TEL06-253-1540
Nobuya Ito #302, 4-15-7, Hon-machi, Shibuya-ku, Tokyo 151 TEL03-370-0897
Nobuyoshi Araki B1, 533, Tsurumaki-cho, Waseda, Shinjuku-ku, Tokyo 162 TEL03-203-8509
Nomura Design Office #405, 1-45-10, Koyasu-cho, Hachioji-shi, Tokyo 192 TEL0426-42-7488
Noriyuki Okisasaki #1205, 9-6-28, Akasaka, Minato-ku, Tokyo 107 TEL03-423-1940

Noriyuki Tanaka #4-D, 3-29-12, Ebisu, Shibuya-ku, Tokyo 151 TEL03-444-7496
Nou Nouche Co., Ltd. 2F, 14-24, Daikanyama-cho, Shibuya-ku, Tokyo 150 TEL03-496-8744
Novus Co., Ltd. 7F, 1-14-45, Daimyo, Chuo-ku, Fukuoka-shi, Fukuoka 810 TEL092-761-1616
Number One Design Office 4F, 5-67-2, Yoyogi, Shibuya-ku, Tokyo 151 TEL03-468-2521
N•Studio #7-A, 146, Aramachi, Wakabayashi-ku, Sendai-shi, Miyagi 980 TEL022-267-2704
Ōno Inc./Shigekazu Tsujimori #703, 5-13, Akashi-cho, Chuo-ku, Tokyo 104 TEL03-5565-9536
Odakyu Department Store Co., Ltd 1-1-3, Nishi-Shinjuku, Shinjuku-ku, Tokyo 160 TEL03-342-1111
Office Mare 4F, 1-20-9, Higashi-Shinsaibashi, Chuo-ku, Osaka-shi, Osaka 542 TEL06-245-8219
Ohga & Co., Ltd. Mr Junko Division 13-16, Hachiyama-cho, Shibuya-ku, Tokyo 150 TEL03-496-0161
Ozone Community Co., Ltd. 3-12-6, Sendagaya, Shibuya-ku, Tokyo 151 TEL03-478-8471
Packaging Direction Co., Ltd. #101, 4-15-15, Nishi-Azabu, Minato-ku, Tokyo 106 TEL03-407-1719
Panama Boy 1-16-6, Jingumae, Shibuya-ku, Tokyo 150 TEL03-402-2425
Parco Clifford Gallery 15-1, Udagawa-cho, Shibuya-ku, Tokyo 150 TEL03-477-5740
Peach & Company #301, 3-15-19, Minami-Aoyama, Minato-ku, Tokyo 107 TEL03-404-1023
Peek-A-Boo Head Office 3F, 5-2-5, Jingumae, Shibuya-ku, Tokyo 150 TEL03-400-3503
Persian House 4F, 1-1-1, Uchisaiwai-cho, Chiyoda-ku, Tokyo TEL03-501-1022
Picaro Co., Ltd. #406, 1-44-4, Tomigaya, Shibuya-ku, Tokyo 151 TEL03-469-5588
Pineapple's Studio Graphic #207, 1-17-2, Ebisu-Nishi, Shibuya-ku, Tokyo 150 TEL03-770-8615
Pink House Co., Ltd. #B, 30-2, Sarugaku-cho, Shibuya-ku, Tokyo 150 TEL03-464-2861
Planning & Design North Hill 2F, 1-3-6, Tenmabashi, Osaka-shi, Osaka 530 TEL06-358-9160
Planning Chaos Co., Ltd. #20B, 1-38-21, Shinsakae, Naka-ku, Nagoya-shi, Aichi 460 TEL052-261-2608
Point Up Inc. 3F, 3-5-6, Kita-Aoyama, Minato-ku, Tokyo 107 TEL03-5474-6680
Powder Snow Co., Ltd. 3F, 5-50-6, Jingumae, Shibuya-ku, Tokyo 150 TEL03-498-3868
Practice of Silence Co., Ltd. 2F, 3-3-2, Higashi-Azabu, Minato-ku, Tokyo 106 TEL03-505-6477
Printemps Ginza S.A. 3-2-1, Ginza, Chuo-ku, Tokyo 104 TEL03-567-0077
Printemps Namba 2-10-1, Sennichimae, Chuo-ku, Osaka-shi, Osaka 542 TEL06-633-0077
Prop.1 2F, 3-27, Higashiyama-dori, Chikusa-ku, Nagoya-shi, Aichi 464 TEL052-781-2621
Qu'est-ce Qu'elle a? Co., Ltd. 1F, 1-8-17, Jinnan, Shibuya-ku, Tokyo 150 TEL03-476-5020
Raku Raku Syoten 4-4-10, Tashima, Ikuno-ku, Osaka-shi, Osaka 544 TEL06-757-1425
Regalo Co., Ltd. Brains Orgnicform 2F〜6F, 1-2-17, Takanawa, Minato-ku, Tokyo 108 TEL03-473-6775
Ric Commercial Farm Co., Ltd. 3F, 6-6-17, Nishi-Nakajima, Yodogawa-ku, Osaka-shi, Osaka 532 TEL06-304-2881
Rie Ohsuka #308, 4-8-2, Araisono, Sagamihara-shi, Kanagawa 228 TEL0462-52-0526
Ritsuko Hara * * *, Shibuya-ku, Tokyo 151
Ry's Design Office #503, 9-3, Yamate-cho, Naka-ku, Yokohama-shi, Kanagawa 231 TEL045-681-3409
Ryotaro Tsutsui Spoon Inc, #701, 1-12-12, Shibuya, Shibuya-ku, Tokyo 150 TEL03-406-1310
Ryu-Ryu Co., Ltd. 1-12, Chayano-cho, Ashiya-shi, Hyogo 659 TEL0797-32-5161
SD Room Inc. #505, 10 14, Sarugaku-cho, Shibuya-ku, Tokyo 150 TEL03-464-3600
Sadafusa Furukawa #502, 6-2-6, Jingumae, Shibuya-ku, Tokyo 150 TEL03-407-0482
Sadahito Mori Office #304, 1-22-35, Izumi, Higashi-ku, Nagoya-shi, Aichi 461 TEL052-961-7508
Sadao Sugaya 168, 2-4-13, Eifuku, Suginami-ku, Tokyo 168 TEL03-323-6337
Saeko Tsuemura #101, 1-30-15, Kita-Shinjuku, Shinjuku-ku, Tokyo 169 TEL03-366-2024
San e Origin Co., Ltd. 2-45-7, Higashi-Ikebukuro, Toshima-ku, Tokyo 170 TEL03-988-7101
Sanae Wakaizumi #202, 1-1-5, Hiroo, Shibuya-ku, Tokyo 150 TEL03-498-0054
Sanji Komori 39, Christine Ave., Ryde, 2112 N.S.W. Australia TEL02-8882329
Sashu Inc. #102, 4-3-25, Komaba, Meguro-ku, Tokyo 153 TEL03-485-7971
Satoshi Hatakeyama Design Office 2F, 2-3-22, Omachi, Aoba-ku, Sendai-shi, Miyagi 980 TEL022-262-1648
Satoshi Urimoto 4-3-18, Higashi-Ishikiri-cho, Higashi-Osaka-shi, Osaka 579 TEL0729-82-6413
Sazaby Inc. 2-2-43, Higashi-Shinagawa, Shinagawa-ku, Tokyo 140 TEL03-450-5511
Scoop Inc. 2-32-5, Jingumae, Shibuya-ku, Tokyo 150 TEL03-404-7511
Seguchi Design Office Co., Ltd. #103, 39, Higashi-Ikeda-cho, Nishi-Kyogoku, Ukyo-ku, Kyoto-shi, Kyoto 615 TEL075-315-0812
Seigo Kaneko c/o Studio•Ikks, #501, 2-6-8, Shibuya, Shibuya-ku, Tokyo 150 TEL03-409-5546
Seiko Kawaguchi #301, 1-11-12, Ebisu-Minami, Shibuya-ku, Tokyo 150 TEL03-791-4625
Senichi Iwamura 4-2-2, Minami-Tukushino, Machida-shi, Tokyo 194 TEL03-708-5443
Senken 3F, 3-8-3, Nihonbashi, Chuo-ku, Tokyo 103 TEL03-275-0831
1000-Ri Production/Chisato Ishimaru 19-10, Shibanoshita-cho, Katsura, Nishikyo-ku, Kyoto-shi, Kyoto 615 TEL075-392-6260
Setsu Office Co., Ltd. #A4, 3-17-31, Nishi-Azabu, Minato-ku, Tokyo 106 TEL03-408-4913
Shelter&Graphic Associates #103, 1-10-10, Higashi, Shibuya-ku, Tokyo 150 TEL03-498-5102
Shige Design Office Co., Ltd. 1F, 4-2-27, Shibuya, Shibuya-ku, Tokyo 150 TEL03-498-7689
Shigeru Akizuki #815, 4-27-32, Ikejiri, Setagaya-ku, Tokyo 154 TEL03-412-1371
Shigeru Miyake #202, 1-1-5, Hiroo, Shibuya-ku, Tokyo 150 TEL03-498-0054
Shin Matsunaga Design Inc. 8F, 7-3-1, Minami-Aoyama, Minato-ku, Tokyo 107 TEL03-499-0291
Shin Tanaka #402, 6-5-20, Matsubara, Setagaya-ku, Tokyo 156 TEL03-324-0873
Shin Watanabe 1-61-2, Sakae, Ina-machi, Kita-Adachi-gun, Saitama 362 TEL048-721-6901
Shingo Ozaki 1-10-21, Hon-cho, Higashi-Kurume-shi, Tokyo 203 TEL0424-75-3053
Shinichiro Wakao #605, 1-59-9, Sasazuka, Shibuya-ku, Tokyo 151 TEL03-377-4771
Shinnosuke Inc. 5F, 5-16-13, Nishi-Tenma, Kita-ku, Osaka-shi, Osaka 530 TEL06-361-9691
Shirley Temple Co., Ltd 3-28-10, Jingumae, Shibuya-ku, Tokyo 150 TEL03-401-7911
Shiseido Co., Ltd. 7-5-5, Ginza, Chuo-ku, Tokyo 104-10 TEL03-572-5111
Shoji Uakusa 5F, 1-8-3, Kudan-Kita, Chiyoda-ku, Tokyo 102 TEL03-237-8537
Shuichi Nogami #6-716, 4-17-9, Kikawa-Higashi, Yodogawa-ku, Osaka-shi, Osaka 532 TEL06-302-6763
Sony Plaza Co., Ltd. 6F, 6-8-5, Ginza, Chuo-ku, Tokyo 104 TEL03-575-2511
Space Yui 1F, 3-4-11, Minami-Aoyama, Minato-ku, Tokyo 107 TEL03-479-5889
Staff/Mariko Abe #4F48, 2-9-2, Nishi-Tenma, Kita-ku, Osaka-shi, Osaka 530 TEL06-363-4963
Stereo Studio Inc. #601, 2-2-6, Shinjuku, Shinjuku-ku, Tokyo 160 TEL03-341-8091
Studio Com Co., Ltd #205, 6-6-4, Akasaka, Minato-ku, Tokyo 107 TEL03-584-4258
Studio Super Compass #501, 6-28-5, Jingumae, Shibuya-ku, Tokyo 150 TEL03-486-7692
Studio Uni 3F, 2-8-1, Shinjuku, Shinjuku-ku, Tokyo 160 TEL03-341-0141
Sugar Co., Ltd. 2-12-15, Ebisu-Minami, Shibuya-ku, Tokyo 180 TEL03-791-8111
Sugarpot Inc. 3-6-17, Kita-Aoyama, Minato-ku, Tokyo 107 TEL03-400-1996
Sun-ad Co., Ltd. 9F, 1-1-1, Marunouchi, Chiyoda-ku, Tokyo 100 TEL03-274-5021
Super Planning Co., Ltd. 1937, Uriuchi-cho, Hamamatsu-shi, Shizuoka 430 TEL0534-41-7721
Super Yellow Project #503, 5-13-9, Roppongi, Minato-ku, Tokyo 106 TEL03-584-4029
Super-Freaks 1-24-4, Kami-Meguro, Meguro-ku, Tokyo 153 TEL03-791-9984

Susumu Endo 3-13-3, Jingumae, Shibuya-ku, Tokyo 150 TEL03-478-1577
Sutadio Idea #402, 2-16, Kobai-cho, Kita-ku, Osaka-shi, osaka 530 TEL06-352-8672
T, Design #A-106, 3-9-33, Imagawa, Urayasu-shi, Chiba 279 TEL0473-51-9040
T.M.D.Co., Ltd. 2-29-1, Dogenzaka, Shibuya-ku, Tokyo 150 TEL03-477-5109
Tadahito Nadamoto #601, 3-16-3, Sendagaya, Shibuya-ku, Tokyo 151 TEL03-402-1765
Tadanori Yokoo Studio 4-19-7, Seijo, Setagaya-ku, Tokyo 157 TEL03-482-2826
Taeko Kato Design Office #608, 3-15-1, Miyata-cho, Takatsuki-shi, Osaka 569 TEL0726-93-9664
Taiki Toriyama/Hiroko Toriyama #205, 6-6, Yoriki-cho, Kita-ku, Osaka-shi, Osaka 530 TEL06-354-1797
Taishi Hirokawa 3F, 5-67-2, Yoyogi, Shibuya-ku, Tokyo 151 TEL03-485-2020
Takahara Hiroshi Design Office #305, 1-15-22, Minami-Aoyama, Minato-ku, Tokyo 107 TEL03-404-9963
Takahiro Nagino #401, 2-3-4, Sendagaya, Shibuya-ku, Tokyo 151 TEL03-479-6975
Takakaku 1-34-11, Izuo, Taisho-ku, Osaka-shi, Osaka 551 TEL06-553-1321
Takako Kumeta 3-13-3, Shibaura, Minato-ku, Tokyo 108 TEL03-798-4401
Takako Yano 2-6-11, Seijo, Setagaya-ku, Tokyo 157 TEL03-416-4877
Takanobu Okabe #408, 2-16-52, Takanawa, Minato-ku, Tokyo 108 TEL03-442-5985
Takashi Akiyama #301, 2-21-12, Nishi-Ikebukuro, Toshima-ku, Tokyo 171 TEL03-988-1490
Takashi Kitami 3-39-12, Takadanobaba, Shinjuku-ku, Tokyo 169 TEL03-371-4824
Takashi Matsumoto #301, 3-15-19, Jingumae, Shibuya-ku, Tokyo 150 TEL03-408-3979
Takashi Sudo #201, 930-1, Nogawa, Miyamae-ku, Kawasaki-shi, Kanagawa 213 TEL044-752-1706
Takashi Watanabe 15-388, Honmachi, Higashiyama-ku, Kyoto-shi, Kyoto 650 TEL075-541-8355
Takato Ishii 3-19-61, Shibakubo, Tanashi-shi, Tokyo 188 TEL0424-64-8410
Takayuki Terakado #301, 1-31-16, Ebisu-Nishi, Shibuya-ku, Tokyo 150 TEL03-462-1393
Taku Furukawa #701, 7-1-12, Minami-Aoyama, Minato-ku, Tokyo 107 TEL03-499-5645
Taku Tashiro #605, 1-17-11, Otowa, Bunkyo-ku, Tokyo 112 TEL03-946-3109
Taste Inc. #301, 2-4-9, Tokiwa-cho, Chuo-ku, Osaka-shi, Osaka 540 TEL06-947-5815
Tateo Yagi #A406, 1-3-18, Shibuya, Shibuya-ku, Tokyo 150 TEL03-406-0191
Tatsuya Umishima #401, 2-171-1, Mukogaoka, Toyonaka-shi, Osaka 560 TEL06-858-1721
Taxi Company Limited #304, 5-16-5, Roppongi, Minato-ku, Tokyo 106 TEL03-585-8870
Tei Suzuki 2-8-6, Iriya, Taito-ku, Tokyo 110 TEL03-873-5885
Tenth 2-5-24, Takadanobaba, Shinjuku-ku, Tokyo TEL03-232-0420
Teruaki Hirose #101, 3-16-2, Kaminoge, Setagaya-ku, Tokyo 158 TEL03-704-6102
The Ginza 5F, 7-4-12, Ginza, Chuo-ku, Tokyo 104 TEL03-572-2121
The Nakayama Company #302, 3-3-10, Shibuya, Shibuya-ku, Tokyo 150 TEL03-407-0857
The Rock'n' Roll Aids Production #16, 2-13-25, Kitano-cho, Chuo-ku, Hyogo 650 TEL078-251-6697
Time-Space-Art Inc. 3-17-14, Minami-Azabu, Minato-ku, Tokyo 106 TEL03-440-0444
Tobu Department Store Co., Ltd. 1-1-25, Nishi-Ikebukuro, Toshima-ku, Tokyo 171 TEL03-981-2211
Tokyu Agency Inc. 7F, 2-29-19, Dogenzaka, Shibuya-ku, Tokyo 150 TEL03-477-3272
Tomoaki Sakai #2-C, Higashi-cho, Kichijoji, Musashino-shi, Tokyo 180 TEL0422-22-9196
Tomoeda Yusaku Design Office #801, 5-20, Kamitori-machi, Kumamoto-shi, Kumamoto 860 TEL096-322-6167
Tomoko Ono #302, 2-6-1, Tomioka, Koto-ku, Tokyo 135 TEL03-820-3724
Tomorrowland Co., Ltd. 2-13-15, Hiroo, Shibuya-ku, Tokyo 150 TEL03-486-8801
Toru Minegishi 1-17-11, Takaido-Higashi, Suginami-ku, Tokyo 168 TEL03-329-1531
Toshiaki Ono 2F, 3-6-16, Minami-Azabu, Minato-ku, Tokyo 106 TEL03-441-6029
Toshihide Fukuda #302, 1-19-13, Minami-Aoyama, Minato-ku, Tokyo 107 TEL03-366-4697
Toshihide Hanazaki #301, 4-22-10, Ayase, Adachi-ku, Tokyo 120 TEL03-628-5081
Toshihiko Ohashi #301, 1-4-9, Iwado-Minami, Komae-shi, Tokyo 201 TEL03-488-1027
Toshihiko Okuya #701, 1-23-21, Setagaya, Setagaya-ku, Tokyo 154 TEL03-439-4193
Toshihiro Onimaru #202, 1-2-43, Shirokanedai, Minato-ku, Tokyo 108 TEL03-447-3842
Toshiki Deguchi #20-701, 34, Moriminami-cho, Ishida, Fushimi-ku, Kyoto-shi, Kyoto 601-13 TEL075-571-9644
Toshiki Sawada 1F, 3-13-12, Daita, Setagaya-ku, Tokyo 155 TEL03-414-1769
Toshiyuki Murayama 4F, 2-3-17, Tsurigane-cho, Chuo-ku, Osaka-shi, Osaka 542 TEL06-943-0193
Tsuyoshi Fukuda #302, 1-19-13, Minami-Aoyama, Minato-ku, Tokyo 107 TEL03-478-1990
Umihiko Konishi #903, 2-7, Daikanyama-cho, Shibuya-ku, Tokyo 150 TEL03-770-4554
Unison House Co., Ltd. 4F, 1-5-4, Ohashi, Meguro-ku, Tokyo 153 TEL03-496-5362
Val Design Group Co., Ltd. 3-19-25, Suzumidai, Kanazawa-shi, Ishikawa 920-11 TEL0762-22-2231
Vitamin Studio #201, 6-34-14, Jingumae, Shibuya-ku, Tokyo 150 TEL03-486-7803
Vivid Co., Ltd. StudioV Division 1-8-13, Jingumae, Shibuya-ku, Tokyo 150 TEL03-461-2544
Wabe Creation Inc. #401, 6-19-28, Akasaka, Minato-ku, Tokyo 107 TEL03-586-1911
Wakita Design Office #513, 1-9-3, Maizuru, Cho-ku, Fukuoka-shi, Fukuoka 810 TEL092-781-0902
We'll Inc. #302, 1-23-14, Kitazawa, Setagaya-ku, Tokyo 155 TEL03-485-7222
Works Inc. #917, 15-17, Doyama-cho, Kita-ku, Osaka-shi, Osaka 530 TEL06-361-1121
Yamashita Hideo Design Office #305, 4-21-5, Minami-Aoyama, Minato-ku, Tokyo 107 TEL03-405-8036
Yasuhiko Kida #1103, Nishiki-koji-agaru, Takakura-dori, Nakagyo-ku, Kyoto-shi, Kyoto 604 TEL075-223-1847
Yasushi Kitami #404, 4-8-25, Takanawa, Minato-ku, Tokyo 108 TEL03-445-6475
Yasutaka Kato CR, CBS/Sony Record, 1-4, Ichigaya-Tamachi, Shinjuku-ku, Tokyo 162 TEL03-266-5070
Yes Inc., Advertising 5F, 2-7-24, Kita-Aoyama, Minato-ku, Tokyo 107 TEL03-408-5329
Yin & Yang PressRoom 3F, 3-9, Sarugaku-cho, Shibuya-ku, Tokyo 150 TEL03-496-2119
Yohichi Satoh 3-4-1, Sanwa, Nagaoka-shi, Niigata 940-11 TEL0258-34-0543
Yoji Kuri #202, 21-3, Ichiban-cho, Chiyoda-ku, Tokyo TEL03-265-3032
Yoshie Tanaka #407, 3-11-2, Ogawa-cho, Kanda, Chiyoda-ku, Tokyo 166 TEL03-293-7021
Yoshimatsu Design Office #202, 2-9-25, Minami-Aoyama, Minato-ku, Tokyo 107 TEL03-403-1913
Yoshimi Ueno #108, 1-33-10, Setagaya, Setagaya-ku, Tokyo 154 TEL03-428-7331
Yoshino Design Office 3-33-7, Meguro, Meguro-ku, Tokyo 153 TEL03-791-0008
Yoshinori Takanokura Admark Co., Ltd.#603, 2-2, Yotsuya, Shinjuku-ku, Tokyo 160 TEL03-359-0909
Yoshio Sugiyama Hair & Make・Up Clip Co., Ltd, #304, 6-13-2, Minami-Aoyama, Minato-ku, Tokyo 107 TEL03-499-4671
Yosuke Kihara #206, 2-28-7Hon-cho, Kichijoji, Musashino-shi, Tokyo 180 TEL0422-21-0927
Yosuke Onishi #3B, 1-14-15, Nishi-Azabu, Minato-ku, Tokyo 106 TEL03-408-0841
Yumiko Nakamura 8-8-2, Kita-Koiwa, Edogawa-ku, Tokyo 133 TEL03-658-5633
Zoo Design Lab #B1, 7F, 7-2-23, Ue-Honmachi, Tennoji-ku, Osaka-shi, Osaka TEL06-772-1027
Zoom Inc. 4-20-11, , Minami-Horie, Nishi-ku, Osaka-shi, Osaka 530 TEL06-538-0461

POSTCARD GRAPHICS

Art Director	阿部かずお	Kazuo Abe
Designer	阿部かずお	Kazuo Abe
	池の上信二	Shinji Ikenoue
	新井聖美	Kiyomi Arai
Editors	内山卓昭	Takuaki Uchiyama
	蜂賀 亨	Toru Hachiga
	長倉 恵	Megumi Nagakura
	林 公子	Kimiko Hayashi
	原田美佳	Mika Harada
Photographer	藤本邦治	Kuniharu Fujimoto
Copy Editor	スローン カー	Sloan Carr
Editorial Director	三芳伸吾	Shingo Miyoshi

1992年2月15日初版第一刷發行

発行所 ピエ・ブックス
〒170 東京都豊島区駒込4-14-6-407
TEL03-949-5010 FAX03-949-5650

製版・印刷・製本 (株)ササキ写真製版
〒162 東京都新宿区赤城下町25
TEL03-268-8475

ISBN4-938586-15-0 C3070 P16000E